本专著的出版发行得到吉林省科学技术厅科技战略与规划研究一般项目“吉林省新型农村合作金融规范发展研究”（项目编号 20200101126FG）；长春大学科研培育项目“农业供应链金融推动吉林省农业产业化问题研究”（项目编号 SKC202009）的科研经费资助。

新型农村合作金融规范发展研究

以吉林省为例

Research on the Standardized Development of New Rural Cooperative Finance

徐　晶　刘　欣◎著

中国社会科学出版社

图书在版编目(CIP)数据

新型农村合作金融规范发展研究：以吉林省为例／徐晶，刘欣著．—北京：中国社会科学出版社，2021．9

ISBN 978－7－5203－8928－0

Ⅰ．①新… Ⅱ．①徐…②刘… Ⅲ．①农村金融—合作金融组织—经济发展—研究—吉林 Ⅳ．①F832．35

中国版本图书馆 CIP 数据核字(2021)第 163075 号

出 版 人　赵剑英
责任编辑　王　衡
责任校对　王　森
责任印制　王　超

出　　版　中国社会科学出版社
社　　址　北京鼓楼西大街甲 158 号
邮　　编　100720
网　　址　http://www.csspw.cn
发 行 部　010－84083685
门 市 部　010－84029450
经　　销　新华书店及其他书店

印　　刷　北京明恒达印务有限公司
装　　订　廊坊市广阳区广增装订厂
版　　次　2021 年 9 月第 1 版
印　　次　2021 年 9 月第 1 次印刷

开　　本　710×1000　1/16
印　　张　15．75
插　　页　2
字　　数　242 千字
定　　价　86．00 元

目　　录

第一章　农村合作金融规范发展的理论基础

第一节　农村合作金融的内涵及特点

一　农村合作金融的内涵

（一）合作金融的内涵

合作金融是以合作社为中心，将合作经济思想作为出发点，在一定地域或产业范围内搭建起来的互相协作、互利互助式的“合作性”资金融通体系，是合作经济的一种重要表现。合作金融既是合作经济的必要组成又是金融领域中合作经济的体现。在其他国家，合作金融组织也被称为信用合作社、信用组合或合作银行。在理论研究和实践中学者通常使用“合作金融”来指代合作金融组织。

合作金融是一种以合作为根本出发点的资金融通形式。宏观上合作金融与商业金融、政策性金融构成一个大的金融体系，微观上三者又是互不相同的金融系统。合作金融最通俗的概念是：经济社会中的个体，将提高经济状况作为出发点，以合作原则组合在一起，目的是得到某些经济利益或融资，而且要为入股社员提供某些服务的一个资金融通行为。合作金融特殊性体现在以下三点：一是合作性。合作性是合作经济组织经营过程中需共同遵循的原则。这一原则是合作金融最根本的特征，也是其区别于商业金融和政策性金融的根本依据。二是互助性。合作金融将分散的资金资源集中起来，通过互助的方式实现社员之间的互相协作，以此来提高合作组织整体的竞争能力和资金运转能力。三是灵活性。合作金融的经营范围和最初的分散性使得它可以便捷地为社员进行服务[①]。四是地域性。合作金融的活动范围和主要需求对象的所在地域主要分布在农村和经济欠发达的乡镇。综上，我们可以发现合作经济与金融互相结合产生了合作金融。

（二）农村合作金融的内涵

合作金融既是合作经济的表现形式，也是金融领域中合作经济的体现。其秉承合作经济思想，是在一定地域或产业范围内建立起来的合作、互助式的资金融通方式。农村合作金融是按照合作互助原则，由农村的中小企业或农户组建的，为特定区域农民提供融资服务的资金合作组织。之前很多研究者在研究农村合作金融时把我国农村信用社作为农村合作金融的主要内容。尽管农村信用社在创立的初期确实由农民个体入股形成，但近些年随着各地农村信用社商业化的改革，大多数的信用社已经转型成为正规的商业银行。2006 年伊始，我国开始逐步放宽农村地区金融机构准入条件，各类新型农村合作金融组织不断涌现，为我国农村金融发展注入活力。新型农村合作金融组织是相对于传统的农村信用社等组织而言，由农民和农村中小企业通过自愿入股组成，采用民主自治原则，专为出资社员提供融资业务的合作经济组织。

二　农村合作金融的特点

农村合作金融作为一种特殊的农村地域的资金融通方式，有其内在的本质规定性。农村合作金融主要在服务主体、管理模式及运营目标上有别于其他金融形态，农村合作金融具有三大基本特性：客户与所有者合一、管理的民主性、运营目标的非营利性及互助性。

（一）客户与所有者合一

客户与所有者合一，即合作金融主体的同一性，合作组织成员拥有客户和所有者的双重身份。农村合作金融成员既是顾客又是股东的制度设定，是农村合作金融组织“共有、共用、共享”性质的保证。金融服务对象就是内部成员这一点，使得农村合作金融组织易于掌握授信对象的资信，降低信贷业务决策成本，在没有抵押担保的情况下完成对其

① 毛业艺：《农村合作金融理论与实践演进研究》，硕士学位论文，云南财经大学，2016 年。

成员授信。农村合作金融组织成员之间的较强的社会联结性与地缘性，导致任何成员恶意信贷违约行为发生的概率极低，任何成员恶意欠债不还都会受到其他成员排斥和持续有效的社会惩戒，让失信成员的社会名誉遭受巨大的损失，可见“客户与所有者合一”可有效约束农村合作金融成员信贷违约。

（二）管理的民主性

农村合作金融组织日常运行采用民主选举、民主监督及民主决策的“三民”管理制度。农村合作金融组织主要执行“三会制度”。成员代表大会是其最高权力组织，通常该会由全体成员组成。成员规模较大的合作金融组织，成员代表大会由部分成员代表构成，成员代表大会依照章程规定，代表全体成员行使相关的权力。例如，将合作金融组织的章程进行制定或完善；选举、更换机构内的监事理事等人选；审议批准该农村合作金融组织的重要文件（年度工作报告，年度财务预、决算方案，利润分配及亏损弥补计划等）；审议制定及调整组织内工作人员的薪金报酬等。农村合作金融组织的每一位成员都具有一票基础表决权。如果个别社员投资额度较大，他可以拥有限额附加表决权。附加表决权合计通常不得超过农村金融合作组织全体成员基本表决权总额的20%。农村合作金融组织的监事会成员应由组织内成员、外部资金捐赠人以及向其提供融资的其他金融机构组成。农村合作金融组织的监事会设监事长1人，成员数一般不低于3人。监事会根据合作金融组织的内部章程规定和成员大会或成员代表大会授权，对农村金融合作组织的经营活动进行监督。农村合作金融组织内部的经理和相关工作人员不得兼任其监事。

由组织内成员构成的农村合作金融组织的理事会，其理事成员应大于等于3人，其中包括1名理事长，理事长同样是组织的法定代表人。理事会的职能及议事规则由合作金融组织内部章程决定。

（三）运营目标的非营利性及互助性

农村合作金融目标的非营利性和互助性则是指农村合作金融组织在开展信用融资活动时，其经营导向不是以商业化或利润最大化为目标，而是给内部成员提供便利借贷资金和相应服务以实现互助合作。为全体内部成员提供互惠互助的资金支持是农村合作金融的根本价值所在，是农村合作金融的灵魂。农村合作金融组织内部成员之间往往存在血缘、地缘和业缘上的相互联系，成员彼此之间交往较密切，相互间存在着利益关联，这就让农村合作金融组织成员间具有天然的认同感和心理上的归属感，对增进组织内部的和谐具有正向作用。对于农村合作金融组织内的贫困成员来说，他们除了缺乏资金支持，更缺乏致富的项目和技术支持及社会认同，因而在某种意义上，加入农村合作金融组织，既可以给农村这些弱势社会群体带来低成本的资金支持，也可以让他们融入合作社开发的农业生产项目，学会生产技术，从根本上摆脱贫困，从而增强社会认同感。农村合作金融组织具有为其成员创造独特社会价值的能力，可以更好地从社会功能的角度阐释为什么市场经济已经高度发达的美国、日本和欧洲诸多国家的农村合作金融没有被商业金融取代，没有走向衰亡。

第二节　农村合作金融发展的理论基础

一　合作社理论

13 世纪成立的瑞士乳酪合作社是最早期的合作社，当时还没有形成合作社明确的定义①。1883 年，“合作社”一词在韦伯斯特大学词典中有了最早的定义，该定义强调了合作社中投资者的合作原则。合作社与其他商业机构在组织上的不同之处就在于它成立时需要遵循“合作社原则”，但是它在运行上是独立的。1844 年成立的“罗虚代尔先锋”英国消费合作社是第一个现代意义上的合作社，自此开始，合作社原则一直在丰富和完善。著名空想社会主义学者罗伯特欧文以及沙尔傅立叶共同创立了社会经济组织理论，他们以合作社为出发点，以合作互助的方式进行生产，以此来实现消灭剥削、消除贫困、建立和谐美好理性社会的根本目标，从而建立起一种新的社会制度。他们认为综合性生产和消费协作社的综合就是合作社。但是，这种制度缺乏系统的理论指导，

① 陈杉、聂婴智、吴霁：《农民专业合作社概念的历史考查与理论分析》，《东北农业大学学报》（社会科学版）2019 年第 17 期。

也没有能够得以实践，形成可以借鉴的实际经验，仅仅只是一种设想。这个设想的制度为合作社理论的研究与发展提供了思路。1844 年，罗奇代尔结合前人的研究成果，创新性地创立了“平等先锋社”，形成了早期消费合作社的规范体系，其提出的办社原则被称作“罗奇代尔原则”①。1995 年，国际合作联盟将“罗奇代尔原则”确立为国际合作制度的经典原则，“罗奇代尔原则”的精神与理念一直延续到现在。马克思和恩格斯在《资本论》《国际工人协会成立宣言》中对农业合作理论也进行了详细阐述。他们提出的农业合作理论成为社会主义国家农业合作经济的建设与发展的思想指引。

合作社事业在我国的发展历程十分曲折。当前，农村经济在国家战略布局中的地位越来越重要，农民专业合作社在此背景下发展迅速，因为这种组织能够有效整合资源，链接小农户与大市场。1994 年我国农业部和有关部门通过学习借鉴日本农协的经验，以陕西省、山西省为试点，探索并且实施农民专业协会立法和管理②。合作社作为市场的竞争标尺，应当得到政府一定的支持。随着国内越来越多的农村资金互助合作社、新型金融互助试点的兴起，人们也逐渐开始研究合作社的内部机制运行与发展。20 世纪 80 年代之前，以梁漱溟、晏阳初、费孝通等为代表的学院派，主要对我国传统农村如何应对现代化进程的冲击展开了理论与实践研究，意识到要促进农村经济发展就应该建立农民合作经济组织。

20 世纪 80 年代之后，尤其 2006 年《中华人民共和国农民专业合作社法》为我国合作社迅速发展提供了相应的法律依据和保障，理论界对农民专业合作社的研究也日渐广泛和深入，达成合作原则是合作社区别于其他经济组织的重要标志的基本共识。黄祖辉和邵科提出合作社通过施行一人一票的民主管理原则来实现民主控制，通过自我服务来满足组织的发展和实现社员利益③。高建中和孟全省认为充足的资金是农

---

① 转引自李建芳《马克思农业合作理论对我国新型农业合作社发展的启示》，硕士学位论文，广西师范大学，2019 年。

② 陈杉、聂婴智、吴霁：《农民专业合作社概念的历史考查与理论分析》，《东北农业大学学报》（社会科学版）2019 年第 17 期。

③ 黄祖辉、邵科：《合作社的本质规定性及其漂移》，《浙江大学学报》2009 年第 4 期。

民专业合作社开展生产经营活动的基础，同时也是其取得成功的关键因素[①]。工农大众以及其他弱势群体联合起来，与市场相对垄断主体进行对抗，从而实现农民的收入增长。吴玉宇在对湖南省农民专业合作社进行调研后发现，农民专业合作社发展缓慢，融资能力有限，究其原因，表面上看是由于合作社收益率较低，抗风险能力较弱，自身信用不足。从根本上说不断发展壮大的合作社对金融的需求日益增长而当前的农村金融制度却不能给予满足，二者之间不协调不适应[②]。赵凯提出，融资的问题是制约农民专业合作社发展的关键问题。合作社农业参保率较低、合作社自身发展的不规范、不稳定的主要因素是有效抵押资产与成本相对较低的第三方担保机构不足、农业保险意识不强及保险公司为规避风险鲜少涉足农险领域[③]。

综上所述，现阶段融资问题已成为制约农民专业合作社发展的主要瓶颈。探索多种形式并存的农村合作金融发展模式，对破解农民专业合作社融资问题具有一定意义。

二　交易费用理论

1937 年，科斯在《企业的性质》一文中首次提出交易费用理论。科斯认为，交易费用应该包括度量、界定和保障产权的费用，发现交易对象和交易价格的费用，讨价还价、订立合同的费用，督促严格履行契约条款的费用[④]。交易费用理论将市场资源配置效率作为主要的研究对象，形成现代化产权理论的基础。交易费用的分析和评价作用在两方面体现，一是产权制度的优劣，二是在产权制度的背景下所进行的资源配置的高效与低效。交易费用理论的两个关键假设是机会主义和有限理性（构成契约不完整的问题），都涉及经济主体的性质和行为。经济交易

---

① 高建中、孟全省：《从中国农民专业合作社发展的五个内在矛盾看合作社发展的趋势与方向》，《农业经济》2009 年第 12 期。

② 转引自刘亚丽、闫述乾《关于国内农民专业合作社的文献综述》，《农村金融研究》2019 年第 7 期。

③ 转引自刘亚丽、闫述乾《关于国内农民专业合作社的文献综述》，《农村金融研究》2019 年第 7 期。

④ 转引自卜国琴《排污权交易市场机制设计的实验研究》，《中国工业经济》2010 年第 3 期。

的性质和特征就是交易费用理论的关键变量，包括：第一，“交易不确定性”与交易的时间跨度有关，这反过来影响了需要进行合同调整的未来或事项的广度，以及事后交易治理中的硬性合同和纠纷的风险。第二，“交易频率”是指交易数量。在一定时期内，在同一方之间发生或具有相同的对象（即共享平台内的相同共享资产）。第三，“资产专用性”是指最大化交易价值所需的持久、特定投资的程度。当资产在交易中具有价值但在交易之外的价值相对较小时，资产是特定的。因此，缔约方之间的相互依赖关系源自资产专用性，这一特性也引发了“小数量问题”（双边垄断），并且可能将进一步引发准租金征收问题。

根据交易费用理论，管理经济活动（即管理交易）的最有效合同安排的选择也取决于不确定性、频率和资产专用性这三个交易特征。组织形式连续体的两个极端是“市场”和“等级”。市场最适合管理以低频率（在同一方之间）、低不确定性和投资于交易的资产的低特异性的交易。在实践中，多数采用治理模型代表混合形式，在执行经济交易时结合市场和等级安排，如战略联盟或外包活动。因此，在农村金融互助合作社的发展过程中也可以利用这点选择更适合实际发展的结构模式来对金融互助合作社进行进一步优化。

三 产权理论

在当前的农村金融学术研究中，对产权理论的理解不仅是经济上的权力运用，也是对人权的发挥。受马克思的经典思想的启发，学术界通常将产权定义为：不同利益主体占有、使用及处分其财产的权利。产权理论反映了以财产所有权为基础的各种经济体制，一旦被商品化，财产就会受到市场经济的影响。以农村为例，法律通过产权理论保护某些类型的农业生产和农村家庭免受外界环境的破坏滋扰。在明确产权定义的情况下，它会为产权主体带来一定的长期收益。产权不仅可以激励产权主体约束自身的行为，还可以辅助优化市场配置，对整体经济的发展大有裨益。

马克思的著作对产权理论有诸多精辟论述，中外学者和专家也一直进行着深入的探讨和研究。他们从不同的方面研究了马克思产权理论和西方现代产权理论的发展、实践和未来等问题。关于所有制理论的发展过程，在《资本论》《马克思恩格斯选集》等著作中，马克思和恩格斯向读者做了详尽的介绍。该理论从资本主义所有制出发，它认为产权是集合了资本的所有权以及在此基础上产生的占有权、使用权、支配权于一体的一项权利，通过分析资本主义的产权问题，揭示了剩余价值理论和资本主义所有制的实质。黄少安在《产权经济学导论》一书中提出，产权经济学产生后随着时间和研究的推进，不断地发展和完善，已经逐渐形成了区别于其他经济学的独立体系，并且它还在不断完善和创新[①]。但这里面也存在着很多没有解决的问题，还有许多问题还只是涉及，并没有详细的深入的钻研和发展。该书对产权经济学进行了分析研究，让其中一些理论问题在学者面前有了一个较为清晰的呈现，由产权经济学引发的一些疑问得到了一定程度的解决。卢现祥和朱巧玲在《新制度经济学》一书中，以博弈论为理论的研究工具，综合了各学派对于新制度经济学的不同看法，为学者们建构了一个相对全面、完整的新制度经济学的发展框架[②]。在道格道斯·C. 诺思所著的《经济史中的结构与变迁》《西方世界的兴起》《制度变迁与经济绩效》三本书出版后，诺斯的制度变迁理论也就逐渐走进了学者的研究范畴。诺斯在书中运用大量的历史史实（数据和记载的资料），并通过对这些史实的研究认为制度是西方经济崛起的原因，诺斯自此建成了他自己的理论体系，该理论体系以产权为核心，并以国家和意识形态为支柱。诺斯在书中系统的阐释了制度变迁的整个过程，并认为制度的变迁是西方资本主义经济发展的根本原因。《财产权利与制度变迁——产权学派与新制度学派译文集》一书中，共有 13 篇来自不同学者发布的有关产权经济学的代表作，这些学者从各自的理论出发对产权的发展进行了相应的论述。这些研究成果为我国建立具有中国特色的社会主义产权制度提供了参考[③]。周茂清在《关于产权交易几个理论问题的看法》中围绕产权的本质这一核心进行阐述，从法权的角度去解释和论述了产权的内容，通过对市场交易中人们和物品之间的关系的研究，最终得出的是经济活动

---

① 黄少安：《产权经济学导论》，山东人民出版社 1995 年版，第 36 页。

② 卢现祥、朱巧玲主编：《新制度经济学》，北京大学出版社 2012 年版。

③ ［美］科斯等：《财产权利与制度变迁——产权学派与新制度学派译文集》，刘守英等译，上海人民出版社 1994 年版。

中的本质问题即人与人之间的关系[①]。财产权更深一层便是人权，财产权只是人权的表层现象。它的基础是所有制，但这并不能说它的发展只是单纯地在所有制内，产权的发展在生产关系的各个环节都会有所体现，它还会反作用于所有制。产权的发展对于上层建筑也会产生一定的影响。文章指出，社会制度以及所有制关系与产权必然紧密相连；产权的明确界定、产权的权利和相应义务的明确也只有与社会制度以及所有制关系联系在一起时才有它本身的含义。

我们需要将马克思主义产权观与非马克思主义产权观进行区分：前者是指在社会主义背景影响下的产权，强调公有制是主体；后者则是提倡产权要明确界定，只有清晰的产权才能发展经济，但是实际上他们是利用产权制度的改革实行私有化，而且还强调私有产权才是最有效率的。我国理论界对产权的认识还不够清晰和完整，有些学者对私有产权大加赞赏，认为只有私有产权才可以发展经济，提升效益；还有的将产权看作是重中之重，认为产权是经济发展中的核心，经济体制的改革必须是围绕产权，只有这样，才能发展经济，发展生产力；还有的则是将产权的内涵关系搞混，把产权泛化。以这种理论带领发展我国的产权制度改革，必将是走入歧途的。当下最重要的事是对产权的认识一定要清晰明确，不能把产权问题放在错误的位置上去分析，中国的产权发展要始终坚持马克思产权理论为指导。

改革首先要做到的是想法可行，目的明确，不能牺牲社会主义基本制度。周刚华在《关于现代西方产权理论的认识与思考》中，全面深入地探讨了企业和产权理论，并沿着这种思路更加深入的从正反两面比较分析了西方现代产权理论[②]。《产权与产权的起源——马克思主义产权理论与西方产权理论比较研究》一文通过分析西方经济学家和马克思对于产权的定义的不同见解和看法，认为揭示资本主义中人与人、不同阶级之间的关系和矛盾是马克思的政治经济学的目的，因而指出马克思产权理论这一经济理论的要点就是分析人与人之间、不同阶级之间的经济关系[③]。文中同样提

① 周茂清：《关于产权交易几个理论问题的看法》，《产权导刊》2004 年第 8 期。

② 周刚华：《关于现代西方产权理论的认识与思考》，《商业研究》2020 年第 10 期。

③ 于鸿君：《产权与产权的起源——马克思主义产权理论与西方产权理论比较研究》，《马克思主义研究》1996 年第 11 期。

及了产权的起源并进行了对比，马克思认为“天然共同体”时期的公有产权是先存在的，随着生产力持续不断的发展，适应新的生产力的私有产权出现并代替了原有的公有产权，公有产权也因此解体。但是两种产权的起源和发展都是因为生产力发展。西方产权理论认为私有产权从一开始就存在。而两者同时认为资源的稀缺性是产权存在的前提。

西方产权理论中还提出随着人口增长，人们可利用的资源越来越短缺，以上两方面因素的影响就是形成产权的根本动力。岳福斌在《马克思的产权理论及其对实践的指导意义》提出，在发展我国的产权制度时，产权制度的作用不可忽视，我们必须要坚持以马克思产权理论为指导理论，建立健全符合我国国情的产权制度，同时也必须要开展满足市场经济体制要求的产权制度改革①。他还指出产权要在实践中进一步的创新和发展，并在分析论述的基础上提出了解决产权问题的相关措施。胡代光等在《评析科斯产权理论中的两大支柱》一文中分析科斯产权理论的两个前提基础，即科斯三大定理和交易费用理论，这两个前提主要有两个问题：一是科斯定理的正确性不能得到保证，二是“交易费用”这个概念太抽象化②。在《马克思主义产权理论与西方产权理论比较研究综述》一文中，柯贤法和刘蕾集合了众多学者的想法和观点，从指导意义以及历史评价出发，比较研究了马克思主义产权理论和西方产权理论③。杜欣月在《马克思产权理论与西方产权理论的主要分歧及其现实意义》一文中指出，这两种理论都关注经济范畴，但是从研究内容上来看，马克思产权理论与西方产权理论各有其侧重点。该文简要阐述了马克思以及西方学界对于产权问题存在的分歧④。中国的经济发展和产权制度改革理论联系实际，坚持以马克思产权理论为指导思想，实际结合我国的现实情况来推进改革。

---

① 岳福斌：《马克思的产权理论及其对实践的指导意义》，《中国社会科学院研究生院学报》2006 年第 3 期。

② 胡代光等：《评析科斯产权理论中的两大支柱》，载何秉孟《产权理论与国企改革——兼评科斯产权理论》，社会科学文献出版社 2005 年版，第 42—55 页。

③ 柯贤法、刘蕾：《马克思主义产权理论与西方产权理论比较研究综述》，《中国集体经济》2011 年第 4 期。

④ 杜欣月：《马克思产权理论与西方产权理论的主要分歧及其现实意义》，《经济研究导刊》2011 年第 9 期。

四　金融深化理论

从发展中国家的角度来看，大多数国家所具有的金融体系是相对不健全的。金融体系内部的各种机制所产生的作用没有达到其应有的效果。经济的缓慢发展很大程度是因为这种不健全的金融体系。在这样的背景之下，随之而来的就是金融深化理论的提出。该理论认为，应将充分发挥市场的作用作为金融机制改革的目标。政府当局应放弃对金融体系的过分干预。将此作为基础，对金融改革不断深化，以实现其不断开放和自由化为目标。同时相应配套的监管措施也应当不断完善，为使这项改革朝着良性的方向健康有序地进行下去。从 20 世纪中叶开始，学界就开始研究金融深化这一问题。早期有关金融深化的研究成果有：肖与格利合作发表的论文《经济发展的金融方面》以及二人在 20 世纪 60 年度共同发布的著作《金融理论中的货币》、经济学家戈德史密斯出版的书籍《金融结构与金融发展》、麦金农和肖出版的著作《经济发展中的金融深化》等[①]。在格利和肖的论文《经济发展中的金融方面》以及《金融中介与储蓄投资过程》中二人研究了金融对货币和储蓄、投资的作用，建立了一种由初级到高级、从简单向复杂逐步演进的金融发展模型，运用模型来证明金融发展是经济发展的动力，经济发展阶段越高，金融的作用越强[②]。1960 年二人在《金融理论中的货币》一书中创新了原有金融发展模型，试图建立一个以研究多种金融资产、多样化的金融机构和完整的金融政策为基本内容的广义货币金融理论[③]。之后在格利和肖提出的发展中国家金融与经济发展关系理论的基础上诞生了“资金流动模型”。该模型认为金融对于经济发展主要起着积极的作用。金融促成了经济系统中不同部门、不同主体之间的资金流动，将资金由

---

① ［美］雷蒙德·W. 戈德史密斯：《金融结构与金融发展》，周朔等译，上海人民出版社 1996 年版；［美］爱德华·S. 肖：《经济发展中的金融深化》，邵伏军等译，格致出版社 2014 年版。

② Gurley J. G., Shaw E. S., “Financial Aspects of Economic Development”, *American Economic Review*, Vol. 45, No. 515, 1995; Gurley J. G., Shaw E. S., “Financial Intermediaries and the Saving-investment Process”, *The Journal of Finance*, Vol. 11, No. 2, 1956.

③ ［美］约翰·G. 格利、爱德华·S. 肖：《金融理论中的货币》，贝多广译，上海 人民出版社 1994 年版。

资金盈余单位转向资金稀缺单位，从而促进社会投资；人们想要将资金流动起来，就必须要充分发挥金融资产吸引资金流动的作用，即使资金盈余单位能够获得优质的金融资产；当金融参与主体愈发复杂时，金融资产的品种和数量也必须要丰富起来，这些金融资产必须要满足投资者的避险需求，目的是促进储蓄向投资转换。总之，格利和肖认为投资水平以及投资的有效分配决定产出能力，促进盈余资金的高效流动是金融的职能之一，这也是金融深化理论的核心，进而能够在资金充分流动的背景下促进经济增长。

帕特里克在《欠发达国家金融发展与经济增长》中指出，可以以“需求导向”和“供给导向”两种角度为出发点，来阐明金融发展与经济增长间的相互关系[①]。“需求导向”强调经济发展的需求引发了金融发展，从而促进了金融发展；“供给导向”强调先有金融发展，金融发展后加快了经济发展。生产率存在差异的部门之间的资源可以通过金融发展提供的金融中介服务进行整合，提高投资效益和社会生产率，最终将有利于经济发展。帕特里克认为，“供给导向”型金融模式在经济发展初期占据主要地位，这时候经济增长缺乏动力，金融发展激发了经济发展；在经济逐渐增长的过程中，经济增长对于金融发展的要求越来越高，“需求导向”型金融占据了主导地位。他强调：“在经济发展早期，发展中国家的政府应加大对金融的投资，货币供给适度增加，优先推动金融发展，从而以金融发展促经济增长。”戈德史密斯研究了十几个国家上百年的经济统计数据，为金融深化理论的研究提供了新的切入点。他在《金融结构与金融发展》中指出：“找出一国金融工具存量、金融交易流量和金融结构的决定性经济因素，说明这些因素是如何通过相互作用来促进金融发展，这是金融理论的主要职责所在。”[②] 麦金农和肖对不发达国家金融发展与经济增长之间的关系研究，认为不发达国家的经济落后主要是因为受到金融抑制的影响，这些国家必须进行金融深化。政府应减少对金融体系及其运作的过分干预，充分发挥市场对于金

① Hugh T. Patrick, “Financial Development and Economic Growth in Underdeveloped Countries”, *Economic Development and Cultural Chamge*, Vol. 14, 1966.

② ［美］雷蒙德·W. 戈德史密斯：《金融结构与金融发展》，周朔等译，上海人民出版社 1996 年版。

融资产的定价功能。

20 世纪 80 年代后，金融深化理论得到了进一步的发展和完善。当时一些不发达国家采取金融深化政策后，不仅没有促进经济增长，反而导致了金融危机。针对这一现象，麦金农重新说明了金融改革的要求和应当遵循的步骤。卡普和马锡森对不发达国家利用金融体制改革和货币政策来促进经济增长的行为开展了专项研究。弗赖通过实证研究的方法并借用稳态金融发展模型和动态金融发展模型分析了不发达国家的货币金融和经济发展状况，实证结果表明实际利率的提高不但能够优化资金配置而且可以提高投资效率①。莱文等为了说明金融中介机构与人均收入增长之间的关系以及金融市场的发展与人均与增长之间的关系，他们在金融发展模型中引入固定进入费和固定交易成本这两个变量，最终证明了金融中介的发展在一定程度上依赖于资本积累、投资和经济效率的提高，经济的发展要滞后于经济的发展②。

自 20 世纪 90 年代以来，越来越多学者认为，金融自由化政策对于不发达国家的金融改革存在着危害，因为基于金融抑制—金融深化模型提出的政策过于简单、略显激进。因为这些问题的存在，赫尔曼等又提出了金融约束论，该理论的立场介于支持金融自由化的学派与凯恩斯学派之间③。金融约束论主张政府对金融要进行主动的干预，积极地提供“租金机会”，从而推动金融部门和生产部门的进一步发展。一方面，租金对金融部门产生影响：首先租金会使得金融部门的破产概率降低，提升金融部门在短期行为中的利润和稳定性。其次，存贷利差对银行来说是相对稳定的收入，租金能够激励银行积极吸纳存款，从而促进资金的融通。最后，银行在政府的约束和保障之下，对优质客户和优质项目进行选择，监督企业资金运用状况，最终使得其长期信贷业务占比上升。另一方面，租金对于生产部门的作用在于降成本、促进投资以及扩大再生产，最终促进经济发展。赫尔曼等对于银行竞争的影响也进行了

① Fry M. J. , “In Favor of Financial Liberalization”, *The Economic Journal*, Vol. 10, 1997.

② Levine R. , “ Financial Development and Economic Growth: Views and Agenda”, *Journal of Econonic Literartune*, Vol. 25, 1997.

③ ［美］赫尔曼、默多克、斯蒂格利茨：《金融约束：一个新的分析框架》，载青木冒彦《政府在东亚经济发展中的作用》，张春霖译，中国经济出版社 1998 年版，第 163—207 页。

阐述，他们认为银行愈发激烈的竞争将会使得银行利润被侵蚀，竞争不利于银行体系的维稳。同时，在竞争环境下，单个银行主动开发市场的意愿会降低，金融服务可能会出现短缺。正是因为银行竞争的不良影响，才使得金融约束政策有了实施空间。从发展中国家的实际情况来看，金融约束论对于其金融改革更具有借鉴意义。虽然金融约束论和金融深化论在政策主张上存在差异，但是二者都是针对不发达国家的金融改革次序问题而展开的理论研究，前者补充完善了金融深化论，为发展中国家开展金融自由化改革和研究提供了理论的支撑。除此之外，金融适度论提出应该建立起与经济增长相适应的金融体系的政策主张；金融自发论从金融体系自发秩序的形成与调节角度，论证金融发展与促进经济增长之间的关系。

此外，对于金融深化也一直存在着质疑声。特南鲍母和汪利娜曾指出，盲目推进金融发展以及过分关注金融交易对经济发展来说都不是好事，对于金融的发展，应该将其定位于其发展附属于经济发展，同时其发展的目的是服务于经济发展①。泰勒和魏金伯根认为，如果实施金融自由化政策，在实际利率提高后可能会导致经济领域出现潜在的滞涨结果②。也有研究者指出，金融发展并非源自于经济发展所产生的需求，金融自由化和提高实际利率这两项举措并不能推进金融深化，通过健全一国的经济金融制度，才能够促进金融深化。传统金融深化理论从金融自由化和金融发展角度出发，通过分析并探讨储蓄投资来说明金融对经济发展的作用，它并非是从金融与经济的关系中来研究金融深化，一般来说，“金融深化”与“金融自由化”这两个概念在传统金融深化理论中意思相同。我国学者运用传统金融深化理论来进行研究的常用方法是指标研究法，将金融相对比率，货币化比率等指标与储蓄投资、GDP关联，并进行纵向比较。

我国的金融深化处于何种水平这一问题，当前的研究普遍认为我国与发达国家在货币化比率、金融相关比率等指标上差距较小，这说明我国的

---

① 乔纳森·特南鲍姆、汪利娜：《世界金融与经济秩序的全面大危机：金融艾滋病》，《经济学动态》1995 年第 11 期。

② 转引自张雪莹、王玉琳《货币政策泰勒规则研究新进展》，《武汉金融》2017 年第 5 期。

金融深化程度较高。但也有学者认为，我国的金融深化对经济增长并未产生积极作用。金融深化的过程虽然能够由货币化比率这一指标来反映，但该指标并没有全面揭示金融发展与经济增长的关系。金融深化对于中国经济的所产生的实际增长作用与预期相比还存在差距。何帆和朱鹤的研究表明，金融深化程度与我国经济增长速度之间的弹性为 -0.09[①]。一些学者通过实证分析，发现中国金融深化历程与现状恰好验证了传统金融深化理论，金融深化与经济增长相辅相成。金融深化与经济增长之间到底是一种什么样的关系，这一问题是金融深化理论的研究核心。我国学者从理论和实证两个方面对上述问题进行了论证。宋勃和黄松桥结合我国 1979—2005 年的金融深化和经济数据并采用实证分析的方式，在利用误差修正模型和格兰杰因果检验的基础上得出结论：在我国经济增长与金融发展之间并未呈现出相互促进的趋势，二者间的良性循环有待进一步建立[②]。谈儒勇等采用实证研究方式，探讨了金融发展的根源、促进金融发展的相关政策、金融发展对于中国的启示等问题，认为金融有所发展后就会开始研究金融发展与经济增长的内在联系，这些研究的主要目的在于论证金融发展对经济增长的影响力[③]。杨飞虎的实证分析研究结果显示我国金融发展与经济增长之间的关系既不显著也并非线性[④]。赵晓静对金融发展理论重新进行了梳理，探索应当如何使金融自由化的作用在当前经济背景下得到充分发挥，总结了我国金融自由化改革中的出现问题，并提出了合理建议[⑤]。周春梅基于 VAR 模型的格兰杰因果检验得出，20 世纪 90 年代以来我国金融深化促进了经济发展，二者之间关系密切[⑥]。我国学界关于金融深化的研究注重分析货币储蓄投

① 何帆、朱鹤：《防风险的两个不等式》，《中国金融》2018 年第 12 期。

② 宋勃、黄松桥：《金融深化与经济增长——基于我国的实证检验：1979—2005》，《贵州社会科学》2007 年第 3 期。

③ 谈儒勇、沈钦华、金晨琦：《信用与经济增长关系实证研究——基于多层次视角的 VAR 分析》，《财经研究》2011 年第 12 期。

④ 杨飞虎：《中国经济增长因素分析：1952—2008》，《经济问题探索》2010 年第 9 期。

⑤ 赵晓静：《中国金融自由化进程及对经济增长的影响研究》，硕士学位论文，山东经济学院，2011 年。

⑥ 周春梅：《国有上市公司投资行为异化：投资过度抑或投资不足——基于政府干预角度的实证研究》，《宏观经济研究》2011 年第 11 期。

资对经济增长的作用，依赖于传统理论。这些研究致力于对我国前期金融深化的效果与作用进行分析，具有理论和实际意义。但是同时我们也发现，传统金融深化理论对于较高程度金融深化的分析和研究，依然存在着的漏洞和不足，这也是不容忽视的客观事实。

基于以上分析，农村金融资本深化能够显著推动农村经济增长。加速推动农村金融的进一步深化，一方面可以带动农村经济增长，另一方面可以消除农村贫困。通过在一定范围内深化和积极推动生产合作、供销合作、信用合作“三位一体”的新型农村合作体系建设，从而实现农村经济增长和农民收入提高的目的。

五　普惠金融理论

共享理念是普惠金融所强调的基本概念，与金融排斥形成鲜明对比。但是，目前学术界并没有形成统一的表述。“普惠金融”一词被首次提及时被定位为一种能让一般性的社会大众参与到金融活动当中的生活方式。2006 年联合国对普惠金融给出了初步的定义，即“利用小额信贷来救助和扶持贫困人群、遏制金融排斥”。2015 年中国国务院出台的《普惠金融发展规划（2016—2020）》给出的定义是“普惠金融是指立足机会平等要求和商业可持续原则，以可负担的成本为有金融服务需求的社会各阶层和群体提供适当、有效的金融服务”①。中国人民银行行长周小川自 2015 年之后多次在讲话中强调“普惠金融是每一个人在有需求时都能以合适的价格享受到及时、有尊严、方便、高质量的各类型金融服务”②。

普惠金融理论是以金融发展与金融福祉为研究对象的经济理论。具体而言，它是将金融福祉的公平合理的分配作为根本原则，对金融发展的演化过程及其“好坏”予以测评的经济理论③。实证分析和规范分析是经济学研究范式的两种形式，普惠金融理论将金融产品和金融福祉公平分配两个视角作为切入点，二者结合并合理运用，揭示金融发

---

① 《推进普惠金融发展规划（2016—2020）》（国发〔2015〕74 号），2016 年 1 月 15 日。

② 周小川：《深化金融体制改革》，中国政府网，http：www. gov. cn/zhengce/2015 - 11/25/content_ so16357. htm。

③ 星焱：《普惠金融：一个基本理论框架》，《社会科学文摘》2017 年第 1 期。

展的本质，解读金融发展与经济增长之间的内在逻辑。在这个层面上，普惠金融论的功能类似于福利经济学，后者侧重于从经济福利分配的视角，来解读和评判经济发展。普惠金融的内涵与本质也可以从经济伦理学、哲学、经济学等角度来进行探讨。基于伦理和社会责任，发展普惠金融除了是经济问题、金融问题，也是社会问题、政治问题。

随着深入研究，偏远地区、欠发达地区以及贫苦大众能否享受到更为优质、高效、完善的金融服务成为最重要的研究对象。2008 年以来，全球普惠金融合作伙伴（GPFI）、普惠金融联盟（AFI）等致力于促进普惠金融发展的相关国际组织不断建立。金融是为人类经济与社会发展提供服务而生的，所以在金融发展中应该坚持以共享发展理念为指导，让金融竭诚地服务于最广泛社会大众，这正是哲学人文发展理念在普惠金融中的体现。从经济学和经济政策范畴出发，公平与效率的权衡与取舍是一直存在的内化伦理问题，而普惠金融仅仅是外化了这一问题，它的功能是让弱势群体也有机会获得金融服务。在不同理论和视角研究的基础上，金融包容性逐渐成为人们对普惠金融含义理解达成的共识。我国普惠金融事业的发展在这一界定下有了明确的发展目标和思路，即普惠金融事业必须兼备包容性和商业可持续性。

金融服务可得性调查在 1995 年由国际货币基金组织从供给端的角度开展，该调查主要说明了各国金融服务的提供和使用情况。2001 年普惠金融全球合作伙伴（GPFI）初次公布了《G20 普惠金融指标体系》，其后该组织又先后对这一指标体系进行了两次修订，并在普惠金融指标体系中纳入了数字普惠金融，电子账户、移动支付等指标也被加入了观测之中。2011 年以来世界银行从需求角度出发累计进行全球普惠金融相关调查 8 项。2016 年年底中国人民银行建立了包括使用情况、可得性和质量这 3 个维度、21 类、51 项指标的普惠金融指标体系，并在此基础上编制填报了《2017 年中国普惠金融指标分析报告》。Beck 等最早提出普惠金融发展水平测度指标概念，通过引入与银行业相关的 8 个指标来测量普惠金融的发展水平。Sarma 简化了 Beck 模型，构建了涵盖三个维度的信息，即地理渗透性、产品接触性和使用效用性，可以测度一国或地区的普惠金融发展水平的普惠金融发展指数（IFI）[①]。2010 年，在原有模型的基础上，Sarma 通过借鉴联合国人类发展指数的构建方法，全面测算了 2004—2014 年世界不同国家的普惠金融发展水平，按照测量所得指数水平的高低将各国划分为高、中、低 3 个水平区间，研究结果表明大部分高收入的国家都被划入高水平区间。Chakravarty 和 Pal 认为经济中每一个主体都有权利享受金融服务，他们将人类发展学中的公理化测量方法应用在普惠金融发展水平研究中，测算了 1997—2009 年印度的普惠金融发展水平，并将不同维度的影响因素分别确定了不同的权重数，分析了单个指标的贡献度。Arora 从成本、便利性、银行的服务范围三个维度对发达国家和发展中国家的普惠金融水平进行了测量[②]。2012 年 Gupte 对 Sarma 和 Arora 的模型进行了组合优化，将使用情况、易用性和成本等维度加入普惠金融发展指数，并对 2008—2009 年印度的普惠金融指数变化情况进行了综合测算，在对各种影响整体水平的因素分别进行分析后，找到了促进印度普惠金融发展的根本性因素。Mohan 对印度 1981—2005 年正规金融广度、覆盖度与同期经济增长数据进行对比分析，发现普惠金融的发展能够促进经济增长。国内焦瑾璞等学者将 GPFI 的指标从 3 个维度扩展为 19 个评价指标，增加了符合我国国情的特色指标，如农户/小微企业贷款获得率等，分层分析了我国普惠金融的区域性差异。结论显示，我国经济发达地区的普惠金融发展指数明显高于落后地区的指数，经济发达地区的普惠金融使用情况远高于落后地区，不同地区之间的服务质量具有较显著的差异。于晓虹等运用投影寻踪分类模型确定指标权重，构建了广义普惠金融发展水平指标体系，该体系研究结果显示，在整体水平逐年提升的背景下，我国普惠金融区域之间存在着明显的非均衡性[③]。多数学者经过大量实证研究后普遍认为金融服务的可得性与就业机会、公司创新和经济增长呈现正相关的关系。

---

① 转引自焦瑾璞《普惠金融的国际经验》，《中国金融》2014 年第 10 期。

② 转引自唐亚晖、刘吉舫《普惠金融的理论与实践：国内外研究综述》，《社会科学战线》2019 年第 7 期。

③ 转引自唐亚晖、刘吉舫《普惠金融的理论与实践：国内外研究综述》，《社会科学战线》2019 年第 7 期。

Dixit 和 Ghosh 认为普惠金融是实现公平分配的关键性方式之一，他们通过对印度的经济增长与普惠金融指数间关系进行实证研究，结果显示发展普惠金融对实现经济的包容性增长有促进作用，因为增长机会与利益的公平分配是包容性增长的根本原因①。星焱在 2015 年指出金融创新能够促进小微企业、低收入人群的消费、收入和投资增加，普惠金融的发展对小微企业和低收入群体发挥重要作用。刘亦文等研究发现普惠金融具有双门限效应。当普惠金融发展水平低于门限值时，其对经济增长的促进作用不明显，而当其发展水平高于门限值时，对经济增长能够发挥明显的促进作用②。Beck 等的研究指出 1980—1990 年贫困人口比例在金融发展水平较高的国家下降更迅速，金融深化、减少贫困与改善收入不平等之间呈现正相关的关系。当前，内生经济增长理论多被用来进行经验分析，研究普惠金融在经济增长、消除不平等、减贫等方面发挥的作用，但事实上，在普惠金融发展过程中“普惠性”与“商业可持续性”是相互矛盾的，这也是普惠金融发展的内生困境③。在理论上尚未形成能够将普惠性、包容性增长、商业可持续性有机结合起来，协调推动普惠金融可持续发展的框架。怎样才能同时实现“普惠性”这一社会目标及“可持续性”这一商业目标，怎样才能明确各方的社会责任，这个问题是理论和现实层面都需要面对并且解决的问题。从理论角度出发，探讨内生困境问题时，要明确政策性金融、商业金融、扶贫金融等在实践中的有效边界，更重要的是必须要明确政府与市场主体各自在普惠金融发展中所担任的角色及发挥的作用。从现实角度出发，普惠金融产品约束了服务的高成本、高风险及低收益，现在亟待破解的难题是增加普惠金融产品与服务的供给并创造金融机构增加供给的内在动机。进一步的实践检验需要检验“普、惠、险”三个特征的融合作用，深入研究数字普惠金融发展过程中的

---

① 转引自唐亚晖、刘吉舫《普惠金融的理论与实践：国内外研究综述》，《社会科学战线》2019 年第 7 期。

② 转引自唐亚晖、刘吉舫《普惠金融的理论与实践：国内外研究综述》，《社会科学战线》2019 年第 7 期。

③ 转引自唐亚晖、刘吉舫《普惠金融的理论与实践：国内外研究综述》，《社会科学战线》2019 年第 7 期。

监管问题，传统金融机构与新兴金融科技公司之间合理协调发展业务问题。

目前我国农村发展落后于城市，农业发展滞后于工业，农民依旧处于弱势地位。普惠金融的主要服务群体是农民，主要服务产业是农业，主要服务区域是农村。农民致富、农业增收、农村振兴需要大力发展普惠金融。但是普惠金融体系的建立是一个较为漫长和充满艰辛的过程，需要经过长期的不懈努力。如果要取得普惠金融长远的发展，我国农村合作金融机构必须不断加强自身完善。

六　二元经济结构理论

1954 年，英国经济学家刘易斯在《曼彻斯特学报》发表了他最重要的研究成果《劳动无限供给条件下的经济发展》，从经济学角度首次提出二元经济结构理论，在发展中国家并存两种经济部门，一个是以传统生产方式生产的以传统农业部门为代表的“维持生计”部门；另一个是以现代生产方式生产的以工业部门和城市为代表的“资本主义”部门①。经济发展过程就是现代工业部门相对传统农业部门的扩张过程，发展中国家要将农业部门中边际生产率为零的剩余劳动力进行非农业化转移，逐步消减二元经济结构不平衡发展的负面影响。此后刘易斯模型中的假设被美国经济学家费景汉、拉尼斯进行了修正，以工农业两个部门平衡增长为依托，完善了二元经济发展思想中将农业剩余劳动力转移的构思②。

“二元经济结构”这一特殊的经济社会现象普遍存在于发展中国家当中。这种经济结构会引发两种经济现象：一是传统农业部门的失业现象，该部门由于人口过度增长伴随而来的失业问题十分严重，其表现形式以隐蔽失业或潜在失业为主。这是因为以边际效益为零的劳动力和不充分就业劳动力在内的剩余劳动力数量庞大。在此情况下，维持最低的生活水平是传统部门的农业劳动者收入能够负担的最大限度，劳动边际

---

①　转引自吕春梅《民工荒问题研究综述》，《合作经济与科技》2012 年第 3 期。

②　转引自张瑞德《农民收入问题研究进展评析及展望》，《西部经济管理论坛》2012 年第 23 期。

生产力大于等于零，所以总产量在劳动力转移出该部门的时候并没有发生什么显著变化。二是由于现代工业部门劳动力相对短缺，现代工业部门经营目标是为了实现利润最大化，所以会以此目的来雇佣劳动力，其生产过程对于厂房、设备等再生性资源需求较大，随着生产的发展以及资本的不断积累，生产规模扩大的速度超过了人力增速，使得现代工业部门出现了劳动力供给不足的现象。基于上述刘易斯所描述的两种现象可知，二元经济结构的内在特征为传统部门劳动力趋于无限的供给，其核心问题就在于解决剩余劳动力在传统与现代部门之间进行转移。刘易斯认为，发展中国家要想实现消除贫困、实现经济迅速发展、消除二元经济结构的三个目标，需要将现代工业部门对传统农业部门中的剩余劳动力的吸收作用发挥得淋漓尽致，虽然充分就业这一目标在传统部门中没有实现，但这一目标要在现代工业部门中实现，即达到“刘易斯拐点”后，此时存在二元经济结构的发展中国家才能实现经济发展阶段与阶段之间的飞跃。刘易斯简单地概括了复杂的发展中国家经济发展的理论。同时，论证了劳动力转移、资本积累、现代工业部门扩张与经济发展的有机联系。但刘易斯模型假设过于完美，例如在劳动力趋于无限的供给的情况下、现代部门就业创造率是否与传统部门劳动力流动率相适应等。以劳动力流动理论与二元结构发展理论为基础理论的研究可知，驱动经济发展的源泉来自于现代工业部门，现代工业部门扩张的前提是充足的资本积累，经济发展的核心环节是现代部门不断地吸收传统部门转移出来剩余劳动力。这在一定程度上忽视了农业部门发展的重要性。另外，刘易斯的研究忽视了人口的盲目流动所造成的负面影响，例如城市已有的失业现象的加重，其他一系列随之而来的具有一定严重性的经济社会问题，并且从传统部门转移到城市的劳动力的就业情况，可能也并不像刘易斯所描述的那样乐观。

1961 年费景汉和拉尼斯改进了刘易斯模型，修正了刘易斯模型中的假设，他们认为因农业生产率提高而出现农业剩余是农业劳动力流入工业部门的先决条件①。拉尼斯—费景汉模型，以二元经济结构为出发

① 转引自熊凤山《山区农村经济发展范式与战略研究——以河北省太行山区为例》，博士学位论文，河北农业大学，2011 年。

点进行了分析论证，其将“农业产量剩余”的概念引入模型之中。农业剩余的存在是劳动力流向工业的先决条件。二元经济发展一直围绕着转移经济重心这一中心任务而运转，必须要将经济的重心从农业逐步转向工业，不断把农业部门中的隐藏性失业配置到工业部门中去。费景汉—拉尼斯模型对农业生产在经济发展中的重要性较为清晰地进行了解释说明。拉尼斯和费景汉在借鉴刘易斯模型的时候以此为基础，将二元经济结构的发展过程分成三个阶段：第一阶段，农业部门的劳动力供给接近于无限大，隐蔽失业数量庞大与劳动边际生产率为零或无限接近于零[①]；第二阶段，剩余劳动力在农业部门内逐渐地出现，这些剩余劳动力既能满足农业部门的消费又能推动了农村劳动力转移。当达到第一阶段与第二阶段交点——“粮食短缺点”，这时候农村剩余劳动力已经全部转移去了城市工业部，如果此时农村中的劳动力还在向工业部门转移，那么就会引起农业部门内粮食供给不足，粮食的相对价格也随之上涨，进而进一步引起农业部门用工工资上涨，工业部门的工资也会随之上涨。如果在达到“粮食短缺点”之后依然继续向城市工业部门转移农村劳动力，就会导致农村劳动力短缺，农业劳动边际生产率上升，农业部门用工工资将会继续上涨，直至达到制度工资水平。此时经济达到第二阶段与第三阶段的交点——“商业化点”。“商业化点”是农业资本主义化的起点，是二元经济转变的终点。在拉尼斯—费景汉模型内，“商业化点”之后，经济增速放缓，且最终维持在某一个水平上保持不变，这一点也被称为“经济起飞的终点”。拉尼斯—费景汉模型是对刘易斯理论的进一步发展，工农业两个部门的平衡发展是该模型的中心论点，该理论强调农业部门具有为工业部门提供廉价劳动力的功能，也强调只有农业剩余劳动力的转移才能促进经济增长。对于资本积累的看法，该理论认为资本的积累是工业生产规模的扩大以及经济的发展的主要依靠，经济增长的两大动因分别是资本积累和技术进步，这两点具有不可忽视的作用。与刘易斯理论相比较，尽管拉尼斯—费景汉理论不断地完善和进步，但该理论与刘易斯理论都存在着一个共同的缺陷，即假

① 转引自李亚娟、徐翔俊《基于二元经济理论的流动农村剩余劳动力研究》，《产业与科技论坛》2012 年第 7 期。

设太多且脱离实际情况。这些前提假设包括“农村充斥着剩余劳动力”“城市无失业现象”“假定人口不变”等，忽视了对城市失业问题的考量。

现代化的重要标志是城市化和工业化。一个国家在经济发展过程中，集中的城市化和工业化经济逐渐取代以农业为主的分散式经济。随着经济模式的转变，人口也开始从农村大规模地迁移向城市，这是一个不可避免的趋势。刘易斯与拉尼斯—费景汉理论认为，经济发展过程中农业部门的剩余劳动力逐渐流入城市非农产业，但是刘易斯和拉尼斯—费景汉模型并未说明城市的失业现象对剩余劳动力迁移所产生的影响。由美国经济学家托达罗所建立的城乡劳动力迁移模型成功弥补了这一缺陷，该模型回答了为什么农村的剩余劳动力顺利迁移是在城市存在失业的情况下。“失业”这个范畴是托达罗研究发展中国家的人口问题时忌讳使用的，这是他与一些激进主义学者不同的一点，他认为失业问题是研究欠发展问题的核心。发展中国家遇到了独特的失业问题，所以托达罗人口迁移模型的出现正好能够对这一问题进行分析。该模型的思想如下：一是收益与成本的变动或者心理因素的影响会改变原有的经济决策，进而促进人口流动；二是城市失业现象越显著，农村剩余劳动力获得城市工作机会的概率就越小；三是现实的收入差异并不是导致劳动力涌向城市的主要原因，收入水平、预期收入差异这些因素可能更具有影响力；四是在城乡预期收入差异较大的情况下，城市就业机会的增长速度要被劳动力迁移的增长速度所超过，这样看来是十分合理的；五是城市高失业率现象在发展中国家的出现，城乡间的经济发展不够平衡是其主要根源，同时也应该提高经济机会的均等程度。刘易斯在人口流动理论中强调，随着现代产业的进步与发展，城市就业将会吸收大量农村剩余劳动力。在经济发展过程中人口迁移一直是长期存在的，强调人口迁移的意思就是寻找就业机会，然而托达罗模型中没有提及现代产业这个前提条件。一方面，城市化意义在托达罗的论述中并未受到重视，该模型也没有看清这样一个现实：在劳动力都涌向农村的同时，新的就业机会也会随之产生。另一方面，托达罗解决二元经济结构问题的构思主要围绕着消除城乡收入差距进行，他认为剩余劳动力即使不流向城市，农村也能得到发展。这一观点，显然有违现实。

对劳动力转移问题的探讨一直是学界研究的课题，二元经济理论的其他一些学者也做了一些研究，提出完全不同的主张。有学者认为伪装失业普遍存在于农村地区，经济发展的基本任务就是解决伪装失业者的就业问题。潜在劳动力在工业部门中可以无限供给，只有工业部门劳动力的吸收能力和使用能力才会限制劳动力从农业部门到工业部门转移。刘易斯所提及的农村剩余劳动力移向城市工业部门只有在出现粮食剩余时才可能发生，因为这时候农村的粮食需求已经到达了极限，劳动力有了离开土地进入城市工业部门就业的动机。学者对于人口流动的看法，都有一个共同的前提，即城市对农村部门的剩余劳动力具有无限吸纳力。他们对不同国家的经济发展过程进行了分析、研究和总结。虽然其研究的着眼点各不相同，同时也不可避免地受到了不同时代背景的影响，但最终都形成了具有一定现实指导意义的理论。需要注意的是，发展中国家在运用这些理论对二元经济结构下的经济活动进行指导的时候，必须要承认这样一个现实，即发展中国家的实际情况与这些理论的前提假设存在一定的背离，并且城市化发展水平比较落后，城市对劳动力的吸纳具有有限性，因此这些有待学者们进一步修正和完善的理论及其模型在发展中国家的具体应用是有限的。

作为发展中国家，我国具有典型的二元经济特征，因此如何化解二元经济结构问题一直是国内学术界重点研究的对象。改革开放之前，在传统计划经济体制时期，我国为了快速实现“赶超战略”，推动经济飞速发展，主要通过制度性安排和政策性手段将农业剩余劳动力安排进城市，通过人口红利促进工业发展，这种制度性安排直到计划经济体制管理逐渐弱化才结束。伴随着体制转轨我国二元经济结构也开始转型，学术界也开始相应的理论研究。20 世纪 80 年代，刘易斯模型被引入中国，我国学术界和实际工作部门开始对农业剩余劳动力转移，快速有效地实现中国二元经济转型问题进行系统的理论研究和实践探索。蔡昉在《中国的二元经济与劳动力转移——理论分析与政策建议》一书中系统地介绍了劳动力转移的国际经验，分析了我国特有的“工业中过高的资本劳动比”“第三次产业的十分不发展”“城市化水平低”三个劳动力转移的非典型化特征，提出面对 20 世纪 80 年代新的经济格局，我国应重新选择国家发展战略，发动包括城市化进程和乡镇企业振兴在内的全方位动力，一方面发挥城市化的推力、拉力、合力，积极探索城乡一体化；另一方面积极推动农村经济体制改革，择机实行土地集中机制，发挥其对劳动力转移的基础保障作用，将资本密集和劳动密集产业之间的中间产业作为发展的主导部门，运用多元化的方法实现促进国民经济一体化的战略设想①。陈吉元在《论中国的农业剩余劳动力转移——农业现代化的必由之路》一书中全面系统地阐述了农业剩余劳动力转移的理论与方法，农业劳动力的供给与需求，农业剩余劳动力转移的速度与规模，农业剩余劳动力的产业、技术及地域选择，农业剩余劳动力的转移方式，农业剩余劳动力转移的经济效益，资金、劳动力素质与农业剩余劳动力转移的关系，农业剩余劳动力转移的宏观调控等方面②。围绕农业剩余劳动力转移问题，理论界重点关注农村工业部门的发展进程以及农业剩余劳动力转移在我国城市化进程中所受到的影响。这一时期我国乡镇企业高速的发展，是农村经济发展的主要形式。农村工业的发展为农业剩余劳动力转移提供了离土不离乡式的就地转移便利。国内学者深入研究了国内农村工业部门的作用以及乡镇企业发展过程中存在的问题、解决对策等。一部分学者认为在我国当时的经济条件下，城市容纳及吸引农业剩余劳动力的能力远远不及刘易斯二元经济理论所设想的目标。如果按刘易斯的模式将农业剩余劳动力大规模直接转入城市现代部门，城市传统部门将会陷入恶性膨胀。可能会导致我国出现非常严重的“城市病”。他们认为更切实际的选择是立足农村经济，推动乡镇企业发展，通过打破固有平衡弱化二元结构的强度，就地实现剩余劳动力转移，从而形成国民经济结构新格局。还有学者认为，就地转移不是最佳选择。由于非农产业具有分散性，如果大力发展农村工业将会造成农村土地的大量浪费和环境污染，这将严重阻碍农村劳动力转移以及农业现代化发展，走城市化道路才是实现农业剩余劳动力转移的根本出路。

21 世纪以来，我国学者发现了中国体制转轨与结构转型进步和发展过程中的新特点，即需要以制度分析为中心，紧密地将二元经济转型与中国体制转型结合起来多维度、多视度的进行研究。这一时期的研

① 蔡昉：《中国的二元经济与劳动力转移——理论分析与政策建议》，中国人民大学出版社 1990 年版。

② 陈吉元：《论中国的农业剩余劳动力转移——农业现代化的必由之路》，经济管理出版社 1991 年版。

究，偏重于强调制度因素对二元经济起转型作用，尤其是随着中国体制转轨与结构转型的深入，引起了理论界的关注。一些学者从资源配置的角度较为全面地分析了中国二元经济转型，张桂文在其论文《中国二元经济结构演变的历史考察与特征分析》中考察了我国二元经济结构演变的历史过程，剖析了我国二元经济结构形成与深化的根本原因，探讨了劳动力和资本流动、技术进步、制度变迁、市场机制及政府在我国城乡二元结构转换过程中的作用，以经济全球化和知识经济为国际背景、以工业化发展中期阶段与经济体制转轨阶段为国内环境，研究了它们对我国二元经济结构转换带来的冲击与影响，并立足新的国内外经济环境提出了促进我国二元经济结构转换的对策措施①。夏耕撰写的《中国城乡二元经济结构转换——要素流动、制度变迁、市场机制与政府作用》一书将要素流动与制度约束结合起来进行研究，以劳动力、资本、土地、技术四个基本经济要素的积累和流动为切入点，分析了要素流动的作用；将制度设定为城乡二元经济转换过程中的内生变量，探讨了土地制度、户籍制度、劳动力市场及二元资本市场等制度约束，得出城乡二元经济结构作为经济发展中的常伴现象，与市场化取向的改革进程相消长的结论②。对于推进我国城乡二元经济结构转换的措施，他认为从长期来看，市场机制将在城乡二元经济结构转换中起主导作用。但是短期中，由于市场化发端方式的不同和城乡二元经济结构转换具有的阶段性特征，市场机制可能会强化经济的二元性，需要制度变迁、市场机制及政府的共同作用，才能实现城乡经济社会的协调发展。一些学者针对我国当时的实际情形，提出了二元经济机构转型的合理化建议。郭少新在《中国二元经济结构转换的制度分析》中从分工演进的视角构建二元经济结构转换的理论框架，重点分析了中国二元经济的演变历史、转型特征、制约因素和症结问题，他认为农村剩余劳动力的非农业化转移实质上是在实现资源合理配置的思路导向下对二元经济结构转换途径的探索，本质是包括劳动力在内的所有生产要素在市场机制作用下实现资

① 张桂文：《中国二元经济结构演变的历史考察与特征分析》，《宏观经济研究》2001 年第 8 期。

② 夏耕：《中国城乡二元经济结构转换——要素流动、制度变迁、市场机制与政府作用》，北京大学出版社 2005 年版。

源的市场化配置的一种外在表现①。他提出应该通过工业化、农业现代化和人口城市化的良性循环来促进二元经济转型的实现。高帆在《交易效率、分工演进与二元经济结构转换》一书中提出二元经济反差源于两部门不同的分工水平，他从分工演进的视角构建了一个新兴古典经济学模型，证明了交易效率提高，或者交易费用降低是促使分工演进的关键，强调应该通过降低交易成本、提高交易效率，加速二元经济结构在产业和空间等方面的转化②。张桂文在《中国二元经济结构转换的政治经济学分析》中综合运用新政治经济学、发展经济学及数理经济学的理论框架，重点研究非均衡制度变迁对中国二元经济结构转型的影响，指出中国二元经济结构转换的难点在于产业结构升级与劳动密集型产业发展的两难抉择、农业剩余劳动力转移与城市就业双重压力、资源环境与市场需求的双重约束、市场与政府双重失灵，继而从政治经济学视角出发，建议中国二元经济结构转换应该推进工业化进程、促进农业现代化、稳妥推进城市化进程多元并举，同时促进技术与制度创新③。

自 2004 年我国东南沿海地区开始出现持续的用工荒后，学界和相关政府部门就高度关注用工荒问题，同时引发了国内对“刘易斯转折点”是否到来的激烈争论。蔡昉认为我国民工荒问题长期持续，这标志着中国二元经济进入“刘易斯转折点”④。张晓波和阮建青长期跟踪甘肃省贫困地区的工资变化，发现 2003 年以后农业部门的实际工资持续加速上升，不仅包括农忙时期，在农闲时期工资上涨也非常明显，这表明中国农业剩余劳动力已不再丰裕⑤。王美艳结合部分我国宏观经济数据并且利用中国历年农产品生产成本数据，发现与 1980—2000 年相比，小麦和水稻的劳动的边际生产力在 2001—2008 年得到了迅速的提高，这从事实上证明了中国的“刘易斯转折点”已经到来⑥。有一些学者经过研究之后得出了相反的结论。周祝平分析并论证了人口转变与经

① 郭少新：《中国二元经济结构转换的制度分析》，博士学位论文，西北大学，2005 年。
② 高帆：《交易效率、分工演进与二元经济结构转换》，上海三联书店 2007 年版。
③ 张桂文：《中国二元经济结构转换的政治经济学分析》，北京大学出版社 2011 年版。
④ 蔡昉：《农业劳动力转移潜力耗尽了吗?》，《中国农村经济》2018 年第 10 期。
⑤ 张晓波、阮建青：《中国产业集群的演化与发展》，浙江大学出版社 2011 年版。
⑥ 转引自李阔《中国二元经济转型的金融支持研究》，博士学位论文，辽宁大学，2016 年。

济增长之间的关系，发现我国目前城市化水平还很低，在当时的经济形势下，人口转变不是推动中国经济增长的主要动力。在城市化水平依然很低的情况下断言刘易斯转折点的到来以及劳动力短缺时代的到来是非常不准确和危言耸听的判断①。耿元和林玳玳质疑了中国社会科学院人口与劳动经济研究所报告称中国的刘易斯转折点正在逐步呈现的观点，分别从微观和宏观两个角度对中国劳动力供给情况及城市化水平进行了深入研究，得出了“我国劳动力就业压力仍然比较大”的结论②。刘洪银认为从工资水平看，中国现阶段好像已经进入了“刘易斯转折点”，但从劳动的边际生产力看，我国仍存在大量边际生产力很小甚至趋于零的剩余劳动力③。上述学者都得到了中国目前还未进入“刘易斯转折点”的研究结论。

中国长期存在城乡二元经济结构，在此城乡二元社会和经济结构中，金融体系也带有明显的二元特征，表现为：一是城乡居民所具有的融资权利不对等。农户以土地和宅基地作为抵押资产进行融资，在农村集体土地所有制的制度下是长期受到限制的。二是农村金融机构的虹吸效应。农村存在巨大存贷差，农村金融机构的存在将原本属于农村的资金抽离，辗转腾挪给了发达的地区和城市。三是农民融资难，民间高利贷的盛行，融资成本高。因为城乡的二元结构的存在，金融资源在城乡之间的配置形成了事实上的不对等和不公平，形成了客观上对农民、农业和农村的金融排斥。与城乡二元金融结构长期共存的还有另一个二元结构，既正规金融和民间金融，二者的主要区别点是按在法律和政策地位上是否受到监管。中国的金融体系由正规金融和民间金融这两种金融模式共同构成，民间金融在中国的金融体系构成中具有不可替代的作用，它存在的意义不仅是作为正规金融的补充这么简单。农户和中小企业等社会弱势群体难以获得正规金融机构的服务，不得不依赖民间金融机构。大量未被纳入监管的非正规金融组织，提供事实上的金融服务。民间融资未被纳入监管，缺少法律的保护，也享受不到各项优惠政策。

---

① 周祝平：《人口红利、刘易斯转折点与经济增长》，《中国图书评论》2007 年第 9 期。

② 耿元、林玳玳：《中国的刘易斯转折点来到了吗——质疑 2007 年人口与劳动问题报告》，《经济问题探索》2008 年第 9 期。

③ 刘洪银：《从中国农业发展看“刘易斯转折点”》，《西北人口》2009 年第 4 期。

因为其经常出现局部混乱和危机，它的发展受到很大限制也是意料之中的事情，所以它不是一种可持续的金融服务。结果是非正规的民间金融市场的风险和成本高于正规金融体系，加大了中小企业的经营成本。双二元金融结构共同作用的结果是严重的金融排斥现象，这一现象主要存在于对农户和农村中小企业的金融排斥，这在某种程度上会产生潜在的社会风险，因为对于农户和农村中小企业的金融排斥现象不但影响了农业和农村发展经济发展，最终造成的结果是可能使城乡收入差距进一步扩大。金融的双二元结构与包容性增长的经济发展方针和实现共同富裕的社会发展目标背道而驰，必须打破双二元结构，建立以合作金融为主的普惠金融体系。允许农民和私营部门投资开办小型的社区金融机构，为农户及其生产活动提供方便灵活的金融服务。

七 合作金融理论

合作金融是合作经济在金融领域中的延伸，它与商业金融和政策金融结合起来就构成了国家金融。雷发巽于 1847 年在德国创建了世界上第一个农村合作金融组织，它成为世界农村合作金融的首个组织①。当时，农民粮食歉收，还没有资金继续进行粮食播种，在这种情况下，雷发巽创立了雷发巽式农村信用合作社。雷发巽在《储蓄金库扶助农民满足需要的方法》这本书中提出了许多有关建设农村合作金融机构的观点以及具体的实践方法，这为推进信用合作机构的发展提供了一定的思想基础。随之信用合作模式中出现了“雷发巽”式的信用合作模式，此模式具有两点优势：一是提倡提高社员资金互助，二是避免农民受到高利贷剥削。在这两点优势的推动下，农民的互助积极性得到了显著的提高。因此，“雷发巽”式农村合作信用社在欧洲范围内得到了快速的发展。其他国家受到雷发巽的思想的启蒙，也开始纷纷效仿，研究农村合作金融的发展。

国外学者主要从合作金融发展制度、结构和原则几个方面进行了研究。诺斯认为制度是为决定人们的相互关系而人为设定的一些制约。肖

① 转引自姜常青《德国农村合作金融对我国的启示》，《中国乡村发现》2012 年第 11 期。

认为金融发展是金融结构由简单向复杂转变的过程，金融制度的效率决定着一国的经济配置和资源利用效率。虽然不同国家所处的发展程度不一样，但是只要他们的金融结构变革目标相似，在各国由金融抑制向金融深化和金融自由化转化过程中，合作金融就能获得在较多国家范围内更大空间和更自由的发展①。雷蒙德·W. 戈德史密斯认为金融发展的本质就是金融结构的转化。金融理论的研究目的就是分析影响国家金融结构、金融工具和金融交易量的因素，以及这些因素是如何影响金融发展的②。合作金融的原则与合作制的原则极其相似，他们的共同点是要求自愿、民主、互利、非营利性。德国、美国、法国欧美发达国家的合作金融机构始终坚持“自愿、民主、互利”这些最初的合作原则。在农村合作金融的理论研究上也处于全球领先的水平。20 世纪 60 年代以后西方国家对金融抑制、金融深化、金融中介、金融约束、金融功能等理论进行了深层次的研究，以期更好的实现合作制的原则。格利和肖在著作《金融理论中的货币》中首创了金融中介学说，提到金融中介的本质即“提供资产转型服务”③。肖在《经济发展中的金融深化》中以金融抑制和金融深化为出发点，重点研究了发展中国家的货币金融问题，对金融与经济发展的辩证关系进行了详细的说明④。他认为金融抑制会降低金融体系的资金聚集能力，导致金融发展停滞甚至倒退，也会阻碍经济的繁荣。因此推动农村经济建设的关键因素是发展农村合作金融。戴蒙得提出金融中介“委托监督理论”，即为了达到合理高效的利用闲置资金的目标，金融中介可以通过监督借款人和被借款人来避免信息不对称⑤。金和莱文认为金融在不确定的环境中加速了资源在时间和

① ［美］雷蒙德·W. 戈德史密斯：《金融结构与金融发展》，周朔等译，上海人民出版社 1996 年版。

② ［美］雷蒙德·W. 戈德史密斯：《金融结构与金融发展》，周朔等译，上海人民出版社 1996 年版。

③ ［美］约翰·G. 格利、爱德华·S. 肖：《金融理论中的货币》，贝多广译，上海 人民出版社 1994 年版。

④ ［美］雷蒙德·W. 戈德史密斯：《金融结构与金融发展》，周朔等译，上海人民出版社 1996 年版。

⑤ 转引自王念、戴冠、王海军《互联网金融对现代中介理论的挑战——兼论对金融民主化的影响》，《产业经济评论》2016 年第 1 期。

空间上的配置，同时创造流动性、获取投资信息和配置资源、监督经理人、通过加强对企业的控制来提高融资效率①。赫尔曼等提出了金融约束论，即“为了保证市场制度的良好运转，政府应当制定具有约束力的权威制度，从而促进金融和经济的发展”②。21 世纪以来，国外学者对新形势下合作金融存在的必要性进行了进一步研究。Hendrickson 认为形成横纵交错的内部合作关系有利于合作金融组织体系的发展，即在横向上实现基层社员之间风险共担和利益共享，在纵向上实现各层级组织间的相互合作③。Lawrie 等提出应该将合作制与商业化有机结合起来，共同为合作金融机构服务，实现商业化经营的目标④。

明朝末期清朝初期，我国的合作金融实践就开始出现，民国时期合作金融的实践形式随着西方思想和文化的传播也越来越多。清朝末期，闭关锁国的清朝被西化的潮水不断冲洗的过程中，中国的合作思想出现了，这一思想也被这一浪潮带到国内。最早从日本传入“组合”一词，它被解释为“合作”，《民主报》和《银行新论》等报纸和书籍开始介绍西方合作制度及合作银行。在国民政府时期，信用合作社在农村经济发展中的作用微乎其微，既不能推动农业发展，也无助于改善农民的生活，合作社不仅没有发挥应有的作用，反而成为统治阶层垄断农村金融的工具。程霖和韩丽娟回顾了 20 世纪 30 年代学术界提出的国家集中型、商业银行型、合作金融型和复合信用型四种农村金融合作模式⑤。认为学术界对于中国农村金融的思考在这一期间实际上是受到西方相关理论的影响，所以开放性和实用性是这一阶段形成的理论和提出构思所具有的特点。当时，我国学术界在当时普遍认为应该将我国的农村金融

① 转引自金学群《金融发展理论：一个文献综述》，《当代经济科学》2003 年第 11 期。

② ［美］托玛斯·赫尔曼、凯文·穆尔多克、约瑟夫·斯蒂格利茨：《金融约束：一个新的分析框架》，载青木昌彦《政府在东亚经济发展中的作用》，张春霖译，中国经济出版社 1998 年版。

③ Hendrickson S. M., “Assessing Competence in the Use of Motivational Interviewing”, *Journal of Substance Abuse Treatment*, Vol. 15, No. 1, 2005.

④ Lawrie C. H., Gal S., Dunlop H. M., et al., “Detection of Elevated Levels of Tumour-associated MicroRNAs in Serum of Patients with Diffuse Large B-cell Lymphoma”, *British Journal of Haematology*, Vol. 141, No. 5, 2008.

⑤ 程霖、韩丽娟：《论国民政府时期关于农业金融制度建设的四种模式》，《中国经济史研究》2006 年第 12 期。

体系分成两部分来进行进一步的考察和研究。一是正规金融体系，这一体系是经过法定程序建立的，具体的来讲，农村信用合作社和农村合作银行等金融机构是我国农村地区正规金融体系的主要构成部分；二是非正规金融体系，这一体系是以非正式契约关系的民间融资形式构成的，以农村合作基金会、农村资金互助合作社、民间借贷的合会为代表，与正规金融体系中的金融机构相比，它们受到中央银行或政府监管部门的束缚是较少的。

改革开放后，农村实施适应我国当时的农村发展环境的家庭联产责任承包制，极大程度地提高了农民劳动积极性和生产水平。农民的生活水平得到很大的提升，相应的农村的面貌也有了很大的改观。"三农"问题在这一过程中一直都是受到政府的高度关注，解决"三农"问题也是我国国家发展过程中一项十分重要且具有深远意义的战略性创举。即使在这样的条件之下，在"三农"问题的处理上依然存在很大的困难。在经济体制由计划经济体制转变为市场经济体制的过程中，市场在农村和城镇经济中起着越来越重要的作用。伴随着经济体制改革，我国农村改革的步伐也逐渐加快了速度。农村城镇化和农业现代化发展进程引起了农村组织变迁，逐渐步入快速发展轨道的农村的经济合作给了农业产业现代化和农产品经营规模化的优化提供了坚实可靠的基础。农业经济发展的同时，农业发展资金需求量持续不断增加，这要求我们必须建立一个结构更加完善的农村金融体系。然而现实情况是农业生产风险大、支农贷款政策不完善、抵押物不充分，农村合作金融大多只从农村吸收资金，并不向农民提供贷款服务，完全违背了农村合作金融设立的初衷。让农村合作金融切实服务"三农"成为金融人和理论界不懈努力追求的目标。中国农业银行从1983 年开始着手指引农村信用合作社恢复"三性"（组织上的群众性、管理上的明主性、经营上的灵活性），使农村信用合作社成为农村经济发展的基础保障。

理论界学者从不同角度对农村信用合作社的作用进行了研究。岳志通过对金融交易费用的比较研究，得出农村是合作信用社最适宜发展领域的结论[①]。褚保金和陈涤非认为农村合作信用社最好的实现形式是股份合作制[②]。林毅夫以制度经济作为切入点指出是由于国家的强制性政策导致了我国农村合作金融制度的变迁[③]。张晓山认为从改革成本最小化角度看，具有商业性质的股份制商业银行是我国农村合作信用社应有的发展模式，农信社应放弃合作性质走商业化道路[④]。谢平和刘海认为对农村合作信用社进行商业化股份制改革是大势所趋，商业化道路是农村合作金融的未来发展方向[⑤]。经济发展水平不发达地区的农村合作信用社逐步变为区域性的政策性银行，经济发展水平相对较高地区的农村合作信用社可以直接转型为股份制商业银行。岳志认为以中国农村经济现有的条件，正规的金融体系根本无法满足农村发展的需求，为了实现中国新农村建设、促进农村经济发展，农村信用社应该选择回归合作性质，进行体制内改革，完善农村合作信用社的合作化道路[⑥]。霍学喜和屈小博认为非正规金融能够满足农民在抵押品价值低甚至无抵押物的情况下的小额资金需求，能够填补其他金融机构的服务漏洞[⑦]。王勇认为农村合作信用社是一种主要用于服务自己的资金筹集和资金利用方式[⑧]。李杨和杨思群提到："在发展中国家、转轨经济国家甚至发达国家非正规金融广泛存在，这说明了非正规金融是一个必须存在的融资方式"[⑨]。温铁军和姜柏林指出，合作制具有不能被股份制、股份合作制所替代的特点，在破解农民融资困境、农业现代化生产发展缓慢等关键问题时，农村正规金融起着主要的作用，非正规金融则应发挥合理必要

① 岳志：《论合作金融制度的效率》，《西南金融》2002 年第 1 期。

② 褚保金、陈涤非：《试论我国农村合作金融组织的改革与发展》，《中国农村经济》2002 年第 8 期。

③ 林毅夫：《中国经济改革成就、经验与挑战》，《企业观察家》2018 年第 8 期。

④ 张晓山：《斩除农村金融乱象》，《西部大开发》2014 年第 5 期。

⑤ 谢平、刘海：《中国农村金融改革的回顾、反思与展望》，《南方金融》2019 年第 3 期。

⑥ 岳志：《论合作金融制度的效率》，《西南金融》2002 年第 1 期。

⑦ 霍学喜、屈小博：《西部传统农业区域农户资金借供需求与供给分析——对陕西渭北地区农户资金借供的调查与思考》，《中国农村经济》2005 年第 8 期。

⑧ 王勇：《民间金融机构，终于有了"名分"》，《金融博览》2010 年第 7 期。

⑨ 李杨、杨思群：《银行与中小企业融资问题研究》，《上海金融》2001 年第 10 期。

的补充作用①。基于以上论述，我们可以得出以下几点共识：第一，非正规金融能够满足个体经济发展的需要；第二，非正规金融能够解决农村资金供给不足问题；第三，非正规金融在一定条件下能够实现减少成本和交易费用、提高生产效率的作用。

虽然我国合作金融事业的实践起步时间比较晚，但是因为合作金融在国家经济发展尤其是农村经济发展中具有十分重要的位置，所以我国专家学者们对合作金融也越来越重视，近十年相关的研究文献大量涌现。当然我们也应该认识到，我国对合作金融的研究与国外发达国家依然存在差距，在发展扩大我国的合作金融事业时，应该结合我国的实际情况有取舍地借鉴国外的成熟经验。

---

① 温铁军、姜柏林：《重构“服务三农”的农村金融体系》，《中国农村信用合作》2007年第10期。

第二章　农村合作金融的起源与变迁历程

第一节　农村合作金融的起源

一　合作金融在西方国家的起源与发展

国际劳工组织在1994年对合作社做出如下定义，合作社是一个民主的组织形式，其中的社员是按照自己的意愿自愿组织在一起的，是社员共同出资、共担风险、共享收益并积极参与其活动的具有共同组织目标的协会①。英国合作社诞生于欧洲工业革命时期，英格兰的沃尔维奇和查特姆造船厂工人于1760年创办的合作磨坊和合作面包坊是有过记载的最早的合作社。世界上公认第一个比较成功的合作社是距今177年的罗虚代尔公平先锋社，它于1844年诞生于英国的一个棉纺工业小镇——罗虚代尔，在吸取了前人经验的基础上，28名工人创立了消费合作社，并第一次提出了关于合作社组织和管理的比较完整的基本原则。这些合作原则和合作精神为国际合作社联盟（ICA）共同遵守的原则奠定了思想基础。据相关史料记载，当时由28个织布工人创立的罗虚代尔公平先锋社所制订的罗虚代尔基本原则有5项。在1895年成立的国际合作联盟于1995年将原本的5项原则扩展为之后的7项原则，并将这7项原则作为今后国际合作运动的指导性原则。这7项原则内容主要包括：入社自由（自愿加入原则），社员经济参与（互助互利），自治和自立民主管理，合作社间合作，重视教育、训练、宣传，关心社

① 转引自郭绪全、秦娟《广西农村合作经济组织建设的必要性与对策建议》，《广西农学报》2006年第1期。

区等。由罗虚代尔公平先锋社提出的上述5项原则，奠定了全世界许多合作社思想理论组织基础，其较为成功的实践经验为西方合作运动中的改良主义提供了借鉴①。合作社在19世纪中叶在欧洲被多国开始推行。从实践领域角度来看，合作社早期的发展历程依次是流通领域、生产领域、金融领域；从行业布局的角度来看，合作社早期的发展是从工业开始，随后进入到了农业。早期合作社的发展呈现出劳动公社模式和合作社模式两种不同的模式。合作社的性质是由内部经济关系和所处的社会政治经济条件所决定的。西方国家政府在19世纪末试图将合作社作为一种协调农产品市场供求关系，推动农产品销售的模式，大力推动合作社的发展。在政府的鼓励号召下，一些中小业主也开始积极参加或组织合作社，由这些中小业主参与的合作社的成分发生了改变，同时部分合作企业，开始雇佣合作社外部员工来从事经营活动并扩大了股金分红范围，导致合作社在某种程度上向资本主义企业演变，转变为资本主义集体经济组织。在行政支持方面，鉴于合作社非营利性性质，无论合作社规模有多大，许多国家政府都会给予合作社企业一定优惠照顾。随着第二次世界大战的结束，特别是1960年以后，在政府支持和干预下，一些新的变化在资本主义制度下的合作社出现了，如民主管理被削弱；雇佣合作社之外的员工经营，所雇员工创造的剩余价值被合作社社员占有；为扩展市场进行跨地区、多层次的专业联合等。服务性合作社是当时资本主义国家农业合作组织中的主要形式。部分发展中国家在西方农业合作社的影响下也开始建立农业合作组织。这些发展中国家创办的农业合作组织带有浓重的“官办”色彩，不同于西方自下而上的合作运动，它们通常由政策推动，这种推动的形式是由一国政府自上而下的并给予大力扶持下形成的，具有不改变生产资料的所有制、不改变农业生产过程的经营管理权及决策权的特征。

二　合作金融在中国的起源

中国合作金融是西方的经典合作制和苏联的集体制合作的结合产

① 崔慧霞：《马克思主义的合作理论对农村金融发展的启示》，《社会科学家》2008年第5期。

物。二者对中国合作金融影响是重大而深远的。在中国早期的合作运动中，农村信用合作社的发展占有非常重要地位。五四运动之后，我国的经济合作社出现了。之后我国首家信用合作银行由薛仙舟在上海创办，该银行命名为上海国民合作储蓄银行，在创建时该合作银行就具有了一定的信用规模。上海国民合作储蓄银行以推崇合作主义、资助小本经营为目标，对推动我国早期的合作经济具有广泛的影响，在助力小农经济、小本工商企业经营的发展方面提供了资金支持。在此阶段成立的经济合作社及合作银行均是由民间资本承办，承办资金规模不大，抗风险能力较弱，存续时间较短，受多种不利因素的影响，多数相继倒闭。在倒闭大潮来临的期间，中国华洋义赈救灾总会指导的农村信用合作社躲过了倒闭灾难。它凭借殷实的赈灾余款，得以持续发展。中国华洋义赈救灾总会的存在，对推动农村合作金融在中国的发展起到关键作用。

晏阳初先生是中国平民教育家和乡村建设家。1920 年他从法国战场回到祖国，回国后对当时中国 19 个省的平民教育状况进行了实地调查。调查发现教育缺失是中国经济落后的根本原因，尤为突出的就是农村教育的缺失。经济落后、人口众多是我国的基本国情，我国的绝大部分人口居住在农村，他们由于缺乏教育差不多都目不识丁。在晏阳初的动员之下，1923 年 8 月，中国的一大批教育家、社会活动家、归国留学生积极响应晏阳初的号召，与他一道在北京成立了“中华平民教育促进会总会”（以下简称“平教会”）。“平教会”成立后，当时的河北定县就被晏阳初他们选为“平民教育”整体推进计划的实验县。紧密结合农村实际是晏阳初平民教育和乡村建设理论的主要特点，他们通过平民教育和乡村建设整体推进的方式，来实现乡村改造、改善乡村居民生活条件的目标。晏阳初主张科学要以农村实际为根本出发点，使农业科学深入民间。晏阳初认为，农民是国家的基础，是民族生命的源泉。1923 年“平教会”刚成立的时候，晏阳初就号召大家要在定县农村实地调查研究和实验，此时一大批农业科学家、教授积极响应号召并投身到了此项工作当中，要将落后的农村实际与先进的科学相结合，从农民的实际生活中找出与农民生活切实相关的问题，通过科学实验的应用来探寻答案，之后加以推广。晏阳初在定县开展的合作社工作，促进了先进农业技术在定县的推广，让农民生活得到改善，互助合作精神得到发扬，进而推动农业经济的发展。晏阳初领导一些地方成立了产业形式的合作社。其中最具有代表性的是“梁邹美棉运销合作社”。建立棉花合作社之前，邹平北部的几个乡的棉花产量一直处于较低的水平，建立棉花合作社之后，在晏阳初的带领下，乡民增强了合作意识，在育种、耕种、销售等方面互相学习沟通交流，在集体耕种过程中，为了实现更多的利润，乡民心往一处想，劲儿往一处使，形成了和谐兴旺的景象，棉花的产量大幅度增产，农民收入大幅增收。晏阳初所提倡的“合作要落在农村、产业上”的理念在一定程度上得到了较好的验证。

20 世纪 30 年代，梁漱溟也先后在广东、河南、山东等地，从理论层面与实践层面对乡村治理进行了探索，倡导乡村治理要注重系统性谋划、积极寻求公共空间建构、努力实现建设与治理的有机统一。梁漱溟急切呼吁创立各种形式的产业合作社，实现带动乡民合作增收的目标。他认为各种形式合作社的创设，一方面可以通过将农民组织起来的方式，降低乡民单打独斗，小农小户从事农业生产经营活动的风险，实现农民增产增收的目标；另一方面可以培养、训练、提高民众的自治能力，促进民众政治意识的加强，不仅解决乡村建设中致富的问题，同时解决乡民矛盾、治安混乱、政治意识薄弱的问题。

1927 年之前，我国的合作社基本是民办的。1927 年，中国出现了官办的半封建、半殖民地性质的合作社。1935 年设立了全国规模的合作管理行政机构，1939 年中国又设立了经济部合作事业管理局，统一领导全国的合作社的建设和发展①。《合作社法》是 1939 年 11 月由国民党政府出台的相关法律。此时的合作社背离了“合作”性质，有别于欧美各国的合作社，国民党时期的合作社，除生产型和消费型外，信用合作社占比较大。合作社对融通资金，救济灾民，支援抗战方面起了一定作用。抗日战争时期，陕甘宁根据地在传统互助合作基础上开展了合作化运动。1939 年后，陕甘宁根据地提出了“合作化 + 群众化”的口号，由于摊派股金的方式仍然是各地推行其所谓合作化和群众化实现的主要做法，因此，群众对多数合作社持有抵抗的态度，人们普遍将摊

① 崔慧霞：《马克思主义的合作理论对农村金融发展的启示》，《社会科学家》2008 年第 5 期。

派视为负担，加入合作社非但没有多大的利益，反而无形之中加剧了自己的负担。1940 年，边区政府废除了除少数成功的运输和消费合作社之外的其他所有合作组织。1943 年 11 月，毛泽东在给边区作相关工作报告中强调指出，合作社是当时群众组织经济上的最重要形式，发展社会生产的核心环节是组织劳动生产力，将自愿和等价作为根本出发点，来开展农民劳动互助这项活动①。以该方针为中心，在根据地的党组织带领下，农民通过成立互助组织的形式来开展合作经济的行动。新的劳动互助组织成员的范围越来越广，从原来的仅限于有血缘关系的亲友之间，到绝大多数村民互助生产领域的范围也越来越广，从农业耕作、运输和粮食晾晒扩展到修路、修水利和农事准备工作。农民的原有的土地、耕畜、生产工具等私人财产，在其参加合作社后仍旧保留给个人，只在进行生产的时候社员拿出共同使用，进行集体劳动。此种集体劳动在当时被广大群众接受。

三 我国农村合作金融的变迁历程

我国农村合作金融的变迁历程是从新中国成立开始的，在其整个发展变迁的过程中，我们可以看出不论从组织形式上还是政府监管上都体现了其顺应我国经济体制改革的要求。70 多年来，我国农村合作金融经历了从试办农村信用合作社阶段到新型农村合作金融阶段的 5 次转变。

（一）新中国成立初期，试办农村信用合作社，拉开农村合作金融大幕

新中国成立之初，为促进农业尽快恢复生产和耕作，政府积极推行以生产、信用、供销相融合的合作化运动。在信用合作方面，各地政府积极试点推广农村信用合作社。1950 年 3 月，全国财经统一后，中国人民银行在华北地区联合全国合作社总社试办信用合作社。信用部、信用社及信用小组是当时信用合作社的三种主要形式。1952 年，全国各地区试点工作全面铺开，全国有 2200 多家信用合作社，1500 多家信用部，16000 多个信用小组。到 1957 年年底，全国共建立了 88368 个农

① 《建国以来重要文献选编》第 10 册，中央文献出版社 2011 年版，第 560 页。

村信用社。在试点工作蓬勃发展的同时，中国人民银行先后制定了《农村信用合作社章程准则（草案）》《农村信用互助小组公约（草案）》等文件。这些文件对农村信用社的性质及章程做出了明确规定，对农村信用合作社机构设置及机构职权及民主决策等方面提出了相应要求，推动了农村信用社的规范发展。此阶段建立的农村信用社，从整体来看比较符合“罗虚代尔公平先锋社”原则，合作制性质较明显。这一时期的农村信用社的资本来源于广大农民入股的股金，管理者由广大农民社员选出，信贷资金投向内部社员，贷款主要用于农业放款，解决农民耕地所需的肥料、种子、农具、牲畜的购买及其他生产和生活所需。新中国成立初期创办的农村信用合作社在一定程度上解决了贫困农民的生产生活难题，同时也消灭了具有剥削性质的农村高利贷，为中国实现社会主义改造起到重要作用，为农村金融发展奠定基础。

（二）高度集中的计划经济体制下的“公办”合作金融阶段

20 世纪 50 年代末期，国家实行高度统一的计划经济体制。为适应高度集中的计划经济体制，农村信用合作社接受计划经济管理，其管理主体几经变更。1958 年农村信用合作社转为集体信用组织，人民公社成为其管理机构。1959 年农村信用合作社的管理权归属于生产大队。1969 年农村信用合作社的管理由贫下中农接手。1977 年，国家银行收回农村信用合作社管理权，其性质转为“官办”组织，农村信用社完全背离了合作互助的金融属性。

（三）恢复和加强农村信用合作社合作金融属性阶段

农村改革的大幕在党的十一届三中全会之后被拉开。在推进家庭联产承包责任制改革进程中，农村信用社管理权问题再次被提上政府议程。农村信用社的“合作金融的属性”要求其从“官办”转为“民办”的需求愈见旺盛。1982 年年底，中央政治局强调农村信用合作社应回归合作金融的组织性质。农村信用社在我国重启了从“官办”回归“民办”，以恢复合作金融属性为核心的改革进程。1984 年 8 月，国务院在相关文件中再次明示，农村信用合作社要恢复和加强民主管理。20 世纪 80 年代中期，农村合作基金会作为清理人民公社集体资产的产物应运而生。黑龙江省在 1983 年创办了全国首个农村合作基金会。此类农村合作基金会属于农民自发组织。之后此类农村合作基金会在各地政府先默许后承认的态度下，在全国农村快速发展起来。1992 年年底，全国农村合作基金会总数达到 1.74 万个，属于村级级别的合作基金会数量达到 11.25 万个。1990—1996 年，全国农村合作基金会在种植、养殖业上，累计投放生产资金达 515 亿元。由此可见，各地成立的农村合作基金会在成立初期有效发挥了资金融通作用，填补了农村商业银行和农信社支农资金不足。1999 年，农村合作基金会由于监管缺位，经营管理不善，出现了大量的不良资产，一些农户的存款无法提现，给当时的金融秩序稳定带来了一些负面影响。政府金融当局为防范和化解金融风险，决定关闭农村合作基金会。

1996 年国家制定的《关于农村金融体制改革的决定》将农村信用社与农业银行之间的行政隶属关系进行了解除，中国人民银行对农村信用社实行托管。农村信用社回归相对独立的“民办”合作金融机构。分布在各地的农村信用社承担起农村金融的主力军的角色。此阶段的改革结果是农村信用社的“民办”性质得以恢复，农村信用社合作金融属性得以纠正。但值得关注的是，管理权回归内部的农村信用社后期在资金使用上偏离了互助、非营利的目标方向，一些效益比较好的乡镇企业或其他经济组织从农村信用社获得较多贷款，农村信用社贷款业务商业化严重，农民贷款难问题显现。

（四）合作金融被商业化金融取代阶段

重新回归“民办、合作”属性的农村信用社运营几年后，由于产权结构不合理、不清晰，治理结构混乱，导致各地农村信用合作社陆续出现了经营管理不善、风险控制能力严重不足、贷款不良率攀升等诸多问题。鉴于上述情况，2000 年年底在苏南经济发达地区，国务院试点将县级农信社组建成农村商业银行。2001 年 4 月中国人民银行批准在全国范围试点将县级市农村信用社改建改制农商银行，至此拉开了农村信用社改制的大幕。2001 年 11 月 27 日张家港农村商业银行①作为全国首家由农信社改建的商业银行挂牌成立。国务院 2003 年颁布了《关于印发深化农村信用社改革试点方案的通知》，指出各地区农村信用社可

① 农村商业银行后文简称农商行。

以依据自身情况，按照股权结构多样化的原则，进行合作制、股份制及股份合作制等多种产权形式的试点改革。农村信用社变革的宗旨是将它建成产权明晰，法人治理结构完善、自主经营、自我发展及风险自担的市场化经营主体。2011 年中国银监会明确提出推动农村信用社全面完成商业化股份制改革，不再组建新的农村合作银行，原有的农村合作银行须在 5 年时间内，全部改制成农商行。这意味着农村信用社要全面放弃合作金融制，完全走上了商业化变革道路。农村信用社转制为商业银行后，我国正规的农村合作金融机构已经完全退出历史舞台。

（五）多元化的新型农村合作金融出现和发展阶段

我国农村信用社商业化改革之后，中国广大农民的主要融资渠道以农业银行、村镇银行、农商行等正规金融机构为主。这些正规金融机构的经营以营利为目标，为了追求利润最大化，其贷款业务普遍脱离“三农”方向。政策性、商业性金融机构农村金融供给的严重不足为新型农村合作金融的发展提供了空间。

在 2007 年 3 月经原中国银监会批准的作为全国首家农村资金互助社的梨树县闫家村百信农村资金互助社的正式营业的事实，是重构农民信用合作组织的新纪元时代开始的标志。党的十七届三中全会会议上首次明确提出了允许有条件的农民专业合作社在社内社员间开展信用合作。2009 年农业部联合银监会出台《关于做好农民专业合作社金融服务工作的意见》，对发展专业型资金互助社的具体目标及相关措施进行了规定。2010 年国家政府部门又提出要进一步培育农村资金互助社，以夯实农业农村发展的金融基础。

由于多家已拿到金融许可证书的农村资金互助社在经营上出现了一些问题，我国银监会于 2012 年暂缓审批农村资金互助社牌照。2014 年后，我国政府在政策层面已经不再推动社区型合作金融组织发展，2015 年国家政府在政策层面强调稳妥推动农民合作社内部资金互助试点工作的开展，发掘促进新型农村合作金融发展的切实可行的方法。2016 年政府又开始推行专业型资金互助组织的试点。2017 年，鉴于农民资金互助组织“跑路”事件频繁爆发，政府接连发文要求“规范发展农村资金互助组织”，强调农村开展合作金融业务，形式应以农民合作社内部信用合作为主。2018 年，生产、供销、信用合作相融合的新型农村合作体系在部分农村地区开始涌现。2019 年年初，中华全国供销合作总社印发了《中华全国供销合作总社关于规范发展供销合作社金融服务的指导意见》，强调全国各地区要进一步推动供销合作社综合改革，规范发展供销合作社金融服务，推进三位一体综合合作。在农村合作金融发展历程中，国家陆续出台了系列政策文件对其发展加以规范（见表 2. 1）。

总的来说，中国农村合作金融组织改革试点在到达高点之后逐步恢复到较低的状态并呈现逐渐稳定于专业型资金互助社这一组织形式上。

表 2. 1 **我国农村合作金融发展政策文件**

颁布日期（年）	政策文件	颁布机构
1951	《农村信用互助小组公约》	中国人民银行
	《农村信用社章程》	
1957	《农村信用社示范章程》	中国人民银行
1977	《关于整顿和加强银行工作的几项规定》	国务院
1982	《当前农村经济政策的若干问题》	国务院
1983	《当前农村经济政策的若干问题》	国务院
1984	《关于改革信用合作社管理体制的报告》	国务院
	《关于一九八四年农村工作的通知》	
1985	《关于进一步活跃农村经济的十项政策》	国务院
1996	《关于农村金融体制改革的决定》	国务院
2003	《关于印发深化农村信用社改革试点方案的通知》	国务院
2004	《中共中央国务院关于促进农民增加收入若干政策的意见》	国务院
2005	《中共中央、国务院关于进一步加强农村工作　提高农业综合生产能力若干政策的意见》	国务院
2006	《关于调整放宽农村地区银行业金融机构准入政策更好支持社会主义新农村建设的若干意见》	银监会
	《关于开展建立“贫困村村级发展互助资金”试点工作的通知》	国务院
2007	《农村资金互助社管理暂行规定》	银监会
	《农村资金互助社示范章程》	
2008	《中共中央国务院关于切实加强农业基础建设进一步促进农业发展农民增收的若干意见》	国务院

续表

颁布日期（年）	政策文件	颁布机构
2009	《关于做好农民专业合作社金融服务工作的意见》	国务院
	《国务院扶贫办、财政部关于进一步做好“贫困村村级发展互助资金”试点工作的指导意见》	
2010	《中共中央、国务院关于加大统筹城乡发展力度，进一步夯实农业农村发展基础的若干意见》	国务院
2014	《中国银监会、农业部、供销合作总社关于引导规范开展农村信用合作的通知》	中国银行业监督管理委员会
	《关于引导农民合作社规范有序开展信用合作的通知》	
2015	《关于加大改革创新力度加快农业现代化建设的若干意见》	国务院
2016	《关于落实发展新理念加快农业现代化实现全面小康目标的若干意见》	国务院
2017	《中共中央国务院关于深入推进农业供给侧结构性改革加快培育农业农村发展新动能的若干意见》	国务院
2018	《中共中央国务院关于实施乡村振兴战略的意见》	国务院
2019	《中华全国供销合作总社关于规范发展供销合作社金融服务的指导意见》	中华全国供销合作总社
	《关于金融服务乡村振兴的指导意见》	中国人民银行、银保监会、证监会、财政部、农业农村部
	《关于坚持农业农村优先发展做好“三农”工作的若干意见》	国务院

资料来源：中国银行保险监督管理委员会官网。

第二节　新型农村合作金融的组织形式

一　农村资金互助社

2007 年 1 月 22 日，银监会颁布了《农村资金互助社管理暂行规定》（以下简称《暂行规定》）。《暂行规定》指出农村资金互助社建立的目的是为社员提供存款、贷款、结算等业务的社区互助性银行业金融机构。《暂行规定》对各管理部门具体实践起到了指导性作用。其中详细表述了有关农村资金互助社的资格条件和职责等方面的问题。农村资金互助社的设立要经历两步审查，首先是由银监会各省分局初步审查核实被受理单位，然后由银监局对其进行二次审查，两次审核结论形成的最终结果是判断其批准设立的依据。农村资金互助社是社区互助性银行业金融机构，其入股资金的主要来源是自愿入股的农民和农村小企业对其注资。同时农村资金互助社提供存贷业务和结算业务等服务的对象是他们的社员。《暂行规定》也落实了互助社存在的意义，全体社员都应当参与进来，拥有对相关事项发表意见的权利，把服务全体社员作为互助社的服务宗旨。在责任权利的认定上，互助社将以独立法人的形式存在。其法人财产的权利不仅限于对社员股金和其他合法资产的处置所带来的收益和财富积累等，除此之外，还要以法人财产承担债务所对应的责任。

农村资金互助社的设立要求包括以下几点，除要有符合《暂行规定》要求的相关章程外，（其章程要求如表 2.2 至表 2.8 所示）还要有 10 名以上符合《暂行规定》中规定的社员条件要求的发起人。设立农村资金互助社在注册资本上也有相关规定，在乡（镇）设立的农村资金互助社，其注册资本不低于 30 万元，在行政村设立的农村资金互助社，其注册资本不低于 10 万元，这里所提及的注册资本应为实缴资本①。因农村资金互助社在身份认定上是独立的企业法人，故为满足日常工作需要，其要配置符合相关要求的理事、经理和具备从业条件的工作人员。农村资金互助社的营业场所，安全防范设施及与业务有关的其他配套设施也要符合《暂行规定》中的相关规定。

由于农村资金互助社是经我国银监局批准设立的正规的银行业金融机构，其在经营存贷款等金融业务时，获得了国家金融许可证，在从事金融业务时，有一定的信用基础。2007 年 3 月 2 日，吉林省梨树县闫家村百信农村资金互助社首家获得批准，开始从事互助性农村合作金融业务。之后全国多地农村互助组织赶赴吉林省梨树县闫家村百信农村资

① 鲁可荣：《农村资金互助合作组织发展与管理现状及促进政策分析》，《社团管理研究》2012 年第 1 期。

金互助社进行实地调研，学习其办社经验。截至 2012 年 6 月底，全国 16 个省（直辖市）有 49 家农村资金互助社获得我国银监局批准，取得了金融营业资格。其中浙江省获批 8 家，获批数量居首位。紧随其后的是黑龙江省获批 6 家，山西省获批 6 家，吉林省获批 4 家。河北省、四川省和新疆维吾尔自治区各只有 1 家。全国有近一半的省份没有一家获批。从 2012 年之后，由于全国多地获批的农村资金互助社相继出现经营风险，为维持金融稳定，防范金融风险，国家暂停了对农村资金互助社的审批。如图 2.1 和表 2.9 所示，截至 2020 年 5 月，全国 49 家农村资金互助社中，有 6 家解散，还有 43 家维持运营。

表 2.2　　银监会对农村资金互助社设立的审批要求

<table>
<tr><td colspan="2">注册</td><td>独立的企业法人</td></tr>
<tr><td colspan="2">公司性质</td><td>社区互助性银行业金融机构</td></tr>
<tr><td colspan="2">批准机构</td><td>银行业监督管理机构</td></tr>
<tr><td rowspan="7">设立条件</td><td>注册资本</td><td>乡（镇）≥30 万元；村≥10 万元</td></tr>
<tr><td>公司章程</td><td>有符合《农村资金互助社管理暂行规定》要求的章程</td></tr>
<tr><td>股东人数</td><td>≥10 人</td></tr>
<tr><td>股东资格</td><td>乡（镇）、行政村农民和农村小企业</td></tr>
<tr><td>股权结构</td><td>持股比例不得超过农村资金互助社股金总额的 10%，超过 5% 的应经银行业监督管理机构批准。社员入股必须以货币出资，不得以实物、贷款或其他方式入股</td></tr>
<tr><td>任职人员</td><td>理事长、经理应具备高中或中专及以上学历；上岗前应通过相应的从业资格考试</td></tr>
<tr><td>硬件设施</td><td>符合要求的营业场所，安全防范设施，其他业务相关设施</td></tr>
<tr><td colspan="2">资金来源</td><td>资本金、社员存款、社会捐赠和向其他银行业金融机构融入资金</td></tr>
<tr><td colspan="2">管理方式</td><td>实行社员民主管理，以服务社员为宗旨，谋求社员共同利益</td></tr>
<tr><td colspan="2">业务范围</td><td>限于社员的存款、贷款、结算、代理业务；剩余资金可存放银行、购买国债和金融债券</td></tr>
</table>

资料来源：《农村资金互助社管理暂行规定》。

表 2.3　　农村资金互助社组织机构设立要求

<table>
<tr><td rowspan="5">社员大会（社员代表大会）</td><td rowspan="2">人数</td><td>全体社员组成</td></tr>
<tr><td>社员超过 100 人的，可以由全体社员选举产生不少于 31 名的社员代表组成社员代表大会</td></tr>
<tr><td>职权</td><td>制定或修改章程
选举、更换理事、监事以及不设理事会的经理
审议通过基本管理制度
审议批准年度工作报告
审议决定固定资产购置以及其他重要经营活动
审议批准年度财务预、决算方案和利润分配方案、弥补亏损方案
审议决定管理和工作人员薪酬
对合并、分立、解散和清算等做出决议
章程规定的其他职权</td></tr>
<tr><td rowspan="2">表决生效</td><td>召开社员大会（社员代表大会），出席人数应当达到社员（社员代表）总数 2/3 以上</td></tr>
<tr><td>社员大会（社员代表大会）选举或者做出决议，应当由该社社员（社员代表）表决权总数过半数通过；做出修改章程或者合并、分立、解散和清算的决议应当由该社社员表决权总数的 2/3 以上通过</td></tr>
<tr><td colspan="2" rowspan="3">理事会</td><td>原则上不设理事会</td></tr>
<tr><td>设立理事会的，理事不少于 3 人，设理事长 1 人</td></tr>
<tr><td>理事长为法定代表人。理事会的职责及议事规则由章程规定</td></tr>
<tr><td colspan="2" rowspan="4">监事会</td><td>由社员、捐赠人以及向其提供融资的金融机构等利益相关者组成</td></tr>
<tr><td>成员一般不少于 3 人，设监事长 1 人</td></tr>
<tr><td>监事会按照章程规定和社员大会（社员代表大会）授权，对农村资金互助社的经营活动进行监督</td></tr>
<tr><td>经理和工作人员不得兼任监事</td></tr>
<tr><td colspan="2">经理</td><td>经理可由理事长兼任，未设理事会的，经理为法定代表人。经理按照章程规定和社员大会（社员代表大会）的授权，负责该社的经营管理</td></tr>
</table>

资料来源：《农村资金互助社管理暂行规定》。

表2.4　　农村资金互助社申请筹建及开业要提交的文件资料

申请筹建，应向银行业监督管理机构提交以下文件、资料	筹建申请书
	筹建方案
	发起人协议书
	银行业监督管理机构要求的其他文件、资料
申请开业，应向银行业监督管理机构提交以下文件、资料	开业申请
	验资报告
	章程（草案）
	主要管理制度
	拟任理事、经理的任职资格申请材料及资格证明
	营业场所、安全防范设施等相关资料
	银行业监督管理机构规定的其他文件、资料

资料来源：《农村资金互助社管理暂行规定》。

表2.5　　农村资金互助社章程及社员享有的权利及义务

农村资金互助社章程应当载明的事项	名称和住所
	业务范围和经营宗旨
	注册资本及股权设置
	社员资格及入社、退社和除名
	社员的权利和义务
	组织机构及其产生办法、职权和议事规则
	财务管理和盈余分配、亏损处理
	解散事由和清算办法
	需要规定的其他事项
社员享有的权利	参加社员大会，并享有表决权、选举权和被选举权，按照章程规定参加该社的民主管理
	享受该社提供的各项服务
	查阅该社的章程和社按照章程规定或者社员大会（社员代表大会）决议分享盈余
	（社）员大会（社员代表大会）、理事会、监事
	会的决议、财务会计报表及报告
	向有关监督管理机构投诉和举报
	章程规定的其他权利

续表

社员承担的义务	执行社员大会（社员代表大会）的决议
	向该社入股
	按期足额偿还贷款本息
	按照章程规定承担亏损
	积极向本社反映情况，提供信息
	章程规定的其他义务
	不得以所持本社股金为自己或他人担保

资料来源：《农村资金互助社管理暂行规定》。

表 2.6 农民及农村小企业向农村资金互助社入股的条件

农民入股条件	具有完全民事行为能力
	户口所在地或经常居住地（本地有固定住所且居住满 3 年）在入股农村资金互助社所在乡（镇）或行政村内
	入股资金为自有资金且来源合法，达到章程规定的入股金额起点
	诚实守信，声誉良好
	银行业监督管理机构规定的其他条件
农村小企业入股条件	注册地或主要营业场所在入股农村资金互助社所在乡（镇）或行政村内
	具有良好的信用记录
	上一年度盈利
	年终分配后净资产达到全部资产的 10% 以上（合并会计报表口径）
	银行业监督管理机构规定的其他条件
	入股资金为自有资金且来源合法，达到章程规定的入股金额起点

资料来源：《农村资金互助社管理暂行规定》。

表 2.7 社员办理退股事宜

退股条件	社员提出全额退股申请
	农村资金互助社当年盈利
	股后农村资金互助社资本充足率不低于 8%
	在本社没有逾期未偿还的贷款本息
时间要求	农民社员应提前 3 个月，农村小企业社员应提前 6 个月向理事会或经理提出，经批准后办理退股手续

资料来源：《农村资金互助社管理暂行规定》。

表 2.8　　农村资金互助社风险管理及监管措施

风险管理	资本充足率不得低于 8%
	对单一社员的贷款总额不得超过资本净额的 15%
	对单一农村小企业社员及其关联企业社员、单一农民社员及其在同一户口簿上的其他社员贷款总额不得超过资本净额的 20%
	对前十大户贷款总额不得超过资本净额的 50%
	资产损失准备充足率不得低于 100%
	银行业监督管理机构规定的其他审慎要求
监管措施	资本充足率大于 8% 、不良资产率在 5% 以下的，可向其他银行业金融机构融入资金，属地银行业监督管理部门有权依据其运营状况和信用程度提出相应的限制性措施。银行业监督管理机构可适当降低对其现场检查频率
	资本充足率低于 8% 大于 2% 的，银行业监督管理机构应禁止其向其他银行业金融机构融入资金，限制其发放贷款，并加大非现场监管及现场检查的力度
	资本充足率低于 2% 的，银行业监督管理机构应责令其限期增扩股金、清收不良贷款、降低资产规模，限期内未达到规定的，要求其自行解散或予以撤销

资料来源：《农村资金互助社管理暂行规定》。

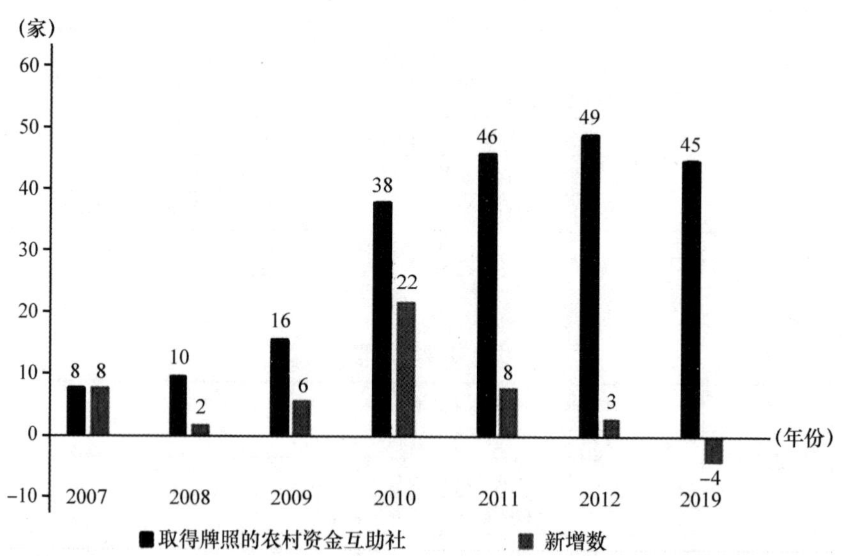

图 2.1　2007—2019 年取得牌照的资金互助社及新增数的变化

资料来源：中国银行保险监督管理委员会官网。

表 2.9 全国经银保监局审批设立且在经营的
43 家农村资金互助社（截至 2020 年 5 月）

省份	数量	名称	批准成立日期
吉林省	4	梨树县十家堡镇盛源农村资金互助社	2010 年 7 月 29 日
		梨树县小城子镇利信农村资金互助社	2010 年 7 月 29 日
		梨树县小宽镇普惠农村资金互助社	2010 年 7 月 29 日
		梨树县闫家村百信农村资金互助社	2007 年 3 月 2 日
安徽省	1	太湖县小池镇银燕农村资金互助社	2010 年 7 月 12 日
甘肃省	3	庆阳市西峰区彭原镇泰信农村资金互助社	2010 年 9 月 25 日
		宕昌县计子川农村资金互助社	2010 年 9 月 29 日
		景泰县龙湾村石林农村资金互助社	2007 年 3 月 20 日
广西壮族自治区	3	荔浦县修仁镇永铖农村资金互助社	2009 年 12 月 30 日
		田东县思林镇竹海农村资金互助社	2009 年 12 月 25 日
		田东县祥周镇鸿祥农村资金互助社	2009 年 3 月 26 日
海南省	3	海口市甲子镇龙谭农村资金互助社	2010 年 6 月 29 日
		万宁市和乐镇和港农村资金互助社	2010 年 6 月 28 日
		三亚市崖城镇众树农村资金互助社	2010 年 6 月 25 日
河北省	1	晋州市周家庄农村资金互助社	2008 年 9 月 16 日
河南省	3	安阳县黄口村惠民农村资金互助社	2009 年 12 月 29 日
		民权县城关镇聚鑫农村资金互助社	2011 年 9 月 14 日
		安阳县柏庄镇四方农村资金互助社	2010 年 4 月 21 日
黑龙江省	5	桦南县桦南镇鸿源农村资金互助社	2009 年 9 月 14 日
		宁安市宁安镇隆泰农村资金互助社	2010 年 5 月 18 日
		讷河市新农合农村资金互助社	2012 年 5 月 15 日
		绥棱县四海店镇海鑫农村资金互助社	2010 年 3 月 19 日
		林甸县宏伟乡誉兴农村资金互助社	2010 年 11 月 8 日
内蒙古自治区	1	锡林浩特市白音锡勒农牧场诚信农村资金互助社	2007 年 5 月 18 日
青海省	2	称多县清水河镇富民农村资金互助社	2007 年 8 月 16 日
		海东市乐都区雨润镇兴乐农村资金互助社	2007 年 3 月 2 日

续表

省份	数量	名称	批准成立日期
山东省	1	诸城市相州镇泰丰农村资金互助社	2010 年 1 月 29 日
山西省	6	兴县蔚汾镇全民农村资金互助社	2011 年 10 月 26 日
		浑源县永安镇恒源鑫农村资金互助社	2011 年 4 月 7 日
		汾西县勍香镇众鑫农村资金互助社	2010 年 9 月 10 日
		稷山县稷峰镇益民农村资金互助社	2012 年 5 月 23 日
		五台县东冶镇源通农村资金互助社	2012 年 3 月 27 日
		万荣县高村乡惠民农村资金互助社	2010 年 12 月 23 日
四川省	1	苍溪县益民农村资金互助社	2007 年 7 月 2 日
新疆维吾尔自治区	1	昌吉市榆树沟镇民心农村资金互助社	2011 年 3 月 9 日
浙江省	7	缙云县五云镇欣禾农村资金互助社	2010 年 2 月 1 日
		临海市涌泉镇涌泉农村资金互助社	2009 年 11 月 13 日
		德清县乾元镇德农农村资金互助社	2010 年 3 月 19 日
		平湖市当湖街道新当湖农村资金互助社	2011 年 3 月 25 日
		瑞安市马屿镇汇民农村资金互助社	2011 年 2 月 21 日
		建德市大同镇桑盈农村资金互助社	2010 年 12 月 31 日
		温岭市箬横镇玉麟农村资金互助社	2010 年 2 月 9 日
重庆市	1	重庆市江津区白沙镇明星农村资金互助社	2010 年 12 月 30 日

资料来源：中国银行保险监督管理委员会官网。

二 农村扶贫资金互助社

扶贫资金互助社是在财政部与国务院的扶贫办联盟倡导下组建设立的，以财政扶贫专项资金变农户股金的模式，专门为贫困村贫苦社员提供财政资金援助，协助他们积极开展生产活动，提高收入，早日摆脱生活困境，摘掉贫困户的帽子。农村扶贫资金互助社属于非营利性社团法人，要在当地扶贫办和当地政府监管内开展扶贫互助工作。

在贫困村尝试开展互助资金社的工作始于 2006 年 5 月。在财政部与国家扶贫办推动下，分布于全国 14 个省份的 100 个村参与了此项试点工作，取得了较好效果。为巩固扶贫成效及对试点工作进行规范，国家出台了《关于进一步做好贫困村互助资金试点工作的指导意见》等文件，强调“入社自愿、服务社员、民主管理、风险共担”是扶贫互助资金组织规范运行的四项原则，对各地农村扶贫互助社经营业务及范围进行了严格规定，要求扶贫互助社日常经营不得吸纳存款、不能对外发放贷款、不可支付固定回报、不跨区经营及超规模发展。

三 依托农民专业合作社而建立的农民资金互助合作社

依托农民专业合作社而建立的农民资金互助合作社通常被看作是专业型资金互助组织，它是一种内生型资金互助机构。该种资金互助组织是由一家或者多家具有一定地缘性的专业合作社，单独或联合起来，在开展专业生产、供销合作的基础上，在合作社内部开展资金合作业务。实践中我们不难发现在这种内生型资金互助社中，内部社员们由于长期在一起从事生产活动或长期存在购销合作关系，彼此间信任度比较高，社员间的经济联系较稳固，在协商农民专业合作社资金使用上具有一定的民主性，同时由于社员在经济利益上的一致性，在重大决策时易于形成一致意见，合作金融性质较强。2019 年 1 月，中华全国供销合作总社印发了《中华全国供销合作总社关于规范发展供销合作社金融服务的指导意见》，强调要深化供销合作社综合改革，在供销社系统规范发展供销合作社金融服务，推进生产、供销、信用三位一体综合合作①。可见，此种内生型的农民资金内部互助合作社是我国新型农村合作金融未来存在的主要组织形式。

四 农民自发形成的农民资金互助社

“农民资金互助社”与“农村资金互助社”在称谓上存在一字之别，却决定了两种类型的农村合作金融组织在性质上存在天壤之别。农村资金互助社是经我国银保监会批准设立的正规的农村金融机构，具有金融行业的营业许可证，其经营受所在地银行保险监督管理委员会的监管，经营金融业务相对正规，而农村民间自发形成的名目各异的“农

① 国务院：《金融供给：撬动乡村振兴的支点——五部门联合发布〈关于金融服务乡村振兴的指导意见〉》，《中国合作经济》2019 年第 2 期。

民资金互助社”，其设立时没有得到我国银保监会的批准，也不可能获得金融从业许可证。它们当中的一部分组织甚至没有任何手续，即不在工商局注册，也不在民政局注册，完全游离于法律监管之外。虽然这些民间自发形成的“农民资金互助社”在称谓和组织构架方面，从表面上看与正规的农村资金互助社极为相似，但其经营面临的风险很大。有些发起人对外往往利用农民对国家“农民资金互助社”相关规定不了解，刻意混淆“农民资金互助社”与“农村资金互助社”的区别，利用高利率做诱饵非法吸收农民存款，进行非法集资等违法乱纪的活动，破坏农村金融稳定。

第三章　吉林省农业及农村金融发展概况

第一节　吉林省农业发展概况

一　吉林省农业农村综合发展概况

吉林省地处东北亚地理中心，辖区面积18.74万平方千米，其中耕地面积约为554万公顷，占总面积近1/3。吉林省作为国家重点生态农业示范省和粮食主产区为世人所知。吉林省地处六大林区和八大草原，自然资源得天独厚。截至2019年年底，吉林省共有624个乡镇、9321个行政村。总人口为2739万，乡村人口达1279万人，占总人口的比例为46.7%，农业人口接近一半。全省辖区除省会长春市外，还有吉林市、通化市等7个市。延边朝鲜族自治州及长白山保护开发区管理委员会也归吉林省管辖。全省有农安、榆树、德惠等60个县（市、区）。此外，全省除汉族外，还有朝鲜族、满族、蒙古族、回族等48个少数民族。

吉林省位于中纬度欧亚大陆的东侧，属于温带大陆性季风气候，春夏秋冬四季分明，雨热同季，年均降水量各地区略有差异。吉林省西部地区年均降雨400毫米左右、中部地区年均降水量为600毫米、东部地区年均降水量为800毫米以上①。吉林省有100—160天的全年无霜期。吉林省地貌形态差异明显。地势东南高、西北低。以中部大黑山为界，可分为东部山地和中西部平原两大地貌。东部山地分为长白山中山低山

① 陈国华：《吉林省现代农业发展的区域比较研究》，硕士学位论文，吉林农业大学，2012年。

区和低山丘陵区，中西部平原分为中部台地平原区和西部草甸、湖泊、湿地、沙地区；地跨图们江、鸭绿江、辽河、绥芬河、松花江五大水系①。吉林省也是全国重要的林区之一。全省拥有876.9万公顷林业用地面积，其占全省土地总面积的46.8%。全省森林覆盖率为35.9%，全国排名第六位，活立木总蓄积量为7.11亿立方米。吉林省森林分布具有不平衡的特点，大部分森林主要分布在吉林省东部长白山地区。长白山上一年四季林海茫茫，松涛滚滚，叠峰续岭，绵延千里，素有“长白林海”之称。同时大美长白山还蕴藏着丰富的森林特产、矿产、水利水电和生态旅游资源。长白山野生动植物资源也十分丰富，是我国生物多样性较丰富的地区之一，野生动物1000多种、野生植物2700多种。吉林省林业经济发展得益于吉林省良好的生态林业环境。丰富的自然资源在吉林省农村经济改革过程中发挥着重要的作用。长白地区拥有丰富的自然资源，矿业、林业、水资源都十分丰富。当地农民因地制宜，综合利用各项资源，打开致富之门。在林业经济上，当地村民积极开展林木产品精加工，其产制的实木地板畅销东三省。当地村民对矿产资源的利用主要集中在矿石采挖及二次深加工上。长白地区丰富的林地资源为该区开发草药种植业及林蛙养殖业提供了良好的基础。

吉林省中部以平原为主，又辅以优质的土壤，适宜平原经济作物生长，盛产玉米、大豆。该地也是全国商品粮集中种植和储备地区；吉林省西部地属科尔沁草原的延伸带，湿地资源丰富，水资源丰富，此处适宜农牧业的开发，也是杂粮杂豆、糖料、油料生产基地。

近几年，吉林省乡村旅游、休闲等新产业新业态也在蓬勃发展，汪清县百草沟镇、龙井市金达莱村、延边州、舒兰市、长春市双阳区、长白山二道白河镇6个地区被国家文化和旅游部推选乡村旅游发展典型。长春市双阳区是中国梅花鹿之乡，属于国家级生态示范区、先后被评为吉林省乡村旅游示范区、全国休闲农业与乡村旅游示范县。舒兰市环境宜人，吸引众多游客前来游览。全市遍布森林、水库，是旅游佳地。舒兰市是集宗教文化、生态风光、民俗民风、历史遗迹为一身的县级旅游

---

① 赵国忱、杨宏堂：《1990—2015年吉林省土地覆被遥感动态监测》，《测绘与空间地理信息》2018年第12期。

城市。吉林省延边州是吉林最具特色的旅游胜地，该州拥有8个省级自然保护区、5个国家级自然保护区，森林覆盖率超过80%。吉林省延边州气候湿润温和，四季分明，冬暖夏凉，素有“天然氧吧”和“生态后花园”的美誉。州内有丰富的野生动物资源，野生植物4000余种，其中药用植物多达800多种，该州盛产的人参、鹿茸及貂皮受到广大游客的青睐。延边州特有的狗肉、朝鲜族酱汤、高丽火锅、冷面、打糕及特色小咸菜等各类朝鲜族食品让人回味无穷。

2018年，吉林省农业生产保持基本稳定，吉林省农业增加值达到1204.8亿元，同比增长2.0%。粮食播种面积在过去稳定产量的基础之上新增80余万亩。2019年吉林省总产粮高达775.6亿斤，维持了过去7年不低于700亿斤的整体水平。总产粮增量达49亿斤，位于全国首位。吉林省粮食种植产量充分保障了国家粮食安全。在实现粮食高产量的同时，生态利用率显著提高。化肥、农药用量得到有效控制，并有下降趋势。农作物秸秆、养殖废弃物综合利用率分别达到79%和67%。同时吉林省农村多产业协同发展，12个农村产业融合试验区率先设立。现代产业园建设近40个，800余个村镇实现专业化指导，生态渔业、园艺特产业、休闲农业产值分别增长5.8%、5.0%和10.0%。绿色农业发展迈出新步伐，耕作面积在政策指引下加大保护力度，化肥农药减少量接近2%，有近100万亩耕地受到保护。产出的农产品高于国家标准，达到98.4%。为扩大特色农产品的知名度，吉林省积极推进农产品品牌建设工作，目前已有全国知名品牌11种，其中4种品牌被全国百强农产品名录收录。2019年，吉林省农村居住环境较之过去焕然一新，农户拥有更好的生活氛围。农村厕改工作持续推进，已实现厕改16.4万户，超过八成村庄村内整洁干净，AAA示范村达2000余个。已有2854个村脱离建设改造重点名单，同时近400个乡村获得美丽乡村称号，65万户拥有“美丽庭院”，近4000个村屯得到绿化美化。农村居民的生活居住环境从根本上发生了较大变化。农村脱贫攻坚取得重要阶段性成果，实现664个贫困村退出、51.7万人脱贫、贫困发生率由4.9%下降到1.3%。农村发展展现了新的面貌，信息方面乡镇实现4G全覆盖，生活方面实现电网并组升级，交通方面实现公路到各村，全面突显了社会事业的进步以及基建的完善。2019年吉林省在农村标准化建设上取得了丰硕的成果，有8133所村卫生室达标。同时吉林省在义务教育均衡发展上也取得了佳绩，经国家相关机构评估，全省有60个县（市、区）通过审核，在全国实现县域义务教育基本均衡的省份排名中，吉林省位列第8名。吉林省农村制度化改革全面深化，在土地经营、产权保护等方面取得了进展。初步完成了土地权证的登记颁发工作，创建了农村土地流转服务体系。土地托管、股份合作等成为主导模式，土地流转率达到41.57%。未来吉林省农业生产经营将以合作社为新型农业主体，农村制度改革为农业农村发展积蓄了新动能。

吉林省作为国家商品粮生产基地，全国粮食生产百强县有60%在吉林省。2015年12月，吉林省被国务院授予农村金融综合改革唯一的试验基地，国务院将农村金融供给侧结构性改革和农村普惠金融体系建设这一重任交给吉林省，这是中央政府对吉林省多年连续的农村金融改革成效的肯定，更是对吉林省农村金融综合改革期于厚望。吉林省农业农村综合发展概况如表3.1至表3.3所示。

表3.1　　**2018年吉林省农业农村发展综合指标**

名称	数量	单位
有效灌溉面积	1893.09	千公顷
农村居民消费水平	10826	元
村委会	9325	个
乡镇级行政村	933	个
农用机械总动力	3466	万千瓦
农村水电站	266	个
农村水电站发电量	179867	万千瓦时
人均可支配收入	13748.18	元
农村就业人口—私营企业	109.48	万人
农村就业人口—个体经济	233.09	万人

资料来源：农业农村部官网。

表 3.2　　2018 年吉林省主要农产品产量　　单位：万吨

品类	数值	品类	数值
粮食	3632.74	谷子	12.10
小麦	0.04	肉类	253.60
烟叶	2.72	猪牛羊肉	172.30
玉米	2799.88	禽肉	79.40
花生	80.28	禽蛋	117.10
蔬菜	438.15	奶类	39.00
稻谷	646.32	水产品	23.41
谷物	3533.81	苹果	5.56
薯类	36.18	梨	5.72
豆类	62.75	甜菜	2.52
油料	87.53	蜂蜜	1.10
其他谷物	87.60	葡萄	11.31
芝麻	0.14	红小豆	0.90
大豆	55.10		
人均粮食（千克）	1340.23	人均奶类（公斤）	14.40
人均水产品（公斤）	8.60	人均肉类（公斤）	93.60
人均油料（公斤）	32.29		
粮食作物占农作物总量（%）		92.10	
油料作物占农作物总量（%）		4.60	

资料来源：农业农村部网站。

表 3.3　　2018 年吉林省主要农产品播种及种植面积　　单位：千公顷

品类	数值	品类	数值
农作物	6080.89	粮食	5599.72
谷物	5209.86	玉米	4231.47
豆类	343.52	大豆	279.20

续表

品类	数值	品类	数值
花生	244.89	油料	280.79
蔬菜	110.90	稻谷	839.71
果园	24.65	薯类	46.34
烟叶	9.89	甜菜	0.64
糖料	0.64		

资料来源：农业农村部网站。

二　吉林省农业现代化发展概况

党的十九大报告提出“乡村振兴”战略，是促进三农发展，实现“四化”同步的关键，也是深入释放我国农村领域改革动力，化解关键矛盾的战略举措。乡村振兴的重中之重在于产业兴旺，而产业兴旺的首要任务是实现农业现代化，建立具有内生活力和高价值属性的现代农业体系。吉林省作为农业大省，按照国家整体部署，制定了本省乡村振兴战略规划，相关指标如表 3.4 所示。

表 3.4　　2017—2022 年吉林省乡村振兴战略规划主要指标

分类	序号	主要指标	单位	2017 年基期值	2020 年目标值	2022 年目标值
产业兴旺	1	粮食综合生产能力	万吨	3720	>3500	>3500
	2	农业科技进步贡献率	%	58	60	61.5
	3	农业劳动生产率	万元/人	4.2	4.7	5.5
	4	农产品加工产值与农业总产值比	—	1.91	2.4	2.5
	5	休闲农业和乡村旅游接待人次	万人次	3500	5000	6000
生态宜居	6	畜禽粪污综合利用率	%	67	75	78
	7	村庄绿化覆盖率	%	16.67	30	32
	8	对生活垃圾进行处理的村占比	%	42	90	>90
	9	农村卫生厕所普及率	%	81.51	85	>85

续表

分类	序号	主要指标	单位	2017年基期值	2020年目标值	2022年目标值
乡风文明	10	村综合性文化服务中心覆盖率	%	70	95	98
	11	县级及以上文明村和乡镇占比	%	35	50	>50
	12	农村义务教育学校专任教师本科以上学历比例	%	66.2	67	68
	13	农村居民教育文化娱乐支出占比	%	12.67	12.7	13.6
生活富裕	14	农村居民恩格尔系数	%	28.2	28	27.5
	15	城乡居民收入比	—	2.18	2.15	2.13
	16	农村自来水普及率	%	80.5	81	83
	17	具备条件的建制村道路硬化率	%	100	100	100

资料来源：吉林省农业农村厅官网。

吉林省农田新增保持较高增速，仅2018年增加近900万亩。除此之外，累计种植面积也有显著增加，数值超过2300万亩，有效灌溉面积超过3300万亩。农田增长的同时，农机利用率也稳居全国前四，高达87.5%。吉林省主要粮食作物良种率达到100%，农业科技进步贡献率为58.6%，比全国平均水平高1.1%。同时吉林省积极推动农业物联网、电子商务等网络资源的开发与建设，提高信息为农业服务的能力。2018年，农业经营体系改革加速推进，新型经营主体日渐成长，吉林省内农合社达8.94万户，家庭农场达3.12万户，较2015年分别增长42.5%和100%。土地适度经营规模占家庭承包经营面积的41.6%，高于全国发展目标1.6%。在农业产业化发展上，吉林省成绩斐然。截至2020年3月，吉林省有2个农业产业园取得国家级现代农业产业园称号，有9个产业园被评为省级现代农业产业园，另有18个产业园被批准成为现代农业产业园创建单位。吉林省是全国唯一省级农村金融综合改革试验区，已创建村级金融服务站1700多家，组建42家县级物权融资公司。在稳步推进工作中实现作物农保和扶贫保险全覆盖。试点工作取得初步成效，全省棚室规模不断提升，2019 年新建 30 余万亩棚室，同比增加 6.2%。

如表 3.5 所示，截至 2020 年 3 月，吉林省作为农业大省，在乡村振兴、率先实现农业现代化方面既具有优势，也将承担更大的任务。现代农村综合改革离不开方方面面的努力，金融对现代农村建设的作用也日益凸显，吉林省紧抓农村综合改革试点工作，做现代化农村改革的先行军。

表 3.5 吉林省农业委员会、吉林省财政厅认定的吉林省省级现代农业产业园及创建单位

批次	认定时间	现代农业产业园名称
第一批（10 家）	2017 年 9 月	榆树市玉米现代农业产业园
		集安市人参现代农业产业园
		吉林市昌邑区（东福集团）现代农业产业园创建单位
		永吉县万昌现代农业产业园创建单位
		东辽县金翼蛋品现代农业产业园创建单位
		洮南市金塔辣椒现代农业产业园创建单位
		长春市双阳区鹿业现代农业产业园创建单位
		汪清县北耳现代农业产业园创建单位
		长春市九台区天景现代农业产业园创建单位
		吉林市中新食品区现代农业产业园
第二批（8 家）	2019 年 4 月	通化县人参现代农业产业园
		永吉县万昌现代农业产业园
		蛟河市木耳现代农业产业园
		洮南市金塔辣椒现代农业产业园
		舒兰市霍伦河水稻现代农业产业园
		吉林市昌邑区东福集团现代农业产业园
		东辽县金翼蛋品现代农业产业园
		汪清县北耳现代农业产业园

续表

批次	认定时间	现代农业产业园名称
第三批（11家）	2019年7月	和龙市桑参中药材现代农业产业园创建单位
		长岭县杂粮杂豆现代农业产业园创建单位
		抚松县人参现代产业园创建单位
		梨树县绿色稻米现代农业产业园创建单位
		东辽县鲜食玉米现代农业产业园创建单位
		通榆县辣椒现代农业产业园创建单位
		德惠市肉鸡现代农业产业园创建单位
		磐石市食用菌现代农业产业园创建单位
		乾安县果蔬现代农业产业园创建单位
		延吉市人参现代农业产业园创建单位
		安图县休闲农业与乡村旅游产业园创建单位
第四批（9家）	2020年3月	敦化市道地中药材现代农业产业园创建单位
		梅河口市水稻现代农业产业园创建单位
		东丰县梅花鹿现代农业产业园创建单位
		榆树市水稻现代农业产业园创建单位
		靖宇县道地中药材现代农业产业园创建单位
		农安县果蔬现代农业产业园创建单位
		伊通县特种果品现代农业产业园创建单位
		辉南县水稻现代农业产业园创建单位
		梨树县绿色瓜菜现代农业产业园创建单位

资料来源：吉林省农业农村厅官网。

第二节　吉林省农村金融发展概况

一　吉林省农村金融需求概况

吉林省人口近2700万，其中农村人口数占比46.7%，接近1300万。农业户口数与非农业户口数相近。为了解吉林省广大农户对融资方面的需求，2016年吉林财经大学统计学院教授马秀颖带领她的科研项目团队采用科学抽样方法，对不同层次地区、不同比例的人群综合抽样，从吉林省各地区抽样1275户。以抽样数量作为调查基础发放融资需求问卷[①]。因吉林省各地区农户分布不均等，在保障数据可信性前提下，马秀颖团队采用等比例分层抽样方法进行调查。项目团队深入各地区农户居住地，发放1500份调查问卷，实际获取有效问卷1275份。在后续对问卷进行数据分析中，主要通过借贷需求规模、借贷供给满足情况、贷款用途以及农户对金融机构的认知等方面了解农户融资需求状况。

（一）融资需求分析

调查结果显示，吉林省农户年收入个体差异明显。年收入在1万—3万元的个体占比24%；年收入在3万—5万元的个体占比38%；年收入在5万—7万元的个体占比22%。年收入在10万元以上的个体占比2.65%。调查结果还显示农户年余钱数量也存在一定差异性。大多数农民余钱在2万元以内，总占比64%。其中余钱在1万—2万元的户数居多，占比高达35%。余钱超过3万元的农户不到20%。可见，吉林省大部分农户每年的余钱在2万元以下。由于农户每年余钱较少，所以被调查的农户中，有63%的农户表示在最近几年的农业生产及家庭生活中出现过资金短缺的情况。鉴于吉林省农户收入普遍偏低，每年资金余额又少，我们不难推算出吉林省农户对融资的需求量会偏大，可是具体的融资需求规模量到底是多少，官方没有给出相应的数值。调研组为了能够较清楚地分析吉林省农户的资金缺口，利用spss软件及相关计量模型对调查问卷中的相关数据做参数估计，最终结果推算出吉林省农户年平均每户准备贷款金额为19500—21526元。而吉林省共有农户419万户，因此2017—2018年全省农户资金缺口在95%的置信水平下为817亿—902亿元。

（二）融资途径分析

如表3.6所示，从农户贷款途径上看，44%的个体选择从农信社、村镇银行等正规金融机构贷款，34%的农户由于所需资金规模较大，他们除了选择从正规金融机构贷款外，还从民间金融机构获得部分贷款。被调查的农户中有56%的农户没有选择从农信社等正规金融机构贷款，

---

① 马秀颖、张馨文、张凤仪：《吉林省农产贷款需求现状及特征分析》，《税务与经济》2016年第5期。

而是全部贷款需求从民间金融机构获得。由此可见，吉林省农村大部分农户在资金短缺时，更愿意选择从民间非正规金融机构贷款。吉林省农村农户借贷途径出现这种二元金融结构的局面的原因主要有以下几个：其一，正规金融机构对农户的贷款往往有抵押担保方面的要求，很多农户达不到这些要求而被正规金融机构拒之门外；其二，正规金融机构对农户贷款的还款期限控制较为严格，且期限较短，不能满足农户需求；其三，农户去正规金融机构申请贷款时，要面临一些繁琐的程序，贷款审批时间较长，而农民又急需资金，等待不了多日，转而向亲友乡邻借钱，虽说利息高一些，但可救急使用。

表 3.6　　**吉林省农户贷款途径分布**　　单位：%

贷款途径	占比
全部从正规金融机构贷款	10
全部从非正规金融机构贷款	56
二者兼有	34

资料来源：马秀颖：《吉林省农户贷款需求现状及特征分析》，《税务与经济》2016 年第 3 期。

调查数据显示，没有获得过正规金融机构贷款的农户占调查总数的近五成。其中，36.6% 的被调查农户从未主动申请过银行信贷；12.2% 的被调查农户在申请后被驳回未获得贷款。农户有无主动意愿和银行等机构能否批复都对获得贷款起着至关重要的影响。调查结果还显示，吉林省农户获得贷款渠道单一，农信社等较为正规的机构为大多数农户以提供小额贷款为主。贷款金额超过 5 万元的在调查样本中仅占 4.16%。从中我们还能获知，正规金融机构为农户提供平均贷款额度在 1.3 万元，对于农户需求来说金额偏小，主要在于农户的抵押担保物较少。农户的收入大部分来自粮食等农作物生产，这些生产受自然因素影响较大，存在一定的不确定性，收入稳定性差。银行承接此类贷款面临的风险较大。为规避风险，正规金融机构会主动降低对农户的贷款额度，转而将贷款重心放在收入稳定，有商品房产及车辆可做抵押物的城镇居民。

调查数据显示，被调查的农户中，民间借贷被拒的农户数占被调查者26%，26%的占比与正规金融机构借贷被拒的农户50%占比相比较，采取民间借贷的农户比重较大。从民间金融机构获得3万元以下的贷款的农户所占比例较大，占被调查者的59%，而从农信社等正规金融机构获得3万元以下的贷款数额的农户则仅占被调查者的34%。贷款需求额度超过3万元的农户，占被调查者比例的17.4%。比例开始超越非正规机构借贷比例，高出2.6%。对两者数据进行对比，我们可以得到这样的结论，吉林省农户贷款规模小于3万元时，民间金融机构更能满足农户的融资需求。但当农户的融资规模大于3万元后，正规金融机构的贷款满足度大于非正规金融机构。农户通过民间途径借贷时，向亲戚朋友借钱的利率要稍高于银行同期贷款利率，除亲朋好友之外的其他非正规金融机构的贷款利率约为正规金融机构贷款利率的2—4倍，维持在12%—20%。

（三）融资用途分析

1. 农户从正规金融机构获取的贷款使用去向分析

如表3.7所示，吉林省农户从农信社等正规金融机构获得的贷款用于农业生产性投资的比例略高于生活性消费。吉林省农户从农信社、农业银行等正规金融机构的借款用于粮食生产的比例为34.54%，占比最高；占比排在第二位的借款用途是供子女上学，比例为23.71%。

表3.7 **农户从正规金融机构获取的借贷资金的使用去向**

借款去向		笔数（笔）	比例（%）
生产投资性投入	粮食生产	67	34.54
	家庭养殖	21	10.82
	投资经商	13	6.70
合计		101	52.06
生活消费性投入	子女上学	46	23.71
	盖房	11	5.67
	看病就医	15	7.73
	婚丧嫁娶	5	2.58
	赡养老人	9	4.64
	偿还借款	5	2.58
	其他用途	2	1.03

续表

借款去向	笔数（笔）	比例（%）
合计	93	47.94

资料来源：马秀颖：《吉林省农户贷款需求现状及特征分析》，《税务与经济》2016 年第 3 期。

2. 农户从非正规金融机构贷款的使用去向分析

如表3.8 和表3.9 所示，吉林省农业经营者民间借贷笔数高达1300余笔，正规金融借贷却不到200 笔。吉林省农户向非正规金融机构借贷的笔数远远超过农户向正规金融机构借贷的笔数。农户从非正规金融机构获得的贷款去向并不像此前很多学者所述的全部或大多数用于消费性支出，调查组老师发现，农户从非正规金融机构获得的贷款用于生活消费性投入与生产投资性投入的比重基本相同。

表 3.8　　**农户从非正规金融机构获取的借贷资金使用去向**

借款去向		笔数（笔）	比例（%）
生产投资性投入	粮食生产	315	24.19
	家庭养殖	230	17.67
	投资经商	106	8.14
合计		651	50.00
生活消费性投入	子女上学	243	18.66
	盖房	119	9.14
	看病就医	116	8.91
	婚丧嫁娶	54	4.15
	赡养老人	58	4.45
	偿还借款	30	2.30
	其他用途	31	2.38
合计		651	50.00

资料来源：马秀颖：《吉林省农户贷款需求现状及特征分析》，《税务与经济》2016 年第 3 期。

表 3.9　　农户从正规和非正规金融机构双渠道获取的借贷资金使用去向

借款去向		笔数（笔）	比例（%）
生产投资性投入	粮生产	267	19.55
	家庭养殖	163	11.93
	投资经商	77	5.64
合计		507	37.12
生活消费性投入	子女上学	260	19.03
	盖房	159	11.64
	看病就医	121	8.86
	婚丧嫁娶	70	5.12
	赡养老人	86	6.30
	偿还借款	99	7.25
	其他用途	64	4.69
合计		859	62.88

资料来源：马秀颖：《吉林省农户贷款需求现状及特征分析》，《税务与经济》2016 年第 3 期。

吉林省农户申请贷款时常愿意选择在当地认可度较高的正规金融机构。在乡村金融市场中除吉林农信社、中国农业银行受欢迎外，中国邮政储蓄银行①下沉度也深入民心。三家机构中，吉林省农村信用社是吉林省农户最认可的正规金融机构。它们为农户提供的信贷产品分别是：吉林省农村信用社提供助学宝、宅基宝、消费宝等生活性信贷产品；邮政储蓄没有生活性借贷产品；中国农业银行只提供地震灾区农民住房贷款，生活性信贷产品较单一。可见，三家正规金融机构中，吉林省农村信用社为农户所提供的生活性信贷产品较丰富，中国农业银行以及邮储银行相对单一。

3. 不同年龄农户借贷使用去向分析

通过对所得数据进行整理分析，调研组老师们发现，被调查的农户

① 中国邮政储蓄银行下文简称邮储银行。

年龄在30岁以下的，因他们面临组建家庭的问题，对住房的需求比较大，其融资用于盖房或购房的比例最高。年龄在31—40岁的农户与其他年龄段的农户相比，贷款用于生产投资方面与用于生活消费方面占比相当，基本各占一半。因为31—40岁这一年龄段的农户所生子女年龄比较小，孩子基本处于国家规定的义务教育阶段，教育花费不太大，家庭成员中没有到上大学和成家的年龄，生活各方面花费较低；同时31—40岁这一年龄阶段的农户，其父母的年龄不太大，一部分老人还可以自食其力，相关花费小，所以这个年龄段的农业从业者愿意将更多的贷款用于投资。他们出生在20世纪80年代，对市场经济接受度较好，敢于承担风险，这些农户更愿意将贷款投入到经商中，而老一代人认为投资经商风险大而不愿意尝试，而其他年龄段的农户贷款用于生活消费的比重要高于生产投资。

（四）融资对农户收入的影响分析

通过对表3.10中的数据分析，调研组发现，在受访农户中贷款越多则收入相对越高。借款用于生产投入支出的农户，收入增长更快。但调查组同样发现，如果借款用于看病就医及婚丧嫁娶、赌博等用途时，家庭收入呈现下降趋势。所以，借款数额大小与农户收入增长的联系，它们之间不完全成正相关关系。农户收入增长对借款的依赖主要取决于借款的使用方向，如果农户靠借贷维持生活性支出，长此以往，会陷入生活困顿，导致农户间贫富差距拉大，出现马太效应。

表3.10 **农户贷款数额与年收入** 单位：万元

贷款数额	农户年收入
0	0—1
1—3	1—7
3—5	3—7
>5	3—10

资料来源：马秀颖：《吉林省农户贷款需求现状及特征分析》，《税务与经济》2016年第3期。

（五）农户对金融机构认知分析

在调查吉林省农户借款途径选择时，绝大多数受访农户表示，他们在遇到资金紧张，需要借贷缓解资金缺口时，首选的借贷途径是亲戚、朋友及乡邻。向亲朋借钱时，由于双方存在血缘或互助关系，往往不需要支付利息，也不要担保抵押，借贷成本比较低，较容易获得资金援助。但向亲朋借贷的款项数额不宜过多，金额以 2 万元为限。当农户无法从亲戚朋友及乡邻处获取融资时，有一半受访农户会考虑从农村信用社、银行等正规金融机构处寻求借贷。他们知道正规金融机构的贷款利率要比非正规金融机构的利率低很多，同时从正规金融机构借款出现逾期时，他们不会遭遇暴力催贷。可见农信社等正规金融机构是吉林省广大农户除亲朋外的第二个贷款选择途径。向正规金融机构寻求贷款往往需要面对较高的门槛以及较苛刻的条件限制，以至于大部分吉林省农户因贷款条件不合要求而被正规金融拒绝。为解决缺钱的现状，他们不得不选择民间金融机构的高利率贷款。非正规金融机构为农民提供资金往往要收取高于正规金融机构 2—4 倍的费用。利率水平为 12%—30%。吉林省农村农户接受程度最高的非正规金融机构的贷款利率区间是 12%—15%。调研中，受访的农户深知高利贷的危害，绝大多数农户对农村地区的少数高利贷融资持排斥态度，大家一致表示，不到万不得已，绝不接受高利贷融资。在农村会有极少数农户因家庭中有赌博人员存在或因为遭遇重大变故，迫不得已需求高利贷融资。农户们希望国家政府严厉打击农村农闲时聚众赌博行为和给赌徒提供融资的高利贷地下钱庄。受访农户们希望国家正规金融机构适当放松对农户的借贷条件，降低对农户的借款门槛，简化贷款手续，延长借贷期限，丰富对农借贷产品的种类。

通过对调研资料的分析整理，我们总结出吉林省农村农户金融需求具有几个明显的特点：一是需求和用途的多样性，农户既有农业生产方面的融资需求也有日常生活上的融资需求；二是农户借贷没有或缺少抵押物；三是多数农户借贷规模小，这与农民自身的经济规模有关；四是信贷需求具有季节性，农忙季节融资需求比较迫切；五是因缺乏相关金融知识，农户排斥正规金融机构复杂的贷款手续。

二 吉林省农村金融供给概况

(一) 多元化的综合农村金融机构组织体系

金融助力农村经济发展问题一直受到国家的关心和重视。经过40多年发展，中国农村金融体系初步形成。现代化金融体系开始形成，政策性、合作性和商业性金融机构起到显著的助推作用。银行类和非银行类金融机构在农村金融发展变革中分别扮演了相当重要的角色。以中国农业银行和中国邮政储蓄银行为代表的机构无论是服务“三农”还是县域经济都不可或缺，它们是“三农”金融服务的重要提供者。农村信用社、农村商业银行及农村合作银行等合作性金融机构发挥支农主力军作用，支农实力明显增强，它们填补了全国90%以上的乡镇金融服务空白。中国农业发展银行在促进农业和乡村经济发展中，依靠国家信用，以服务乡村振兴为战略目标，依靠资本市场筹集资金，在农村基础设施建设和金融精准扶贫方面起了重要作用。同时中国农业发展银行在农村粮食安全保障、乡村现代化支持和产业融合等方面发挥着重要作用。银监会于2006年颁布的《调整放宽农村地区银行业金融机构准入政策的若干意见》首次提到，农村地区新型金融机构可以由产业资本和民间资本建立，鼓励适度增加农村资金互助社和村镇银行等新型机构，为农村经济发展注入新活力。近年来吉林省涉农金融机构发展概况如表3.11至表3.13所示。

表3.11　　2018年吉林省银行业金融机构情况

机构类型	营业网点			法人机构（个）
	机构个数（个）	从业人数（人）	资产总额（亿元）	
大型商业银行	1671	40019	9667.2	—
国家开发银行和政策性银行	61	1878	4299.4	—
股份制商业银行	185	4320	2375.8	—
城市商业银行	391	9790	3293.8	1
小型农村金融机构	1621	26843	7082.2	53
财务公司	2	202	1060.5	2

续表

机构类型	营业网点			法人机构（个）
	机构个数（个）	从业人数（人）	资产总额（亿元）	
信托公司	1	203	66.4	1
邮政储蓄	1069	10192	1643.8	—
外资银行	2	49	16.1	—
新型农村机构	68	5066	777.2	68
其他	2	271	493.4	2
合计	5073	98833	30775.6	127

资料来源：吉林银保监局官网。

表 3.12 **2016—2018 年吉林省农村金融机构从业人数** 单位：人

农村金融机构	2016 年	2017 年	2018 年
农村信用社	6618	5296	5583
农村商业银行	18371	20168	21260
村镇银行	3969	4540	5010
贷款公司	9	9	9
农村资金互助社	156	90	47
农村金融机构合计	29123	30103	31909

资料来源：2016—2018《吉林省统计年鉴》。

表 3.13 **2016—2018 年吉林省农合机构本外币存贷款年末余额** 单位：亿元

项目	2016 年	2017 年	2018 年
各项存款	4275.10	4247.55	4189.33
企事业单位存款	1853.29	1465.73	1265.34
各项贷款	2219.97	2544.71	2926.07
短期贷款	962.67	1109.90	1324.25
中长期贷款	1195.01	1390.42	1558.21

资料来源：2019《吉林省统计年鉴》。

1. 中国农业发展银行吉林省分行

中国农业发展银行吉林分行2015年在长春市设立，下辖吉林省分行营业部、白城市分行等8个二级分行、松原市分行营业部等6个二级分行营业部，通化县支行等43个县级支行（见表3.14和表3.15）。

表3.14 中国农业发展银行吉林省分行8家二级分行一览

机构名称	分局	批准成立日期
中国农业发展银行白城市分行	白城	1996年12月26日
中国农业发展银行白山市分行	白山	1996年12月26日
中国农业发展银行吉林市分行	吉林	1996年12月30日
中国农业发展银行辽源市分行	辽源	1996年12月26日
中国农业发展银行四平市分行	四平	1996年12月30日
中国农业发展银行松原市分行	松原	1996年12月26日
中国农业发展银行通化市分行	通化	1996年12月26日
中国农业发展银行延边朝鲜族自治州分行	延边	1996年2月26日

资料来源：中国银行保险监督管理委员会官网。

表3.15 中国农业发展银行吉林省分行43家县级支行一览

机构名称	分局	批准成立日期
中国农业发展银行大安市支行	白城	1996年12月25日
中国农业发展银行通榆县支行	白城	1996年12月25日
中国农业发展银行镇赉县支行	白城	1996年12月25日
中国农业发展银行洮南市支行	白城	1996年12月25日
中国农业发展银行白山市江源支行	白山	1997年12月26日
中国农业发展银行抚松县支行	白山	1997年12月26日
中国农业发展银行靖宇县支行	白山	1997年12月26日
中国农业发展银行临江市支行	白山	1997年12月26日
中国农业发展银行长春市春城支行	吉林	1996年12月25日
中国农业发展银行长春市九台区支行	吉林	1996年12月25日
中国农业发展银行长春市绿园支行	吉林	2010年5月25日

续表

机构名称	分局	批准成立日期
中国农业发展银行长春市双阳区支行	吉林	1996 年 12 月 25 日
中国农业发展银行德惠市支行	吉林	1996 年 12 月 25 日
中国农业发展银行农安县支行	吉林	1996 年 12 月 25 日
中国农业发展银行磐石市支行	吉林	1996 年 12 月 25 日
中国农业发展银行舒兰市支行	吉林	1996 年 12 月 25 日
中国农业发展银行永吉县支行	吉林	1996 年 12 月 25 日
中国农业发展银行榆树市支行	吉林	1996 年 12 月 25 日
中国农业发展银行桦甸市支行	吉林	1996 年 12 月 25 日
中国农业发展银行蛟河市支行	吉林	1996 年 12 月 25 日
中国农业发展银行东丰县支行	辽源	1996 年 12 月 25 日
中国农业发展银行东辽县支行	辽源	1996 年 12 月 25 日
中国农业发展银行公主岭市支行	四平	1996 年 10 月 19 日
中国农业发展银行梨树县支行	四平	1996 年 10 月 19 日
中国农业发展银行双辽市支行	四平	1996 年 10 月 19 日
中国农业发展银行伊通满族自治县支行	四平	1996 年 10 月 19 日
中国农业发展银行长岭县支行	松原	1996 年 12 月 26 日
中国农业发展银行扶余市支行	松原	1996 年 12 月 26 日
中国农业发展银行乾安县支行	松原	1996 年 12 月 26 日
中国农业发展银行前郭尔罗斯蒙古族自治县支行	松原	1996 年 12 月 26 日
中国农业发展银行辉南县支行	通化	1996 年 12 月 26 日
中国农业发展银行集安市支行	通化	1996 年 12 月 26 日
中国农业发展银行柳河县支行	通化	1996 年 12 月 26 日
中国农业发展银行梅河口市支行	通化	1996 年 12 月 26 日
中国农业发展银行通化县支行	通化	1996 年 12 月 26 日
中国农业发展银行安图县支行	延边	1996 年 12 月 26 日
中国农业发展银行敦化市支行	延边	1996 年 12 月 26 日
中国农业发展银行和龙市支行	延边	1996 年 12 月 26 日
中国农业发展银行龙井市支行	延边	1996 年 12 月 26 日
中国农业发展银行图们市支行	延边	1996 年 12 月 26 日

续表

机构名称	分局	批准成立日期
中国农业发展银行汪清县支行	延边	1996 年 12 月 26 日
中国农业发展银行延吉市支行	延边	1996 年 12 月 26 日
中国农业发展银行珲春市支行	延边	1996 年 12 月 26 日

资料来源：中国银行保险监督管理委员会官网。

中国农业发展银行吉林省分行经营范围由国务院确定。贷款范围既涉及由央行直接贴息的粮食、棉花、猪肉等主要农副产品，也涵盖了这些产品的调拨、收购和初加工企业等。同时也从事代理拨付业务，包括政府财政支农资金和粮食风险基金。除此之外，日常银行经营中的存款结算业务也在其经营范围内。其也为客户提供相关保险业务以及棉粮油等相关农产企业的贷款服务及中国人民银行和中国银行业监督管理委员会批准的其他业务。

近年来，吉林省农业发展银行积极探索服务“三农”新方向，在优化细分度和增加覆盖范围的基础上为“三农”提供更加优质的服务。到 2019 年，其信贷支持已经全覆盖农村基建和粮食全产业链。其借鉴以往的服务模式和服务机制，创造出新的机制和模式，推出填补耕地统筹和增减挂钩“两类贷款”等融资新模式，集成化办贷和流动资金“无缝接续”等新机制，全力支持吉林省乡村振兴和农村脱贫。一直以来，吉林省农业发展银行将春耕备耕重心放在提供保障政策性收购资金上，充分保障了各级储备粮油的轮换。2018 年中国农业发展银行吉林分行对储粮油轮换信贷支持再加码，为此提供了 5. 8 亿元来保障粮食企业正常轮换。中国农业发展银行吉林分行还在原有玉米收购信贷保证基金的基础之上开拓新业务。通过开办基金增信贷款业务，累计为当地粮食收购企业提供资金 3. 6 亿元。截至 2019 年 9 月末，吉林省分行各类贷款余额接近 1700 亿元，规模在逐步扩大，同时其贷款加权平均利率也是省内其他金融机构的同期最低。中国农业发展银行吉林省分行在发展过程中保持资产质量和风险管控齐头并进，相关业绩水平高于同行业。2019 年吉林省分行作为秋粮收购资金主渠道供应之一，在秋粮收购工作中，其投放 469 亿元信贷资金，保障农民卖粮收入。

2. 中国农业银行吉林省分行

1979 年中国农业银行在吉林省设立一级分行，经过多年发展，其规模不断扩大，现有营业网点近 600 个，员工人数已过万人。其作为当地金融同业中规模最大的国有控股商业银行，网络覆盖面和服务网点遍布 9 个地市。如表 3.16 所示，中国农业银行[①]吉林省分行下辖包括长春分行在内的 9 个二级分行、抚松锦江支行在内的 500 个支行、松原铁北分理处在内的 84 个分理处及 1 家储蓄所，即白山八中储蓄所。

表 3.16　2019 年中国农业银行吉林省分行 9 家二级分行一览

机构名称	分局	批准成立日期
中国农业银行股份有限公司白山分行	白山	1985 年 2 月 16 日
中国农业银行股份有限公司白城分行	吉林	1979 年 7 月 29 日
中国农业银行股份有限公司长春分行	吉林	1985 年 3 月 1 日
中国农业银行股份有限公司吉林市分行	吉林	1991 年 7 月 16 日
中国农业银行股份有限公司辽源分行	吉林	1984 年 1 月 12 日
中国农业银行股份有限公司四平分行	吉林	1979 年 6 月 1 日
中国农业银行股份有限公司松原分行	吉林	1992 年 11 月 26 日
中国农业银行股份有限公司通化分行	吉林	1979 年 9 月 1 日
中国农业银行股份有限公司延边分行	吉林	1979 年 6 月 1 日

资料来源：中国银行保险监督管理委员会官网。

自 1979 年恢复设立以来，中国农业银行吉林省分行在经营理念和服务创新方面取得了新的突破。该行注重探索科技与金融在服务中的融合，进一步提升业务能力和服务水平，整体服务水平居于前列；坚持“大行德广，伴您成长”的理念；贯彻落实其服务宗旨——为民谋福祉，用积极的行动去承担社会责任，利用优质的服务及品种多样的金融产品为城乡经济发展提供助推力。40 多年来，吉林农行作为大型银行，凭借其超强的经营能力、卓越的创新能力、不断完善的服务品质以及对国家政策

① 中国农业银行后文简称农行。

的积极响应，成为吉林经济崛起之路上的中坚力量。农行吉林分行拥有近600个营业网点，充分辐射城市和农村两大市场，依托遍布城乡的分支机构，配合丰富的金融品类和便捷化网络，利用城乡联动优势，充分实现了质量、速度、规模及效益的协调发展，同业市场竞争力不断提高。

近年来，中国农业银行吉林省分行不断探索搭建高效的现代网络银行服务体系，推出电话银行、网上银行和自助银行服务，在辖区营业网点安置ATM自动服务设备800多台、设置转账电话12000多部，设立24小时网上自助银行100多个。中国农业银行吉林省分行网上银行个人注册用户数突破30万户，交易量突破1700亿元。近年来，农行吉林省分行在特色金融产品创新发展上也取得了骄人的成绩，其创新打造出“金钥匙”“金e顺”等系列特色产品，受到客户好评。为回报客户，该行在诸多新兴业务领域也进行了积极探索，竭其所能为广大客户提供多元的个性化金融服务。在支农扶农方面，中国农业银行吉林省分行作为首批服务“三农”试点单位之一，把建设社会主义新农村作为自己的责任，提升服务“三农”的积极性，在实践中探索新的方法和思路。支农扶农实践工作中，该行工作扎实，服务到位，秉承稳健且可持续的发展思路，依托农业龙头公司，在发展产业基地基础上，重点关注农户发展，创新开设惠农卡，加大农户小贷额度，同时以县级部门作为保障，在服务提升、风险控制等方面，踏踏实实地开展各项支农工作。2018年农行吉林分行推出“农优贷”系列产品，为人参、杂粮杂豆等11个特色种植业春耕生产提供资金保障。为推动吉林省畜牧业发展，该行搭建了全国首家畜牧业贷款中心，推出金穗惠农卡等面向广大农民的农户贷款产品。同时它还创新出多种服务“三农”的方式，赢得了吉林省广大农户的认同与赞誉。

3. 中国邮政储蓄银行股份有限公司吉林省分行

中国邮政储蓄银行在零售业务上具有其他银行不可比拟的优势，其优势的获得源于其主要服务对象的小众化。日常经营中，“三农”、规模有待扩张的中小企业和社区是中国邮政储蓄银行主要客户。在经济转型中，该行一直致力于为最具潜力的客户提供优质服务，承担作为大型银行的职责。在大型建设项目中也不乏邮储银行的身影，它的优质服务不仅深受客户喜爱，也为中国进步做出卓越贡献。邮储银行拥有网点近

4 万个，为近 6 亿用户提供过服务，资产质量高于行业平均水平，有着优质的成长潜力。截至 2015 年 7 月，邮储银行打造线下与线上虚拟银行服务互联互通，为客户提供更好的体验。该行推出电话银行、网上银行和自助银行服务，客户通过上网、手机、电话就可办理相关业务。电子渠道与实体网络之间被打通，新金融格局被建立。2015—2016 年，境内外投资者入股邮储银行，同时邮储银行也成功在香港上市，其改革目标得以实现。2017 年，其境外优先股的顺利发行对其具有重要意义，既优化其资本结构，又拓展其融资渠道。中国经济腾飞离不开金融与科技的进步，在新技术新领域出现的同时，邮储银行紧跟时代步伐，在自身先进经验基础之上，融入更多科技元素，拓展原有服务体系，创新更多优质服务产品，服务渠道得到有效扩展，服务品质和能力显著增强，客户满意度和信赖度也随之增强。

近几年邮储银行经济绩效及涉农贷款情况如表 3. 17 和表 3. 18 所示。中国邮政储蓄银行支持乡村振兴重点领域如图 3. 1 所示。

表 3. 17　　2016—2018 年中国邮政储蓄银行涉农及小微贷款一览　　单位：亿元

年度	涉农贷款余额	小额贷款余额	普惠型小微企业贷款余额
2016	9174. 45	1392. 39	—
2017	10542. 08	1564. 27	5449. 92
2018	11614. 95	1776. 51	4649. 07

数据来源：中国邮政储蓄银行官网。

表 3. 18　　22016—2018 年中国邮政储蓄银行经济绩效一览

年度	2016	2017	2018
总资产（万亿元）	8. 27	9. 01	9. 52
营业收入（亿元）	1896. 02	2248. 64	2612. 45
净利润（亿元）	397. 76	477. 09	523. 84
资本充足率（%）	11. 13	12. 51	13. 76
不良贷款率（%）	0. 87	0. 75	0. 86
拨备覆盖率（%）	271. 69	324. 77	346. 80

数据来源：中国邮政储蓄银行官网。

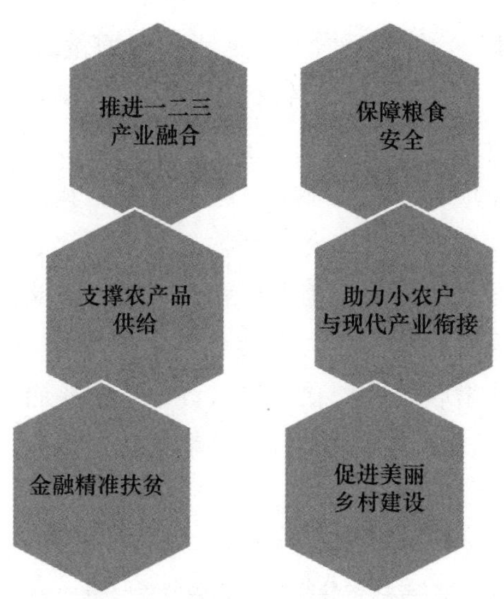

图 3.1 中国邮政储蓄银行支持乡村振兴重点领域

数据来源：中国邮政储蓄银行官网。

中国邮政储蓄银行吉林分行于 2008 年成立，截至 2020 年 3 月，邮储银行吉林分行下辖 1 家直属支行（前进大街）、9 家二级分行（见表 3.19）、157 家支行及 899 个邮储代理营业所。2018 年中国邮政储蓄银行股份有限公司吉林省分行拥有营业网点 1069 个，从业人员 10192 人，资产总额 1643.8 亿元。其经营范围囊括存储、汇兑、托管、网银、小额贷款、国际结算、同业拆借和票据贴现业务；代理收付、保险、债券发行和兑付、买卖基金业务；经银行业监督管理机构批准的其他业务。

成立以来，中国邮政储蓄银行吉林省分行坚持“服务中小企业、服务三农、服务社区”的市场定位，继承并发扬原有服务特色，把信誉、创新、安全融合在一起，寻求自身可持续发展的路径，致力于将邮储银行打造成新型卓越的一流零售银行。2019 年，邮储银行吉林省分行资产负债规模有了新的突破，均超越 1700 亿元。邮储银行在 11 年中通过优质的服务和过硬的产品吸引近 3400 亿元资金回流吉林地方，助力吉林省经济平稳有序发展。2018 年，邮储吉林分行积极履行国有大行的社会责任及政治责任，充分发挥金融活水作用，积极争取中国邮政储蓄银行总行政策和资金倾斜，有效对接全省重大项目和支柱产业融资需求，信贷余额2018年全年新增167亿元，新增量居吉林省内六大行首位。在服务乡村振兴方面，邮储银行吉林分行积极对接国家乡村振兴骨干项目，支持重点对象包括农村商品流通项目、农村人居环境提升项目、美丽乡村建设项目和农村基础设施项目等。其提供的贷款品种主要有经营性物业抵押贷款、固定资产贷款、银团贷款等。在扶贫领域，基于带动贫困人口增收和吸收贫困人口就业考虑，邮储银行吉林分行将重点支持产业定位为农业龙头公司和合作社，以期推动它们发展的同时，解决贫困人口就业增收问题。在专项扶贫中，主要通过改善农村电信服务，改造水利及农村基建等为农村提供帮扶。

表3.19　　2019年中国邮政储蓄银行股份有限公司吉林省分行9家二级分行一览

机构名称	分局	批准成立日期
中国邮政储蓄银行股份有限公司白城市分行	吉林	2008年3月25日
中国邮政储蓄银行股份有限公司白山市分行	吉林	2008年3月25日
中国邮政储蓄银行股份有限公司长春市分行	吉林	2008年3月18日
中国邮政储蓄银行股份有限公司吉林市分行	吉林	2008年3月25日
中国邮政储蓄银行股份有限公司辽源市分行	吉林	2008年3月25日
中国邮政储蓄银行股份有限公司四平市分行	吉林	2008年3月25日
中国邮政储蓄银行股份有限公司通化市分行	吉林	2008年3月25日
中国邮政储蓄银行股份有限公司延边朝鲜族自治州分行	吉林	2008年3月25日
中国邮政储蓄银行股份有限公司松原市分行	松原	2008年3月25日

资料来源：中国银行保险监督管理委员会官网。

4. 农村商业银行

截至2019年年底，吉林省拥有长春农商行、吉林九台农商行等农商行39家（见表3.20），下辖长春农商行白山分行等一级分行5家、吉林镇赉农村商业银行欧亚支行等882家、吉林九台农村商业银行等永吉县一拉溪分理处390家，共有1342家机构。吉林省39家农村商业银行一直站在服务“三农”的最前线。其中长春农商行设立于2009年，主要服务客户为当地中小企业，通过自身专业优势及创新为客户提供服务。截至2019年3月底，共设立分支机构74家，七成以上机构分布在长春市区。全行共有员工1602人，其中91名为研究生，占比5.7%，1306名为本科生，占比81.5%；11名获高级职称，110名获助理及以上职称；金融相关专业人员占70%以上。自成立以来，该行吸引了近百名来自投资银行、票据、理财、科技等领域的专业人士。该行在创新路上不断应对新的挑战，创新“易、捷、通、宝”系列信贷产品为客户提供便捷高效的金融服务。该行将其未来发展格局定位为“大零售”，其先后构建的“微贷工场”和“消费时贷中心”为其发展目标奠定了坚实的基础。“大零售”经营格局的构建不仅壮大其自身规模，也对地方经济发展起到一定的助推作用。

表3.20　　2019年吉林省39家农村商业银行一览

区域	机构名称	批准成立日期
白城	吉林大安农村商业银行股份有限公司	1995年7月18日
	吉林通榆农村商业银行股份有限公司	1996年6月14日
	吉林镇赉农村商业银行股份有限公司	1995年7月18日
白山	白山江源农村商业银行股份有限公司	2016年6月3日
	吉林浑江农村商业银行股份有限公司	1987年9月18日
	吉林靖宇农村商业银行股份有限公司	1984年11月30日
	吉林临江农村商业银行股份有限公司	1983年11月30日
吉林	白城农村商业银行股份有限公司	1994年8月2日
	长白山农村商业银行股份有限公司	2011年11月28日
	长春发展农村商业银行股份有限公司	1987年12月30日
	长春农村商业银行股份有限公司	2009年7月8日
	吉林德惠农村商业银行股份有限公司	1991年12月20日
	吉林敦化农村商业银行股份有限公司	1994年8月2日
	吉林环城农村商业银行股份有限公司	2002年3月25日
	吉林九台农村商业银行股份有限公司	2008年12月15日
	吉林农安农村商业银行股份有限公司	1991年12月20日
	吉林磐石农村商业银行股份有限公司	1998年12月1日

续表

区域	机构名称	批准成立日期
吉林	吉林舒兰农村商业银行股份有限公司	1998 年 12 月 1 日
	吉林双阳农村商业银行股份有限公司	2012 年 12 月 24 日
	吉林永吉农村商业银行股份有限公司	1998 年 12 月 1 日
	吉林榆树农村商业银行股份有限公司	1991 年 12 月 20 日
	吉林珲春农村商业银行股份有限公司	1995 年 7 月 17 日
	吉林桦甸农村商业银行股份有限公司	1998 年 12 月 1 日
	吉林蛟河农村商业银行股份有限公司	2012 年 12 月 24 日
	延边农村商业银行股份有限公司	2011 年 11 月 9 日
辽源	吉林东丰农村商业银行股份有限公司	1988 年 2 月 13 日
	辽源农村商业银行有限责任公司	2012 年 11 月 15 日
四平	吉林春城农村商业银行股份有限公司	2015 年 9 月 29 日
	吉林公主岭农村商业银行股份有限公司	2005 年 9 月 7 日
松原	吉林郭尔罗斯农村商业银行股份有限公司	1995 年 7 月 17 日
通化	吉林辉南农村商业银行股份有限公司	2006 年 8 月 23 日
	吉林集安农村商业银行股份有限公司	2006 年 4 月 17 日
	吉林柳河农村商业银行股份有限公司	2006 年 8 月 23 日
	吉林通化海科农村商业银行股份有限公司	2006 年 8 月 23 日
	通化农村商业银行股份有限公司	2006 年 8 月 23 日
延边	吉林安图农村商业银行股份有限公司	1995 年 1 月 20 日
	吉林和龙农村商业银行股份有限公司	1994 年 8 月 2 日
	吉林龙井农村商业银行股份有限公司	1988 年 6 月 19 日
	吉林汪清农村商业银行股份有限公司	1995 年 7 月 17 日

资料来源：根据中国银行保险监督管理委员会官网信息整理。

近年来长春农村商业银行不断拓宽思路，创新经营理念，开创性地推出了“易捷通宝”“易房贷”“贷易捷”“贷捷利”“贷惠捷”“仓贷通”“车商宝”“创业宝”等一系列信贷产品。在此之上该行还推出惠及小微企业和个人的小额速贷产品，同吉林中东集团联手打造“中东联名卡”。

5. 村镇银行

如表3.21所示，吉林省2019年拥有65家村镇银行，有安图农商村镇银行股份有限公司白山大街分理处、公主岭华兴村镇银行股份有限公司岭西分理处2家分理处，下辖榆树融兴村镇银行有限责任公司健康路支行、公主岭华兴村镇银行股份有限公司怀德支行等支行223家。

表3.21　　2019年吉林省65家村镇银行一览

分局	机构名称	批准成立日期
白城	白城洮北惠民村镇银行股份有限公司	2015年11月18日
	大安惠民村镇银行有限责任公司	2010年12月10日
	通榆农商村镇银行股份有限公司	2015年8月10日
	镇赉中银富登村镇银行股份有限公司	2007年12月14日
	洮南惠民村镇银行股份有限公司	2015年12月11日
白山	白山浑江恒泰村镇银行股份有限公司	2013年1月5日
	白山江源汇恒村镇银行股份有限公司	2019年5月6日
	长白榆银村镇银行股份有限公司	2015年9月16日
	抚松榆银村镇银行股份有限公司	2014年3月4日
	靖宇乾丰村镇银行股份有限公司	2014年10月9日
	临江蛟银村镇银行股份有限公司	2015年11月25日
吉林	长春朝阳和润村镇银行股份有限公司	2016年12月29日
	长春二道农商村镇银行股份有限公司	2015年12月18日
	长春高新惠民村镇银行有限责任公司	2013年9月23日
	长春经开融丰村镇银行股份有限公司	2014年5月13日
	长春净月榆银村镇银行股份有限公司	2014年2月14日
	长春宽城融汇村镇银行股份有限公司	2015年11月23日
	长春绿园融泰村镇银行股份有限公司	2012年12月26日
	长春南关惠民村镇银行有限责任公司	2010年12月31日
	长春双阳吉银村镇银行股份有限公司	2011年12月21日
	德惠敦银村镇银行股份有限公司	2016年9月22日
	吉林昌邑榆银村镇银行股份有限公司	2015年11月24日
	吉林船营惠民村镇银行股份有限公司	2015年12月30日

续表

分局	机构名称	批准成立日期
吉林	吉林丰满惠民村镇银行股份有限公司	2013 年 12 月 10 日
	吉林龙潭华益村镇银行股份有限公司	2019 年 1 月 24 日
	九台龙嘉村镇银行股份有限公司	2010 年 9 月 29 日
	农安北银村镇银行股份有限公司	2012 年 1 月 5 日
	磐石吉银村镇银行股份有限公司	2007 年 2 月 27 日
	舒兰吉银村镇银行股份有限公司	2011 年 11 月 22 日
	永吉吉庆村镇银行股份有限公司	2012 年 12 月 31 日
	榆树融兴村镇银行有限责任公司	2010 年 1 月 19 日
	桦甸惠民村镇银行股份有限公司	2013 年 10 月 28 日
	蛟河吉银村镇银行股份有限公司	2011 年 12 月 14 日
辽源	东丰吉银村镇银行股份有限公司	2007 年 2 月 26 日
	东辽农商村镇银行股份有限公司	2015 年 7 月 28 日
	辽源龙山榆银村镇银行股份有限公司	2014 年 2 月 19 日
	辽源西安区榆银村镇银行股份有限公司	2017 年 6 月 27 日
四平	公主岭华兴村镇银行股份有限公司	2012 年 12 月 13 日
	公主岭浦发村镇银行股份有限公司	2012 年 12 月 10 日
	梨树源泰村镇银行股份有限公司	2013 年 3 月 14 日
	双辽吉银村镇银行股份有限公司	2011 年 10 月 25 日
	四平辽河蛟银村镇银行股份有限公司	2015 年 12 月 4 日
	四平铁东德丰村镇银行股份有限公司	2011 年 7 月 20 日
	四平铁西敦银村镇银行股份有限公司	2016 年 9 月 27 日
	伊通榆银村镇银行股份有限公司	2014 年 1 月 24 日
松原	长岭蛟银村镇银行股份有限公司	2015 年 12 月 1 日
	扶余惠民村镇银行股份有限公司	2015 年 12 月 14 日
	乾安惠民村镇银行有限责任公司	2010 年 12 月 24 日
	前郭县阳光村镇银行股份有限公司	2007 年 12 月 19 日
	松原宁江惠民村镇银行股份有限公司	2011 年 1 月 14 日

续表

分局	机构名称	批准成立日期
通化	辉南榆银村镇银行股份有限公司	2014 年 1 月 24 日
	集安惠鑫村镇银行股份有限公司	2013 年 3 月 14 日
	柳河蒙银村镇银行股份有限公司	2010 年 12 月 13 日
	梅河口民生村镇银行股份有限公司	2010 年 9 月 14 日
	通化东昌榆银村镇银行股份有限公司	2014 年 1 月 24 日
	通化二道江瑞丰村镇银行股份有限公司	2014 年 9 月 16 日
	通化融达村镇银行股份有限公司	2008 年 6 月 30 日
延边	安图农商村镇银行股份有限公司	2015 年 9 月 15 日
	敦化江南村镇银行股份有限公司	2007 年 3 月 27 日
	和龙敦银村镇银行股份有限公司	2016 年 12 月 21 日
	龙井榆银村镇银行股份有限公司	2017 年 7 月 10 日
	图们敦银村镇银行股份有限公司	2016 年 9 月 27 日
	汪清和润村镇银行股份有限公司	2016 年 1 月 12 日
	延吉和润村镇银行股份有限公司	2015 年 12 月 23 日
	珲春吉银村镇银行股份有限公司	2011 年 12 月 8 日

资料来源：中国银行保险监督管理委员会官网。

6. 吉林省农村信用社联合社

吉林省农村信用社联合社于 2004 年设立，“指导、服务、行业管理和协调”是该机构成立后对全省农信社履行的主要职能。如表 3.22 所示，该联合社 2019 年下辖 22 家县联社；拥有在职员工 26743 名，设立服务网点 1631 个。吉林省农村信用社联合社以“支农力度最大、服务范围最广”雄踞地方农村金融机构之首。

截至 2019 年年底，全省农村信用社各项存款数额为 3145 亿元，各项贷款数额为 1935 亿元，资产总额达 4965 亿元，利润总额 76.6 亿元，纳税总额为 25 亿元。5 项总额均名列全省存款类银行业排名之首。

表 3.22　　2019 年吉林省农村信用社联合社下辖联社一览

地区	名称
白城地区	镇赉县农村信用合作联社
	洮南市农村信用合作联社
	通榆县农村信用合作联社
松原地区	乾安县农村信用合作联社
	宁江区农村信用合作联社
	扶余市农村信用合作联社
	长岭县农村信用合作联社
四平地区	四平城区农村信用合作联社
	双辽市农村信用合作联社
	伊通县农村信用合作联社
	梨树县农村信用合作联社
吉林地区	桦甸市农村信用合作联社
辽源地区	东辽县农村信用合作联社
	东丰县农村信用合作联社
通化地区	集安市农村信用合作联社
	通化县农村信用合作联社
	梅河口市农村信用合作联社
	辉南县农村信用合作联社
白山地区	江源区农村信用合作联社
	长白县农村信用合作联社
	浑江区农村信用合作联社
	抚松县农村信用合作联社

资料来源：吉林省农村信用社联合社官网。

多年来农信社坚持为农民致富提供动力与支持，陪伴小微企业成长，为社会发展做贡献的市场定位，在金融品类方面推陈出新，服务体系也更加完备，累计推出直补保、土地收益保证等农户类贷款 23 种，循易贷、足值贷等非农个人类贷款 26 种，缴税贷、电商贷等中小企业信贷54 种，吉卡 IC 等电子类产品 20 余种，吉票通等支付结算类产品 5

种，共涉及5个大类160种产品。

吉林农信社坚持“社社变商行”的目标，在规模扩张和“三农”支持方面都有明显进步，为农村发展提供持续稳定的资金输入，为农业发展打下坚固的发展基础，进一步带动农民发家致富，在业界受到好评。

7. 小额贷款公司

吉林省小额贷款公司发展速度和规模均在全国名列前茅，2015年更是达到了历年巅峰值814家，位列全国首位。2016年伴随经济下行压力加大，吉林省小额贷公司数量逐渐下降，截至2018年5月，吉林省有96家小贷公司退出市场，留有718家小额贷款公司继续运营。这期间部分小额贷款公司在经营上出现了大量坏死账，为追回贷款，一些小贷公司开始暴力催收贷款，危害社会稳定，造成不良社会影响。为打击暴力催收产生的违法犯罪、清理整顿套路贷，吉林省地方金融监督管理局全面摸查小贷公司，通过多方面了解搜集证据，排查出多家违法违规小贷公司。其中限期整改110家，清理整顿304家，移交省扫黑办6家。为维持小贷公司良性发展，2018年吉林66家小贷公司转型为专业支农小贷公司，共计发放小额贷款27亿元。小贷公司清理整顿后，截至2019年8月，吉林省小贷企业数量大幅下降，由原来的700多家降至300家左右。小贷公司数量在全国的排名也降至第16位。为进一步管控小贷行业风险，2019年全面上调行业注册资本金，注册金资本金数额上调至2018年的1.25倍。小贷行业结构得以不断优化，80%的支农小贷占比远高于全国平均水平。

自吉林省开展小贷公司试点以来，小贷公司累计服务客户超10万户，发放的小微企业贷款及“三农”贷款累计金额为1263亿元。从贷款期限来看，吉林省小额贷款公司的贷款期限主要集中在1年（含）以内。为贴近农户，方便为涉农企业及农户提供金融服务，半数以上的吉林省小贷公司在县级地区设点营业网点，将涉农服务送到农户家门口。

为引导小贷公司服务“三农”，吉林省金融办会同有关部门，组建一批特色支农小贷公司，同时在政策扶持等方面给予特色支农小贷公司一定帮扶。该批特色支农小贷公司不是新组建的公司，而是由从原有的支农力度较大且支农积极性较高的小贷公司中遴选出来的公司组建而成。相关政策的落实为这些特色支农小额贷款公司提供了良好的发展环境。一方面有利于其更好地服务“三农”，另一方面用政策引导小贷行业未来发展方向和路径。支农小贷公司的发展，有效弥补了正规金融机构在涉农领域的不足。

8. 农村资金互助组织

农村资金互助合作社是为其社内成员提供服务的一种新型农村合作金融机构，农村资金互助合作社的主要业务是根据社内成员的实际融资需求为他们提供相应数目的互助贷款。党的十七届三中全会会议上首次明确提出了将信用合作融入符合要求的专业合作社中。2009 年《关于做好农民专业合作社金融服务工作的意见》列明了开展专业型资金互助社的具体目标及相关措施。2014 年之后，我国政府在政策层面已经不再推动社区型合作金融组织的发展。2015 年国家探索农村合作金融发展新路径，尝试在农民合作社内部开展资金互助试点工作；之后专业型资金互助组织的试点和发展工作在政府推动下于 2016 年开展。2017 年全国农民资金互助组织“跑路”事件频发，受到各地重点关注。规范发展成为当时农村合作金融组织的发展目标，组织形式以合作社内部信用合作为主。2018 年，政府提出“三位一体”的新型农村合作体系构建设想，将信用合作与生产合作、供销合作社相融合，打造新型农村金融合作模式。2019 年年初颁布的《中华全国供销合作总社关于规范发展供销合作社金融服务的指导意见》为推进生产、供销、信用三位一体综合合作指明了方向并提出了具体意见。

截至 2019 年年底，吉林省共有梨树县闫家村百信农村资金互助社等 4 家农村金融互助社，如表 3. 23 所示。吉林省内有 155 家农村信用合作社开展内部资金互助活动。近几年，农民自发形成的，不以合作生产为依托的农民资金互助社发展较快，分布在吉林省各地的农民自发形成的农民资金互助组织最多时超过 1000 家，这些农民资金互助社在全省各地区的发展状况不一，许多这类农民资金互助社爆发了非法集资、卷钱跑路事件，给入社农户造成了极大的财产损失，危害吉林省农村金融稳定。为净化农村金融发展环境，几年来，吉林省地方金融监督管理局创新监管方法，改进监管措施，深入摸查农信互助社存在的风险，坚决打击违法违规互助社。仅 2019 年，遭清退的违法违规互助社数量达 116 家，合计清退压降比例达 62.7%。

表 3.23 吉林省农村资金互助社一览

地区	机构名称	机构地址	批准成立日期
四平	梨树县十家堡镇盛源农村资金互助社	梨树县十家堡镇三家子村	2010 年 7 月 29 日
	梨树县小城子镇利信农村资金互助社	梨树县小城子镇	2010 年 7 月 29 日
	梨树县小宽镇普惠农村资金互助社	梨树县小宽镇	2010 年 7 月 29 日
	梨树县闫家村百信农村资金互助社	梨树县榆树台镇闫家村	2007 年 3 月 2 日

资料来源：根据中国银行保险监督委员会官网信息整理。

9. 吉林省农业信贷担保公司

吉林省农业信贷担保有限公司于 2016 年获吉林省政府批准设立。作为吉林省首个农业政策性融资担保企业，以 40 亿元的法定资本注册成立。随后 16 家分公司在吉林开设，基本覆盖吉林农信担保网络体系。《关于财政支持建立农业信贷担保体系的指导意见》强调，吉林农信担保公司的主要职责是建立健全农业信贷担保体系，服务主体以农业生产经营者为主，其中粮食生产有规模优势的客户是其提供信贷担保服务的重点对象。农信担保公司通过信贷担保助力吉林新型农业经营主体快速发展，解决农业生产者“融资贵”“融资难”问题，推动吉林省粮食生产稳定发展和农业现代化建设。

10. 吉林省金融控股集团股份有限公司

吉林省金融控股集团股份有限公司获吉林省政府批准，于是在 2015 年 2 月 16 日，以 28.68 亿元的法定资本注册成立。金控集团设立的初衷是推进东北亚区域性金融中心的建设，从而促进吉林省经济的快速发展和经济结构的转型升级。除此之外，成立吉林省金融控股集团股份有限公司还有助于改善吉林省金融资源配置，更深层次地推动吉林省金融国有资产管理体制改革。

吉林省金融控股集团股份有限公司业务范围较为广泛，其主营业务是以区域性金融中心建设为主的商业地产开发、销售、管理以及金融后援服务。同时该公司还涉猎科技金融、消费金融、农村金融等新兴金融业务及产权交易等服务类业务。吉林金控集团在东北亚区域金融中心建设的过程中，找准自我定位，把市场化、综合化和国际化作为目标，努力打造现代化的金融控股集团。吉林金控集团坚持以金融服务业为核心业务，通过资本运作、发行债券等多维度的金融投资活动，助力吉林省经济转型升级；通过战略持股、资本管理等方式，优化参股机构资源配置；通过搭建平台，推动域内保险、证券、银行等金融业务相互融通，产业资本和金融资本相互融合，增强金融产业总体竞争优势与创新能力。其所属企业架构如表 3.24 所示。

表 3.24　　吉林省金融控股集团股份有限公司所属企业架构

	名称	出资方式
吉林省金融控股集团	吉林省小额再贷款股份有限公司	控股
	吉林省农村金融综合服务股份有限公司	全资
	吉林省物权融资农业发展有限公司	全资
	吉林省金投置业开发有限公司	全资
	东北亚万众创投资产管理（吉林）有限公司	全资
	吉林省金投物业服务有限公司	全资
	吉林银行股份有限公司	参股
	吉林省资产管理有限公司	参股

资料来源：吉林省金融控股集团股份有限公司官网。

（1）吉林省农村金融综合服务股份有限公司

吉林省农村金融综合服务股份有限公司经吉林省政府和金融办同意批准于 2016 年 7 月成立，由吉林省金融控股集团控股，注册资金 5 亿元，它是专门从事“三农”金融综合服务的国有企业。如表 3.25 所示，吉林省农村金融综合服务股份有限公司的市场定位是“大数据开发商、资金融通商、渠道提供商”。其通过全力构建“线下物理网点 + 线上服务平台”的“三农”金融综合服务体系以落实国家农村金融综合改革试验要求。其经营范围较为广泛，业务综合性强。日常工作主要包括采集吉林省综合性金融信息，开展信用评级、资信评估、代理、广告发布、金融信息技术外包等中介服务，承接投融资咨询、金融教育培训、农林技术推广等业务。公司布局了商业保理、融资租赁、互联网金融、保险代理等业务板块。

表 3.25　吉林省农村金融综合服务股份有限公司大事记一览

时间	大事记
2017 年 2 月 6 日	吉林省农今福商业保理有限公司注册成立
2017 年 3 月 24 日	与吉林乾元商业保理有限公司、吉林省三农产业集团有限公司、吉林云天化农业发展有限公司和中民新农有限公司签订《战略投资意向协议》
2017 年 9 月 12 日	融资租赁公司与鸿洋合作社成功合作农机直租业务
2018 年 2 月 13 日	与吉林省东展人力资源有限公司签订信息咨询合作协议
2018 年 3 月 26 日	融资租赁公司与吉林省元宁丰现代农业投资有限公司集团旗下白城宏达农机、白城广达农机、长春雷沃农机签署全面战略合作协议
2018 年 4 月 16 日	融资租赁公司与洮南惠民村镇银行签署全面合作协议
2018 年 6 月 6 日	科技金融公司与北京乐钱金融信息服务有限公司签订战略合作协议
2018 年 10 月 20 日	由吉林金控集团和神州数码集团共同建设的吉林省农村数字金融服务平台正式上线
2018 年 12 月 10 日	融资租赁公司土租宝业务正式投放
2018 年 12 月 27 日	农村金服公司与亿联银行合作的“亿农贷”产品正式上线
2019 年 3 月 26 日	益易农 APP 2.0 版正式上线
2019 年 4 月 4 日	融资租赁公司伊通满族自治县昌农保家种植专业合作社项目正式投放
2019 年 7 月 3 日	农村经营主体信用评价标准研究项目正式启动

资料来源：吉林省农村金融综合服务股份有限公司官网。

（2）吉林省物权融资农业发展有限公司

吉林省物权融资农业发展有限公司与吉林省农村金融综合服务股份有限公司成立时间相同，两者都于 2016 年 7 月获批成立。该公司注册资本5亿元，是由吉林长春产权交易中心和吉林省金融控股集团股份有限公司共同出资组建的国有控股金融企业。该公司的设立为吉林省农村金融综合改革试验工作提供了新思路，为市县物权融资农业发展公司股权改革提供助推力，为完善物权融资服务体系提供保障。该公司经营范围包括为农村各类物权及集体资产办理抵押、质押登记，办理融资增信及商业性增信业务，办理信息发布、信息查询及挂牌流转等物权管理相关业务。

为进一步推动吉林省农村金融改革，吉林省物权农业公司创新搭建了以“三支柱一市场”为核心的物权融资服务体系。该公司针对不同农业生产主体，开发了差别化的农贷产品。吉林省物权农业公司针对农户开发了“农贷易”产品，针对农业新型经营主体开发了“农地信”产品，针对农业供应链项目开发了“农益信”产品，让各农业主体均“愿意贷、有权贷、放心贷”。同时，为推动土地流转交易，吉林省物权农业公司免费为有土地转让需求的农户提供服务。

（3）吉林省小额再贷款股份有限公司

吉林省小额再贷款股份有限公司于2015年10月获批成立，注册资金10亿元，由吉林省金融控股集团控股，是吉林省小额贷款公司行业协会会员单位，是吉林省唯一一家再贷款机构，为省内小贷机构提供再贷款融资业务。

吉林省小额再贷款股份有限公司自成立以来，一直秉承“实干、诚信、创新、稳健、责任”的核心价值观念，如图3.2所示，其以农村金融、小微金融、同业金融、公司金融为主要业务领域，除此之外，公司还开发了“吉农贷、吉微贷、吉再贷、吉商贷”四大系列产品。业务模式上，吉林省小额再贷款股份有限公司结合实际发展，创新服务模式，在自身业务基础上结合新金融服务，提升公司实际水平与综合能力，为公司发展提供有效活力。吉林省小额再贷款股份有限公司在开展农村金融业务时，其服务对象是农民专业合作社、农户、农业深加工企业以及家庭农场等。该公司开展农村金融业务时，会联手吉林省物权融资公司、吉林省农金服务公司及吉林省农信担保公司等多家涉农机构，一同开展农村金融业务，共同开发专属农村的信贷产品。吉林省小额再贷款股份有限公司的发展对完善吉林省金融市场体系具有重要意义。

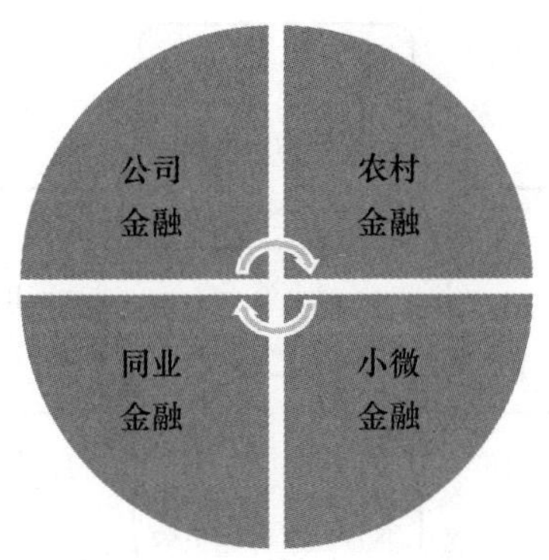

图 3.2　吉林省小额再贷款股份有限公司业务领域

资料来源：根据吉林省小额再贷款股份有限公司官网资料整理。

（二）吉林省农村金融综合服务体系框架

1. “三支柱一市场”新型农村融资服务体系

农村金融供给不足一直是我国“三农”工作的瓶颈。目前我国出现的农村问题集中体现的是土地、人、资金三大生产要素结合的问题。尽管吉林省农业资源丰富，但“三农”工作同样面临资金供给不足问题。吉林省城乡生产要素双向流动机制存在缺陷，要素流动缓慢，要素交换存在不平等现象。主要关键问题是要素与资金结合不够充分，农业现代化生产力无法形成。

为畅通融资渠道、增加服务下沉度、落实补偿资金、增加信息对称度，吉林省政府首创了“三支柱一市场”的新型农村金融融资服务体系（见图 3.3），即通过搭建基础金融服务支柱，创造一个通道，使金融资源能够顺畅下沉农村金融市场，同时构建增信支柱和信用信息支柱，让增信和征信更便捷，破除农民融资过程中的阻碍，最后架设吉林省农村产权省域流转市场，最大限度地盘活农村资产。“三支柱一市场”新型农村融资服务体系的构建，有利于吉林省政府完成金融服务实体经济及深化金融改革的使命。

（1）基础金融服务支柱

在农村铺设金融服务网点是搭建基础金融服务支柱的基础工作。由于农村基础金融服务在吉林省部分农村存在空白，搭建基础金融服务支

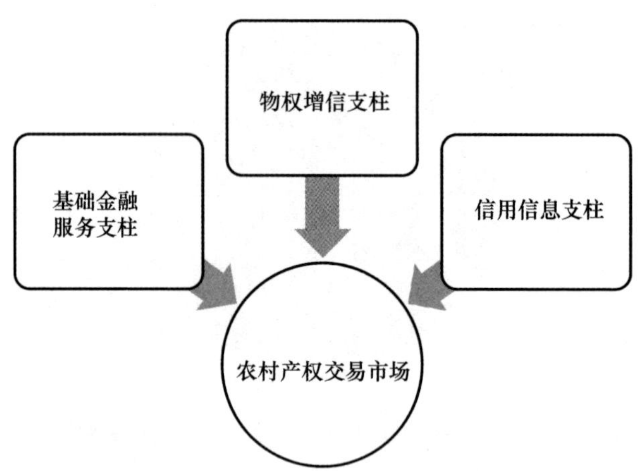

图 3.3 吉林省“三支柱一市场”新型农村融资服务体系

资料来源：吉林省金融控股集团股份有限公司官网。

柱尤显重要。吉林省、市、县、乡、村五级金融服务网点铺设工作由吉林省金融控股集团负责并安排实施。吉林省有行政村 9000 余个，按照 2—3 个村共享一个金融服务网点的建设思路，大概需要铺设 3000 个金融服务网点。

截至 2019 年年底，吉林省已经铺设了 2000 余个村级金融服务站。这些服务站多设在村部，与村党员支部委员会和村民自治委员会、电商服务点等机构协同发展。金融服务站设在村部，有利于交互信息，及时准确对接农民融资需求，提升金融服务效率。作为农村金融服务的主渠道，基础金融服务站日常工作是采集农户金融基础信息，之后对收集的信息进行归纳分类，按相关条件匹配金融机构。如县级服务点收集辖区内农户金融基础信息后，会定期将有效信息提供给农村商业银行和村镇银行。更多的涉农金融机构可以借助金融服务站将金融业务下沉到农户。比如，吉林亿联银行推出“亿农贷”产品，用户足不出村，在村内金融服务站就可申领最高 20 万元贷款，来满足生产经营及日常生活的融资需求。为方便借款人使用贷款，亿联银行对农户开通了手机银行业务，符合条件的用户，在授信额度内手机银行上随用随支，同时借款农户在资金富裕时可提前还款，降低了农户的贷款成本，提高了贷款使用效率。另外金融服务站还可以免费帮助农业生产者申请“农户贷”等各类村镇银行推出的小额贷款产品，这些服务大大提高了吉林省农村金融服务的可获得性和效率。协理员在村级基础金融服务中起关键作用。选用的协理员主要是村委成员、返乡就业的大学生或其他有文化的村民。上岗前，要对选用的协理员进行金融基础知识集中培训。因选用的协理员既具备一定的文化水平，又熟悉本乡情况，对农户的家庭基本信息和融资信息易于掌握，可以用通俗易懂的语言将村镇银行等涉农金融机构的信贷产品、相关金融服务推送给农民，在农户和涉农金融机构间起桥梁作用，助力金融服务下沉。

（2）物权增信支柱

众所周知，农民融资难的一个诱因是农民缺少抵押物品。2012 年吉林省作为农业大省，尝试推出以农户土地的未来预期收益作为保证的贷款融资模式，开创融资新样板。吉林省政府 2016 年批准成立了物权融资公司，构建了流转处置与融资增信两个平台。农户将土地经营权集中流转给物权公司，物权公司将手中的土地优先推荐给土地所在地的种植大户，同时物权公司可为农户提供贷款担保，协助农户获得银行贷款。在此过程中，物权融资公司承接了融资保证及土地流转处置等主要工作。吉林省物权融资公司服务已下沉到县级，增信体系呈网状，架构成“三支柱一市场”中的物权增信支柱。建设物权增信支柱的目的是弥补农村经营主体融资增信短板。

为强化增信工作，吉林省农业信贷担保有限公司（以下简称省农业担保公司）于 2016 年获吉林省政府批准设立。作为吉林省首个农业政策性融资担保企业，以 40 亿元的法定资本注册成立。公司出资方及主管单位为吉林省财政厅。它是吉林省首个专注农业的政策性融资担保公司。省农业担保公司在长春设有一个总公司，吉林省内其他地区设立 19 分公司，该公司将农业信贷担保业务覆盖至吉林各地区，方便后续业务开展。

在《关于财政支持建立农业信贷担保体系的指导意见》等相关政策的引导下，省农业担保公司规范开展各项业务，服务过程中不忘“支农、强农、惠农”的服务宗旨，以农业信贷担保为主营业务，为吉林省新型农业经营主体提供政策性融资担保服务，并将业务向与农业直接相关的第二、第三产业延伸，推动农村三产深度融合，有效化解吉林省农村金融难题。为破解农村新型农业主体“融资难、融资贵”的问题，中国人民银行长春中心支行推动辖内多家金融机构携手省农业信贷担保公司共同制定“农地担”“农企担”等多样农贷担保模式，为吉林省涉农经营主体提供融资便利。

截至2018年第一季度，吉林省多家涉农银行与省农业担保公司达成合作，近550个新型农业经营主体获得信贷支持，增加投入34910万元备春耕种资金。该年省农业担保公司与吉林省农业厅联合推出“强种贷”业务，充分利用金融杠杆的作用，对吉林省种子生产企业获得银行政策贷款提供贴息和贷款担保支持。省级发证且符合条件的吉林省龙头种业和信誉种业成功获得银行贷款后，省农业担保公司将按最低标准收取费用，并对信用良好的种子企业给予资金补贴。同时省农业担保公司协助吉林省龙头种业和信誉种业获得合作金融机构提供的优惠贷款利率，并参照吉林省有关政策规定，向按时足额偿还借款本金及利息的吉林省龙头种业和信誉种业提供贷款利息50%的贴息支持。“强种贷”业务的推出，有利于加快培育和壮大现代农作物种业发展。2019年吉林省农业农村厅投入1130万元专项资金用于支持符合省农业担保公司准入条件的种子生产企业贷款担保补贴及风险补偿。专项基金中，830万元用于风险补偿，另有300万元用于保险费补贴。这些种子经销单位、种子生产企业及其子公司整合的资金，大多用于生产经营环节，涵盖种子检验检测、贮藏、加工、销售、种子育种、种子基地建设等。为充分发挥种业发展基金的杠杆作用，省农保公司推出的“强种贷”业务，在加快品种更替、促进新品种选育应用、促进吉林省种子企业扩张壮大等方面发挥了积极作用。

（3）农村信用信息支柱

滞后的农村信用信息建设一直是吉林省农村金融发展的绊脚石。搭建农村信用信息支柱目的是串接融资链条。通过建立信用体制，完善信息沟通渠道，对农户信息进行归集整理，就可打通农村的融资需求与社会资金供给间的障碍，将两者有效串联起来，搭建完整流畅的融资链条。

在信息信用建设方面，中国人民银行长春中心支行坚持不断地与政府有关部门协调沟通，多年来连续向吉林省政府报送吉林省农村信用体系方面的专题报告。近年来，吉林省政府高度重视农村信用体系的建设问题，多次要求相关部门支持中国人民银行长春中心支行农村信用体系建设工作，要求有关部门大力配合，为农村信用体系建设工作的顺利开展提供切实保障。吉林省各地区银行采取专题汇报，向人大、政协建议等多种形式推动地方政府部门强化农村信用体系的建设。中国人民银行和龙市支行推动地方政府出台了《农村信用体系试验区建设规划》，中国人民银行长白县支行推动地方政府出台了《农村信用体系建设实施方案》，这些规定的出台，为后续工作进行起到奠基作用，有利于地区乡村信用体系建设。中国人民银行和龙市支行在推动当地农信建设过程中，借助政府网站为农户及农业经济实体提供综合性信息服务，提升综合金融服务效率。和龙市涉农金融机构借助农户信用信息综合服务平台，查看新型农业经济主体的信用。通过平台档案记录的经营信用以及生产能力对贷款者做出综合评估，使贷款流程更加便捷、快速，减少大量贷款等待时间。

吉林省农村信用体系建设工作，在吉林省银行大力推动下取得了阶段性成果，多数地区完善了农村信用体系建设工作机制，通过相关宣传，提升农村经济主体信用意识，改善了金融投资环境，信用经济呈现出良好健康的发展态势。如中国人民银行吉林市支行引导下辖的松原市、舒兰市及洮南市开展信息数据研发工作，强化吉林市农户信用信息数据库建设。中国人民银行四平市中心支行在推进农村信用体系建设工作上表现比较突出，取得了较好成效。吉林省公主岭市是全国新型农业经营主体试点城市，中国人民银行四平市中心支行以吉林省公主岭市为试点，推行农村信用信息采集，并在此基础上推进信用产品开发。公主岭市各金融机构结合自身业务特点，针对性地对各类新型农业经营主体开展信用采集，并在此基础上开发出了“响铃—新农种植贷”。截至2019 年已经向农民种粮大户、家庭农场及专业合作社等新型农业经营主体发放贷款 3043 万元，单笔授信额度在 100 万元以上，单笔最大授信额度 1000 万元，单笔最小贷款额度 146 万元。

中国人民银行四平市中心支行通过搭建信用平台，助推四平市农村土地集中流转，积极协调四平市农村产权交易中心，配合当地政府建立健全涉农企业及农户抵押信息查询、抵押登记、价值评估、流转处置等专业服务机制，评估涉农主体未来预期收益与风险等级等信息，构建目标用户资源信用平台。当地涉农金融机构通过信用平台筛选信贷客户。2019 年，四平市多家涉农金融机构通过信用平台为 102 户农户提供了 200 余万元的土地流转贷款，推动了四平地区土地集中耕作。近年来中国人民银行四平市中心支行积极尝试创新信用建设模式，推动信用村建设，针对信用村启用“整村授信”模式，缩短信贷流程。在信用村建设中，推选乡镇中的老军人、老党员、老模范、老农民、老干部“五老”代表及村委会村党支部成员、致富能人等作为村代表，建立了信用评定小组。信用评定小组对村内农户开展信用评审工作。参考评定小组的评定结果，涉农金融机构对信用村进行整体授信。中国人民银行四平市支行充分发挥信用平台的作用与优势，打造出“信用新型主体 + 信用农户 + 信用村 + 银行”新模式。2019 年，四平市辖区内的四个县（市）12 个村经认定成为信用村，共有 394 户成为信用户，累计放款 483 万元。吉林省农村金融综合服务股份有限公司双辽分公司在中国人民银行四平市中心支行积极推动下，全方位开展农户信息采集试点工作，利用采集到的信息与吉林省建设银行、亿联银行、吉林省邮储银行对接合作，发放贷款 1100 余万元，贷款笔数为 350 笔，贷款覆盖双辽市 70 余村。

中国人民银行吉林省分行组织下辖支行联合属地金融机构、地方政府共同制定《农户信用评定管理实施细则》，中国人民银行龙井市支行联合物权公司、农业经济管理局、涉农金融机构，以新型农村经营主体为切入点，共同开展家庭农场信用评定工作；中国人民银行洮南市支行依托农村金融改革综合示范村广泛推动建设信用村镇工作。2019 年吉林省“三农”金融服务环境得以大幅改善，省内各金融机构支持农村经济主体发展的积极性不断增强。2019 年，吉林省有近 350 万农户信用入档、160 余万成为信用户，有 310 余万户农户获得贷款。

（4）农村产权交易市场

要解决吉林省农村金融问题，只搭建“三个支柱”是不够的，还要在“三个支柱”的基础上，构建产权交易市场，解决吉林省农户手里有土地、果园、林场等资源的经营权而没有流转市场的问题。自从

2015年吉林省开展农村金融综合改革试验工作以来，吉林省部分传统农业开始向现代农业转变，以林权和农村土地承包经营权为代表的农村产权交易需求显著增加，由于没有专业的农村产权交易市场存在，导致吉林省农村产权交易成本高，且交易效率低。可见，在吉林省建立高效且有序的农村产权交易市场是解决吉林省农村融资难题的关键环节。农村产权交易市场的建立，既有利于推动吉林省农村产权流转公正、公开、有序运行，又有利于农业生产规模化集约经营。对推动吉林省农村生产要素合理流转，提高农户收入，整合农村资源和加快新社会主义农村建设具有深远的现实意义。吉林省从2012年开始筹建农村产权交易中心，首家农村产权交易中心于2012年在通化市辉南县设立，2014年长春市、延边州陆续成立市（州）级的综合性农村产权交易中心。土流网是目前国内最具有影响力且规模最大的农村土地流转综合服务平台，2016年，土流网联手公主岭市签署战略合作协议，成立吉林省内首家政企合作的农村产权交易平台。截至2020年年底，吉林省白山市、辽源市、吉林市及白城市还没有建立农村产权交易平台。

①长春农村产权交易中心

长春农村产权交易中心于2014年12月注册成立，它是一家非营利性公司制企业。它的设立是经长春市人民政府批准，成立时注册资本500万元。如图3.4所示，该交易中心是集合多种业务为一体的综合性市场平台，交易中心业务范围涵盖产权登记、各类信息发布、政策咨询、融资服务及物权交易等。该中心以“专业、高效”为目标，为吉林省农村物权主体打造专业的第三方服务平台。推动长春市所辖农村乃至全省其他农村地区存量物权资产的重组与流动，促进省内农村资产要素的优化配置。长春农村产权交易中心重点支持长春市内农村集体产权依法入股、抵押或以其他方式流转交易，鼓励农民个人产权流转交易。如图3.5所示，在交易中心挂牌交易项目主要有集体经营性建设用地使用权、土地承包经营权、股权交易、林权及农业知识产权。

②延边农村综合产权交易中心

2014年10月，敦化农林产权流转服务有限公司在敦化市挂牌成立；紧随其后，2014年12月，延边州农村产权交易中心也挂牌正式成立。延边州农村产权交易中心与省内其他农村产权交易中心相比，具有不同特色。它以“特色农业+互联网”为理念，运作模式主要采取线上运营，推进吉林省尤其是吉林市农村电商发展。该交易中心在辖区的多个地级市及各乡（镇）打造了一批标准化综合农村产权交易平台，创新推出覆盖州、县（市）、乡镇三级区域的农村产权线上交易模式。

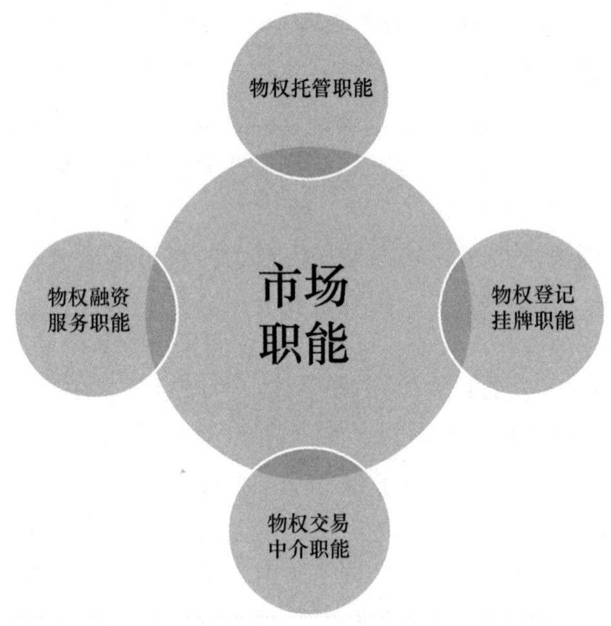

图 3.4　长春农村产权交易中心市场职能

资料来源：长春农村产权交易中心官网。

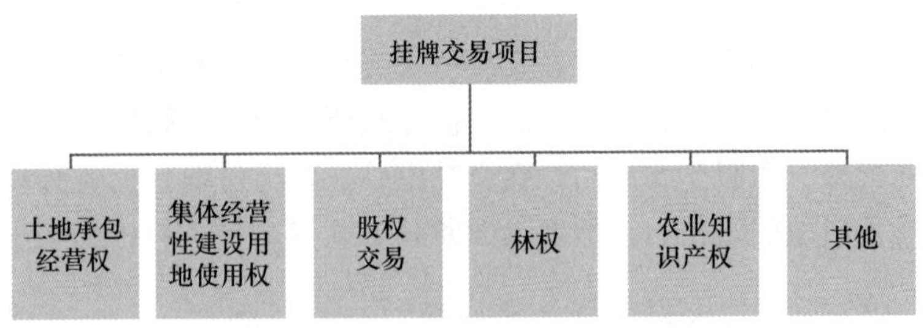

图 3.5　长春农村产权交易中心挂牌交易项目

资料来源：长春农村产权交易中心官网。

此三级交易平台彼此间不构成行政隶属关系。平台日常交易在延边州农村综合产权交易管理工作领导小组办公室监督下进行。截至2016年上半年，平台提供2770条各类产权交易信息，其中，产权交易需求类信息830条，供应类信息1670条，综合类信息270条。近年来，延边州农村产权交易中心促成各类产权交易304项，交易金额超过500万元。其中土地交易占比较大，土地流转项目笔数为212笔，交易金额318万元，流转土地面积为636公顷。

③公主岭市农村产权交易中心

一直以来，吉林省公主岭市在推动农村土地金融改革试点工作上成绩斐然。为开展农村土地金融综合改革提供政策保障，公主岭市政府经研究拟定了《公主岭市农村土地经营权流转交易市场运行规范》《公主岭市农村土地经营权流转交易及登记管理规则和管理办法》《公主岭市关于鼓励农村开展土地股份合作的指导意见》等配套政策文件。作为吉林省首个土地金融改革试点区域，公主岭已全面完成农村土地确权登记工作，公主岭市范家屯镇实现整村土地流转3个，总流转面积近2000公顷，这为公主岭市推行土地流转交易奠定了坚实的市场基础。

在农村金融改革及土地流转方面，土流网多次与多地政府达成战略合作，成为我国最大的农村土地流转综合服务平台。截至2016年8月，土流网在金融抵押和农村产权交易方面与近二十个地方政府联手合作，其成熟的市场实践经验是吸引全国各地政府与之合作的重要因素。2020年初，土流集团有限公司斩获"2019农业产业最具影响力企业"奖，累计交易土地12000万亩。土流集团一直积极与各地、各部门政府携手合作，共同促进数字乡村建设，引导技术、人才及资金向乡村汇聚，针对不同地区的农地金融情况，提供个性方案，推动土地流转，助力各地振兴乡村经济，提高农民收入水平。吉林省公主岭市被土流网在农地金融运作方面的丰富经验所吸引，2016年8月，吉林省公主岭市政府、属地商业银行和土流网就加强下一步深入合作签署协议，融入金融科技打造农村产权交易中心及网络平台。同年9月交易中心正式运营，首创政府与土流网合作创新先例。公主岭市农村产权交易中心的成立意义重大，对于当地农村金融改革起到非常重要的作用，标志着农地改革试点进入崭新阶段，农地流转工作有了新的突破。根据相关合作协议，土流网服务范围主要包括项目管理、合同档案管理、农地价值评估、资产处置等，还有各种涉及农民经营的咨询、法律服务，服务类别较全面。同时土流网会为公主岭市农村产权交易中心提供技术支持，在土地网上集中发布公主岭市农村土地、农业资源等交易信息，同时配合监管部门对交易过程全程监管，对交易起到一定保障作用。

④各乡（镇）级农村产权交易中心

农村产权交易工作要从农村基层做起。建立乡（镇）农村产权交易中心是构建市级及省级农村产权交易中心的基础，是搭建农村产权交易整体布局的重要环节，应当受到重视。2017 年 5 月，吉林省各市（州）已设立了乡（镇）级农村产权交易中心，负责农村基层产权交易信息的报送和收集整理工作。

各乡（镇）设立的产权交易中心以土地经营权流转为主要交易项目，交易对象通常是农村土地承包经营权、荒地使用权及水库经营权。2016 年 6 月，吉林省松原市先后在前郭县及宁江区成立了蒙古艾里乡农村产权交易中心、查干花镇农村产权交易中心、乌兰图嘎镇农村产权交易中心等 6 个乡（镇）农村产权交易中心。吉林省通化市共成立了 59 个乡（镇）农村产权交易中心，完成 487 笔农村集体经济资产、资源等农村产权交易，成交金额达 6123.8 万元，主要交易标的物为村集体资产、村集体水库、四荒地等。

⑤吉林省农村产权交易市场有限公司

在吉林省人民政府批复下，吉林省农村产权交易市场有限公司于 2020 年 2 月 14 日获批成立，注册资本金 1 亿元。其经营范围主要涵盖各类农村产权的抵（质）押融资、交割结算、流转交易、履行交易鉴（见）证职能、撮合推介、投融资对接等。其日常经营要遵循《吉林省交易场所监督管理暂行办法（试行）》。吉林省地方金融监管局牵头其筹建验收工作，其他部门协助其进行行业管理和业务指导。

农村基础金融服务站是“三个支柱一市场”特色融资框架的基础，它是吉林省农村融资政策得以贯彻执行的基石。农村基础金融服务站的收入来源有两项，一是依靠自身金融业务及电商业务获取的少量收益，二是从各级政府获得的财政补贴。财政补贴是维持农村基础金融服务站正常运转的主要资金保障。国家运用财政资金扶持它的目的是鼓励其收集农户的信用信息、将融资需求信息对接金融机构，实现融资需求上汇、金融资源下沉，给农户农业生产及生活提供金融支持。可见，“三支柱一市场”在吉林省农村金融改革中起到查漏补缺的功能。

截至2019年年底，吉林省在省内各地农村区域铺设了2000余个村级金融服务站，开展了农户个人及农业企业信用信息采集与应用工作，省级农村综合产权交易市场已经获批准并开始筹建中。吉林省农村土地金融改革取得新的成效，将林地经营权、土地经营权、土地收益保证纳入贷款可抵押范畴，推出多款与之相关的贷款产品，累计发放相关贷款近30亿元。同时组建了土地资产管理机构，吉林省有7个村屯整村进行了土地股权化流转，1200多农户从农民身份转变为土地资产管理公司的股东及员工。吉林省财政部门调拨40亿元财政性资金构建政策性信贷担保公司、涉农引导基金等平台；统筹整合约10亿元财政性资金，该资金用于涉农贷款贴息、信贷周转、保险提标扩面及风险补偿。

（三）吉林省农业保险发展概况

1. 农业保险发展历程

吉林省各级政府和相关部门一直重视并积极推动吉林省农业保险有序发展。2003年，吉林省保监局出台了推动“三农”发展的综合保险政策，引导吉林省农业保险朝着服务“三农”方向发展。安华农业保险吉林分公司于2004年在长春市成立，当时该保险公司的参保对象主要有吉粮集团、广泽乳业、德大公司等规模较大的涉农企业。吉林省政府按同等比例为吉林省试点单位提供配套补贴基金，补贴基金主要包括农业保险风险基金、各类保险补贴基金、政策性农业保险补贴基金以及其他专项基金。2005年，安华农保吉林省分公司在吉林省内开展烟草种植保险试点工作，并根据试点项目运行情况对保险补贴政策加以确定。2006年，吉林省在省内发起了扩大养殖业和种植业保险覆盖面的农业保险试点工作，吉林省政府提供了1000万元的财政补贴推动上述试点工作的开展。2007年，为进一步扩大农业保险的应用范围及覆盖面，吉林省在全省27个县内狠抓农业保险落地工作。2008年，《吉林省农业保险工作实施方案》进一步缓释了吉林省内各市、县政府对保险进行财政补贴支出的压力。2009年，安华农保吉林省分公司在吉林省内的 9 个地区，57 个县开办了 10 个保险产品，主要以玉米、大豆、花生、水稻、葵花等粮油作物和辣椒等经济作物为承保对象。

2010—2012 年，国家为减轻参保农户的保费负担，提出农业保险的保费应由各级政府财政部负担绝大部分，保险费缴纳比例由中央财政、地方财政到涉农企业及农民个人逐级递减按比例进行缴纳，中央财政承担多的部分，农民则承担少的一部分。例如，安徽省种植业小麦和玉米保险保费由中央、省、县三级财政按照 45%、30%、5% 承担；大豆由中央、省、县三级财政按照 40%、30%、10% 承担；养殖业保费由中央、省、县三级财政按照 50%、25%、5% 承担；这一项规定体现了国家对农业保险的支持力度，还体现了国家对农民的关心及照顾。此缴费比例的设置，有效调动了广大农民参与农业保险的积极性。

2013 年，森林保险试点工作在吉林省展开，森林保险业务的推出，既可降低森林灾害风险又可保全种植农户的收入，对现代农业发展有着强有力的保障作用。同年农业保险封顶赔付限制被取消，带动了农户参保积极性。2014 年，吉林省修改了农作物绝收标准及绝收赔付比例。2015 年吉林省对原有农业保险规定进行了较大调整：首先将保险责任范围进一步扩大；其次调整了农业保险理赔参数；再次扩大保险覆盖范围；最后提高查勘定损质量。上述规定的重新调整，可有效保障农民权益。2015 年，吉林省政府鼓励农民开展现代化农业生产，对农户购置的 35 类品目的农业机具给予数额不同的财政补贴。2016 年吉林省积极引导并鼓励农业生产者加大对黑土地保护、水稻、玉米生产等所急需的大型机械装备的使用，缩减农业机械购置补贴政策适用的机具补贴品目，有 13 种品目补贴被取消，补贴品目由 35 种下降至 22 种。该年，吉林省提高了五大粮油作物的农业保险金额，水稻、玉米两大作物每公顷提高 1200 元，大豆、葵花籽及花生每公顷提高 500 元，增加财政支出 1.5 亿元。同时由于保险费率、覆盖面、保险责任、赔偿系数与之前无异，故保持不变。另外，2016 年玉米和水稻主产区保费补贴由中央财政和省财政接替县财政承担，47.5% 由中央财政承担，32.5% 由县财政承担，剩余 20% 由农民自行承担。吉林省非产粮大县，玉米和水稻农业保费的县级财政补贴比例不变仍然是15%。

2017年，吉林省按照《关于做好2017年农业保险工作的意见》的精神要求，进一步完善了农业保险有关政策，调整了农业保险赔偿系数及协办费用政策。关于协办费用，乡、村两级费用支付方式应签订书面合同委托农业保险经办机构协助办理，合同要明确费用支付方式及双方权利义务。同年，吉林省还提高了农业保险赔偿系数，将损失程度30%（不含）-60%（含）的农业保险赔偿系数分别由0.6、0.7、0.8、0.9分别调整为0.7、0.8、0.9、1.0，其他保持不变。另外2017年起，吉林省安排省级财政专项资金，创新“以奖代补”的方式支持省内各地方农村开展特色农产品保险业务。省级财政给予的奖补资金主要用于特色农产品保费补贴，给予贫困县的奖补比例相对高些，为贫困地区地方政府补贴实际负担的60%，其他地区则比贫困地区至少低10%。2017年对马铃薯、肉食牛、高粱、渔业等行业进行重点支持。同年安华农保等3家保险单位获批成为吉林省农业保险投标的经办机构。吉林省农业保险政府采购中标有效期限从2017年开始调整为3年。

2. 农业保险业务规模

根据《吉林省统计年鉴》，2012—2018年吉林省农业保险收入分别为88330万元、92694万元、92122万元、110768万元、148285万元、172547万元、202425万元，规模呈现逐年递增趋势（见表3.26）。2016年吉林省农业保险保费规模达148285亿元，同比增长33.87%，增速最快。2018年，吉林省农保收入超过20亿元，比上年增长17.32%。在农保补贴政策实施前，2006年国家农保收入仅4530万元。农保补贴政策的实施推动了农保规模的扩大，2018年农保收入约是2006年农保收入的45倍。农保理赔额也随着业务规模的扩大而扩大。2012—2018年吉林省农业保险收入占保险总收入的比重维持在2.5%—3.8%。2019年前2个季度，吉林省农业保险保费收入达到20.19亿元，同比提升46.26%，超出全国平均水平25%。如图3.6至图3.11所示，2012—2018年吉林省农业保险赔款与给付支出规模也在不断增加，农业保险赔款与给付支出规模数额显著上升，由2013的近5亿元提升到2018年的近10亿元，增长了一倍。与2006年的0.21亿元相比，增长近48倍。2012—2018年吉林省农业保险密度也逐年在增大。

表 3.26　　2012—2018 年吉林省保险收入情况

项目	2012 年	2013 年	2014 年	2015 年	2016 年	2017 年	2018 年
保费总收入（万元）	2325407	2637591	3300005	4313184	5571188	6413934	6298934
农业保险收入（万元）	88330	92694	92122	110768	148285	172547	202425
农业保险赔款与给付（万元）	50204	47475	56523	72400	100402	103240	101221
农业保险收入占保险总收入比例（%）	3.8	3.51	2.79	2.57	2.66	2.69	3.21

资料来源：《吉林省统计年鉴》2012—2018 年。

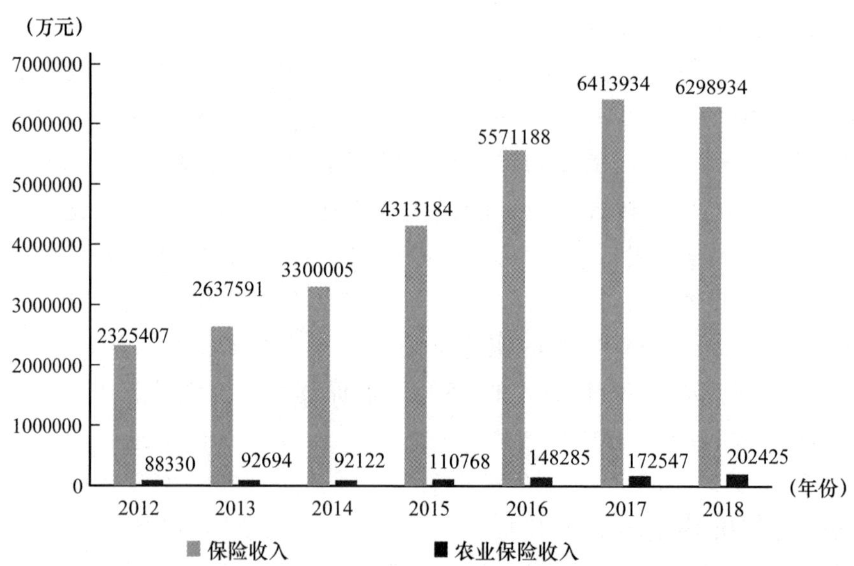

图 3.6　2012—2018 年吉林省保险收入情况

资料来源：《吉林省统计年鉴》2012—2018 年。

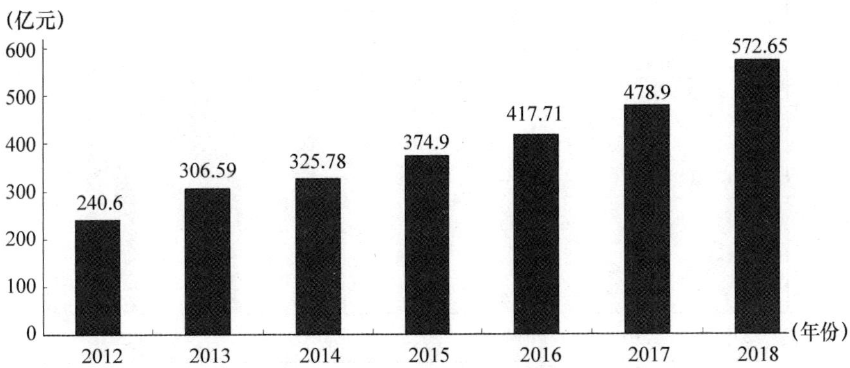

图 3.7　2012—2018 年我国农业保险原保费收入

资料来源：国家统计局官网。

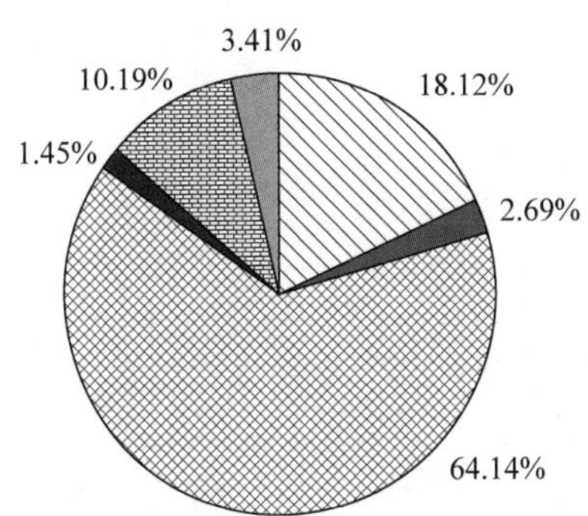

图 3.8　2017 年吉林省各类保险收入所占比重

资料来源：《吉林省统计年鉴》2012—2018 年。

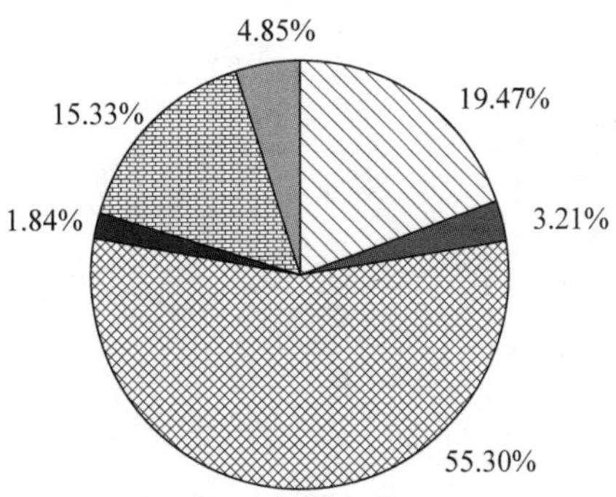

图 3.9　2018 年吉林省各类保险收入所占比重

资料来源：《吉林省统计年鉴》2012—2018 年。

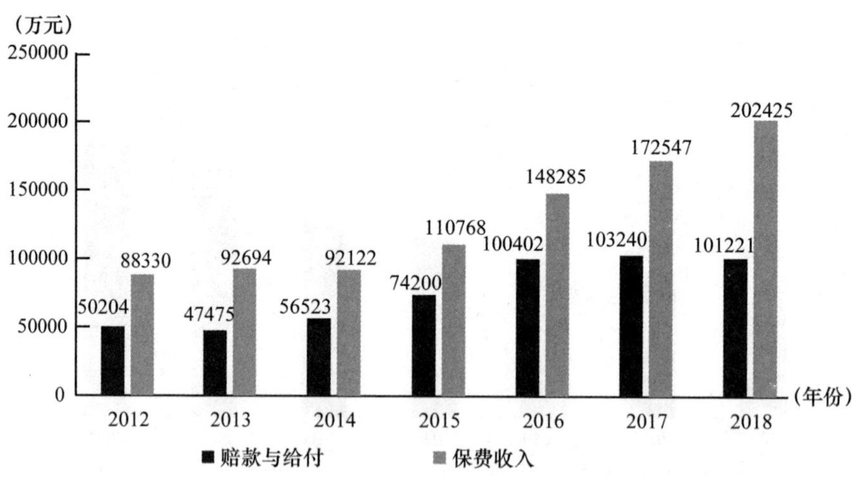

图 3.10　2012—2018 年吉林省农业保险承保赔付水平

资料来源:《吉林省统计年鉴》2012—2018 年。

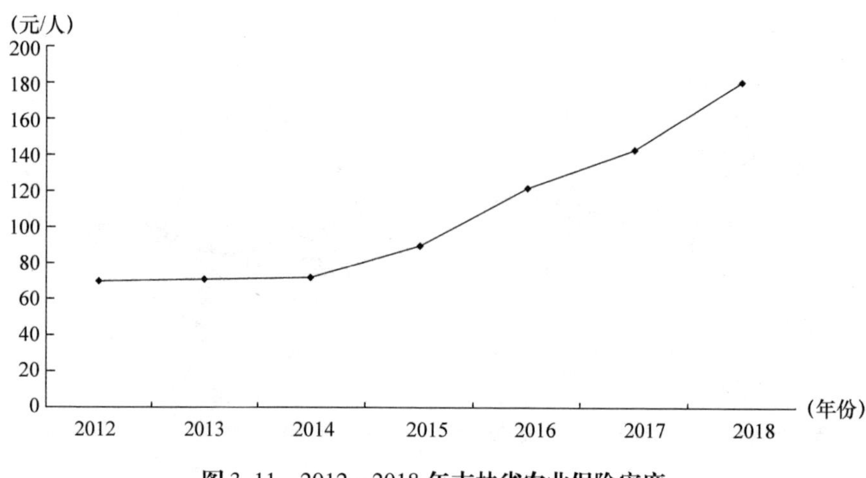

图 3.11　2012—2018 年吉林省农业保险密度

资料来源:《吉林省统计年鉴》2012—2018 年。

3. 农业保险保障水平及保障范围

吉林省在 2016 年提升五种主要粮油作物的农保金额，水稻、玉米、大豆、葵花籽和花生原有保障额度分别为 4000 元/公顷、3000 元/公顷、2500 元/公顷、2000 元/公顷、2000 元/公顷。通过保额提升，五种作物保额均有不同程度提升，其中玉米、水稻涨幅最高，达到1200元/公顷，其他三种每公顷分别涨了500元。吉林省五种作物参保面积也有所提升，涨幅为1.05%，共计4150万亩。2017年，吉林省农村农业保险保障覆盖面进一步提升，承保面积同比增长7%。2017年吉林省农业保险为大豆、玉米生产主体提供1877万元价格风险保障，同时通过“保单+期货”模式，为吉林省农业生产者提供1.6亿元风险保障。吉林省农业保险提供的风险补偿水平不断提高，截至2018年年底已达586.7亿元，同比提高20.33%，较2015年年底改革试验启动时增长93.6%。2016年省政府积极推进在省内各地农村开展以烟叶、人参等作为投保对象的特色农产品保险业务，参保特色农产品享受政府补贴待遇。开发多个特色农牧产品险种，对当地主要特色养殖及种植项目进行险种覆盖，为特色农业提供37.62亿元风险保障。目前吉林省农业保险产品几乎覆盖所有特色产业，2018年吉林省保险密度2329.4元/人，保险深度4.2%，与2017年基本持平。农业保险支农惠农水平不断提高，为约3800农户提供5.2亿元的风险保障。

4. 农业保险供给体系

2004年之前，由于国家还未启动政策性农业保险试点工作，吉林省农业保险供给主体单一，中国人民财产保险股份有限公司吉林省分公司独家承接吉林省农业保险业务，可谓一枝独秀，行业缺乏竞争。2004年以来，吉林省农业保险呈快速发展态势，农业保险供给主体数量在国家政策指引下逐步增长。2004年，安华农业保险公司进入吉林省农保市场，在吉林省设立分公司，并与中国人民财产保险股份有限公司吉林省分公司共同开辟吉林省农保市场，这种状态一直维持到2012年前后。随着国家政策对农保的高度重视，一些大型内资保险公司以及外资保险公司开始承接吉林省农业保险业务，农保市场呈现“百家争鸣”状态。市场和用户对农保的认识也在农保推广过程中不断得到提升。国家政策的扶持以及农保规模和服务质量的提升助推了农民对农保的接纳程度，有利于整个农保行业的健康发展。截至2019年年底，共有八家保险单位为用户提供农保产品服务。（见表3.27）可见，随着综合性商业财产保险公司、政策性农业保险公司及外资农业保险公司陆续进入吉林省农保市场，吉林省农业保险供给体系也渐进完善，农业保险收入稳步增加

（见表 3. 28 和图 3. 12）。

表 3. 27　　2019 年吉林省开展农业保险业务公司

保险公司名称	机构数量
中国太平洋财产保险股份有限公司吉林省分公司	59
中国人民财产保险股份有限公司吉林省分公司	507
安华农业保险股份有限公司吉林省分公司	78
中国平安财产保险股份有限公司吉林分公司	54
中国大地财产保险股份有限公司吉林分公司	51
安邦财产保险股份有限公司吉林分公司	55
阳光财产保险股份有限公司吉林省分公司	62
中航安盟财产保险有限公司吉林省分公司	43

资料来源：根据 2019 年《吉林省统计年鉴》资料整理。

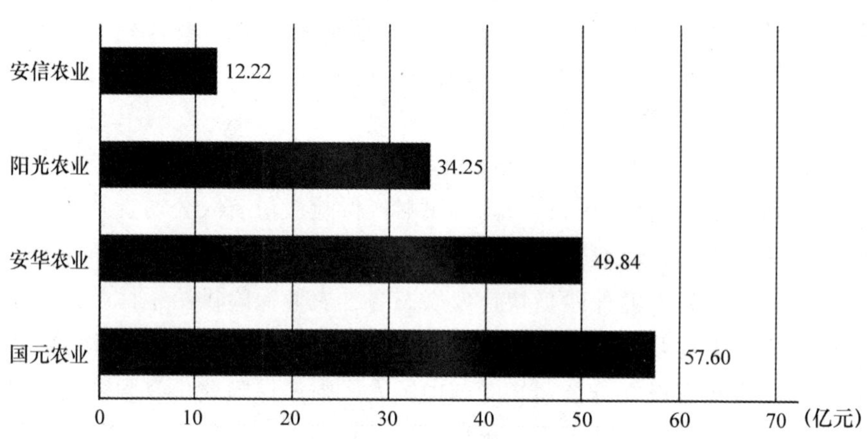

图 3. 12　2018 年我国主要农业保险公司保费收入情况

资料来源：根据 2019 年《吉林省统计年鉴》资料整理。

表 3. 28　　2013—2017 年安华农业保险吉林省分公司承保理赔情况

年份	保险金额（万元）	赔付金额（万元）	赔付率（%）
2013	27409	13487	49
2014	23210	15800	68

续表

年份	保险金额（万元）	赔付金额（万元）	赔付率（%）
2015	33750	21107	63
2016	51120	27510	54
2017	59630	27324	46

数据来源：安华农业保险股份有限公司吉林省分公司农业保险部。

近年来，国内外市场对农产品价格冲击不断加剧，利用金融工具进行风险控制变得极为必要，迫使新型农业补贴机制出现。单一的农保对农产品的保障能力有限，吉林省各级政府开始积极探索将农业保险与金融期货业务相融合，打造“保险＋期货”新模式，促进玉米产业转型升级。

永安期货深耕与“三农”密切相关的金融服务，在探索“保险＋期货”业务新模式上表现活跃。吉林省农业农村厅支持永安期货将新型金融业务与农业保险相融合，鼓励永安积极探索服务“三农”新模式。2013—2019 年，在吉林省相关政策支持下，永安期货先后在吉林省农保市场探索“场外期权”“场外期权＋粮食银行”“保险＋期货/期权”试点工作，成效显著。2019 年省农业农村厅会同省财政厅下发乡村振兴专项资金项目通知。在此背景下，双阳区政府 2019 年拿出了 871 万元支持试点项目落地，成为大商所 2019 年该类试点项目政府投入最多的一例。鉴于试点项目涉及区域大，当地政府加大人力保障，在制度程序方面严格要求，前后召开承保启动及动员大会，为保费有序收缴提供了保障。永安期货牵头银河期货、渤海期货、弘业期货、鲁证期货及人保财险吉林分公司在双阳区 7 个乡镇实施试点工作，户均参保 30 亩耕地，每户自担 168 元保费。永安期货深耕与“三农”密切相关的金融服务，积极探索新方法、新理念。5 年内有近 22 万吨农产品得到保障，理赔额约 1600 万元。双阳项目是永安期货承接的体量最大的项目，承接该项目给永安期货带来一定压力的同时也带来了动力。在永安期货的引荐下，浙江杭实能源与吉粮资产供应链管理两家公司加入双阳项目，利用其各自特色为农民提供基差收购服务，为农民提供“保收入＋保销售＋保售价”三重保障。永安期货公司为杭实能源落实了双阳区平湖街道杨家村的长春鼎兴米业有限公司、山河街道四棵树屯的金丰粮食收储有限责任公司两个收购点，公司领导带领工作组多次到现货收购企业和乡镇村屯对接走访，确保方便农民卖粮。双阳项目对双阳区内近58万亩玉米种植提供了有效保障，这些农户占双阳区玉米种植面积的68%，项目惠及约1.7万参保农户，这些农户占双阳区玉米种植户数的94%。双阳项目的试点，为参保种植户提供了近5亿元的保险保障。项目工作组在2019年8月19日为玉米收入险正式出单。按照协议规定，保单标的选取大商所C2001合约期货价格，2000元/吨为约定目标价格，产量设定为0.492吨/亩，保险责任水平为85%，为种植户提供836.4元/亩的保障收入。

同时，为规避玉米价格下跌风险，人保财险向期货公司购买与保险产品对应的场外亚式看跌期权产品实现再保险。在保费构成方面，农户自缴保费290万元（占总保费的10%），双阳区政府出资871万元（占项目总保费的30%），剩余的1742万元保费由期货公司提供支持（占项目总额的60%），共计2903万元。承保户种植面积在0.4—3003亩，差距较大。由于农户分散，各乡镇政府协办部门提供的农户银行卡、身份证、联系方式等基础数据庞大，以乡镇为单位对农户投保清单导入工作量大，人保财险双阳支公司2019年11月20—27日组织专业人员连续加班4个昼夜成功完成系统导入，并打印完成1.7万份保险凭证。又利用周末时间，开展承保公示，保障了参保农户的知情权。

双阳项目试点工作的开展，受到了吉林省多家政府单位和社会各方人士的高度关注及支持，项目的成功运作，让玉米收入险根植吉林农村大地，让期货与保险行业服务实体经济的构想在吉林省得以实现。作为吉林省玉米主产区的双阳在“保险+期货”的运用中向各方展现出了经济效益，其影响力也在随之不断扩大。该项目的实施，取得了玉米产量风险和价格风险同时防范的效果，在保证农户预期收益的前提下，通过引入收储企业帮农户打开销售渠道，可谓一举多得。项目实施的当年，双阳区发生连续强降雨，玉米大量减产。得益于双阳区“保险+期货”的风险防控运作模式，参保农民的损失得以控制。保险机构给予每亩28元的赔付，理赔额达到自缴的5倍。参保合作社比未参保合作社相比增收比例达到70%，参保成效显著，共实现理赔1624多万元，覆盖全区种植面积占比68%，农户覆盖率达到94%。

5. 农业保险补贴

随着国家保险政策的不断推陈出新，吉林省保险政策也与时俱进，不断完善，向新的高度不停迈进。特别是农业保险补贴在补贴力度、补贴覆盖范围及保费补贴结构方面都得到了较大改善和提升。如表3.29所示，农业保险补贴逐年扩大，且增速较快。2006—2019年，财政对农业保险保费补贴力度稳步增长，比例从60%扩大至80%左右。国家针对农业的利好政策既促进了农业保险行业的发展，也减轻了农民参保的负担。农民较之过去更愿意参保，从而带动整个农保行业规模的扩大。另外，吉林省农业保险补贴范围也打破了自2006年时仅有的五种产品，地方特色农产品也被纳入参保范围，凸显出区域农保特色。截至2019年，吉林省绝大多数特色农产品都成为农保覆盖的新成员。近年来吉林省保费补贴结构也在逐步完善。根据国家调整农业保险财政支出结构的政策安排，同时也为减轻市、县两级财政支出压力，吉林省于2016年实施保费补贴结构改革，保费补贴逐步由市县地方财政转移至中央财政和省级财政，一方面可减轻地方政府财政压力，另一方面，让惠农政策得到更好的落实。2016年吉林省玉米和水稻重点产粮区域原由县级财政承担的15%补贴改由中央财政和省级财政承担，它们均分7.5%。2016年以后，产粮大县玉米和水稻农业保险保费支出构成比例为中央、省级财政分别补贴47.5%和32.5%。

表3.29　2013—2017年吉林省财政部门对农业保险保费补贴的支出金额

年份	农业保险补贴（万元）
2013	20895
2014	49745
2015	64461
2016	106728
2017	115000

资料来源：吉林省财政厅官网。

（四）吉林省农村金融综合改革取得的成效

1. 农村金融体系不断健全

吉林省从2015年全面启动农村金融综合改革的各项工作，多年来，吉林省一直在不断完善和健全金融支农体系。吉林省各级政府积极推动普惠金融在乡村的发展，出台相关政策鼓励省内融资性担保、融资租赁及小额贷款等机构为省内各类农村经营主体提供形式多样的融资服务；配合各级农业银行及农业发展银行做好涉农金融产品创新及推广工作；鼓励吉林省内地方银行及各级村镇银行开拓创新有利于支持乡村振兴的各类小额普惠信贷产品；增加县域银行业金融机构服务覆盖面，加大力度落实村镇银行在县（市）设立的工作部署，推进各类金融机构将金融业务下沉到乡村；倡导自助服务终端网络支付接口设置在条件允许的行政村；持续推进农村信用社向农业商业银行改革；稳步开展涉农政策性融资担保体系的建设工作，各级担保机构业务水平得到较大提高和机制创新工作取得较好成绩。搭建了吉林省农村产权交易市场，构建了以基础金融、信用信息、物权增信为核心的三大支柱，形成具有地方特色的“三支柱一市场”农村新型融资服务体系；完善农业保险体系，积极开发符合农户需求的特色农产品保险；规范吉林省农村合作金融良性有序发展；加强农村的征信系统建设，提高系统覆盖面，提高农民诚信意识；支持省内涉农地方银行吉林银行取得债券承销商资格，助力吉林银行业务多元化。在吉林省政府的大力支持下，2017年2月九台农商银行在香港证券交易所成功上市；东北首家民营银行即吉林亿联银行2017年5月正式开业运营；同年1月吉林九银金融租赁股份有限公司作为吉林省首家获得批准筹建的金融租赁公司进入吉林金融市场。2018年，吉林省推动十家农信社改制成为农商行，新设八家村镇银行，实现金融机构县域全覆盖。

2. 农村金融投入加大

截至2018年年底，吉林省涉农贷款余额达5500.8亿元，其中投入到农村基础设施建设中的贷款金额达到688亿元，增速最大，同比增长7%；增速位列第二的是农户贷款，同比增长5.8%；商业性农业贷款金额为4046.6亿元，同比增长4.15%。总体上看，吉林省2018年农业贷款余额与2015年年底涉农改革试验启动阶段相比较，数额增长较显著，余额增长达到30%，年均增长超过10%；截至2019年9月末，吉林省涉农贷款比2018年略有上升，其占总贷款比重达27.4%，超出全国平均水平4.2%。2018年，在吉林省政府推动下，吉林省内有66家小额贷款公司成功转型为专业的支农小贷公司，当年发放涉农小额贷款金额达27亿元。2019年前2个季度，吉林省内全部小额贷款公司贷款余额达到88.6亿元，其中支农支小贷款余额为68.13亿元，占全部贷款余额的76.9%，远超出全国平均水平。截至2018年年底，吉林省农业保险风险补偿金额达586.7亿元，同比增长20%；与2015年年底改革试验启动时相比，金额增长93.6%。通过推动农业保险产品增品、提标及扩面，提升吉林省农业保险保费收入。2019年前2个季度，吉林省农业保险保费收入达到20.19亿元，同比提升46.26%，超出全国平均水平25%；2019年吉林省积极推动“两权”抵押贷款试点工作，设立“两权”抵押贷款风险保障基金，该基金总金额达4540万元，惠及全省11个试点县。同时吉林省继续扩大土地收益保证贷款规模，2019年累计发放土地收益保证贷款约29亿元。处置涉农不良贷款方面，吉林省农合系统清收不良贷款数额达到38.39亿元，降低同业投资风险数额达到181.49亿元，有效缓释了涉农金融风险。吉林省推进农村金融改革过程中还带动吉林省高速公路集团发行金额达20亿元的扶贫票据，该票据的发行成为东北地区首单；在农业保险保障支出上，2016年，吉林省调整了五大粮油作物的农业保险金额，之前五大粮油作物的农业保险金额分别为水稻每公顷4000元、玉米每公顷3000元、大豆每公顷2500元、葵花籽每公顷2000元、花生每公顷2000元，调整幅度为水稻、玉米两大作物每公顷提高1200元，调整后玉米每公顷变为4200元、水稻每公顷变为5200元，其他三大作物每公顷提高500元，调整后大豆每公顷变为3000元、葵花籽每公顷变为2500元、花生每公顷变为2500元。保险覆盖区域、保险主要责任、保险费率、保险赔偿系数等要素保持不变，增加财政支出1.5亿元。

2020年3月，面对新冠肺炎疫情，中国人民银行长春中心支行将其工作重点转向强化货币政策传导成效，鼓励金融机构精准扶持涉农重点领域。针对吉林省的实际情况，长春中心支行制定了《用好政策工具疏通传导渠道支持复工复产助力吉林经济发展的主要措施》，主要包括30条具体措施，力图运用利率、存款准备金比率等货币政策工具，合力支持吉林省复工复产，倡导吉林省金融机构持续加大服务实体经济力度。春节过后，该行针对受疫情影响较大行业和重点领域，例如春耕备耕种植行业及禽畜养殖等领域，提供了一系列金融支持服务。其中下调支农再贷款利率0.25%，同时要求运用再贷款发放的贷款利率加点幅度在4%以内。年中该行又调配100亿元支农再贷款。截至2020年第一季度，吉林省支农再贷款余额为29.4亿元，年内新增额同比增加2.5亿元。另外，该行调配100亿元再贴现额度，用于支持各类涉农票据，扶持春耕备耕等企业。截至2020年第一季度，全省再贴现余额78.95亿元，同比增长20.9%。

2020年年初，吉林省内各主要涉农金融机构面对疫情，结合属地春耕备耕生产实际需求，制定当年信贷投放计划。合理配置信贷资金，规划信贷投放总量和结构，优先满足备耕春耕生产信贷需求，力争做到应贷尽贷、不误农时。农行吉林省分行将贷款重点扶持对象定位在大型种植企业、农产品加工企业、农资供应企业、种子培育企业、家畜养殖场及果蔬栽培企业。该行与上述企业积极联系，了解这些企业的生产状况，积极逐户对接资金需求，确保尽早提供资金支持，确保支农资金抢在春耕开犁之前一步到位。截至2020年第一季度末，有152户重点企业与农行吉林省分行完成对接，其中61户重点企业获得融资，资金规模约44.2亿元。疫情防控期间，中国建设银行吉林省分行针对制约春耕生产的主要融资问题，主动加大对各类粮食储备企业、农作物加工企业的融资支持力度，提升粮食储备能力；在保障解决涉农龙头企业资金供给的基础上，制定重点支持目标客户清单，全力保障涉农资金投放。吉林银行则坚持将信贷资金投放“三农”为主要领域，种子、化肥、农药等农业生产物资供给融资需求在该行会得到优先安排，以充分保障备耕春耕资金需求。

3. 信用体系建设不断深入

2018年，吉林省1988万自然人被收录征信系统，有16.9万企业单位被纳入法人信用信息系统。2018年全年征信系统提供的信用报告查询超过603万次，其中企业信用报告查询超过15万次，个人信用报告查询超过588万次。多年来，吉林省持续完善信用建档评定工作，截至2019年累计为347万余户农户、5万多户中小企业建立信用档案，并结合全省各地实际情况及时系统地开展信用修复、信用评定工作。2019年吉林省依托应收账款融资服务平台，推动动产融资业务的开展，累计注册用户达986个，其中有713户开通融资业务，当年通过平台实现融资金额约29亿元，融资笔数为94笔。如表3.30至表3.32所示，在信用建设上，吉林省还不断细化完善信用联合奖惩各项制度及可行措施，加大对守信主体支持力度、强化对失信主体的惩罚力度，推动吉林省农村金融生态环境持续向好。为方便企业及个人查询信用情况，吉林省在全省多地共投放信用报告自助查询设备165台，目前在东北三省，吉林省成为首个实现个人信用报告和企业均可自助查询的省份。

表3.30　吉林省诚信典型标准及激励政策措施

诚信典型标准	A级纳税人、海关和出入境检验检疫高等级企业、A级社会组织
	获得国家级、省级荣誉奖项的诚信主体。包括：质量奖、名牌企业、工程奖
	被列入诚信道德模范、优秀青年志愿者的诚信主体
	行业协会商会推荐的诚信会员
	其他市级以上行政机关、司法机关依法认定的荣誉诚信主体
	主动发布综合信用承诺的诚信主体
守信激励政策措施	建立行政审批“绿色通道”
	优先提供公共服务便利
	减少诚信主体行政监管安排
	降低市场交易成本
	大力推介诚信市场主体

资料来源：《吉林省建立完善守信联合激励和失信联合惩戒制度加快推进社会诚信建设的实施方案》。

表 3.31　　吉林省严重失信行为及主体标准

严重失信行为	主体标准
严重危害人民群众身体健康和生命安全的行为，包括食品药品、生态环境、工程质量、安全生产、消防安全、强制性产品认证等领域的严重失信行为	被安全生产监管部门列入安全生产诚信“黑名单”的市场主体；被卫生计生部门列入药品（含医用耗材）供应保障诚信“黑名单”或不按相关政策要求，未签订购销合同、廉洁购销合同，不在采购平台上供应采购和擅自扩大供应采购范围以及其他违规行为的市场主体
严重破坏市场公平竞争秩序和社会正常秩序的行为，包括贿赂、逃税骗税、恶意逃废债务、恶意拖欠货款或服务费、恶意欠薪、非法集资、合同欺诈、传销、无证照经营和故意侵犯知识产权、出借和借用资质投标、围标串标、虚假广告、侵害消费者或证券期货投资者合法权益、严重破坏网络空间传播秩序、聚众扰乱社会秩序等严重失信行为	被工商部门吊销营业执照或严重违法失信名单的市场主体；被税务部门列入重大税收违法案件黑名单的市场主体
拒不履行法定义务，严重影响司法机关、行政机关公信力的行为，包括当事人在司法机关、行政机关作出生效判决或决定后，有履行能力但拒不履行、逃避执行等严重失信行为	被法院列入失信被执行人名单的市场主体；被人力资源社会保障部门列入未依法签订劳动合同、拖欠劳动者工资报酬、未按时足额缴纳社会保险费等违法行为的市场主体
拒不履行国防义务，拒绝、逃避兵役，拒绝、拖延民用资源征用或者阻碍对被征用的民用资源进行改造，危害国防利益，破坏国防设施等行为	—
扰乱市场秩序、危害交易安全、制售假冒伪劣产品、造成环境污染、发生特大生产安全事故、哄抬物价等行为	被处以责令停产停业、罚款，没收违法所得、非法财物等重大行政处罚的市场主体
—	其他被市级以上政府和省级以上行政机关通报或曝光，各级行政、司法机关认定为严重失信的市场主体

资料来源：《吉林省建立完善守信联合激励和失信联合惩戒制度加快推进社会诚信建设的实施方案》。

表 3.32　　　　吉林省失信约束和惩戒政策措施

失信约束和惩戒	政策措施
对失信行为的行政性约束和惩戒	从严审核行政许可审批项目；严格限制申请财政性资金项目，限制参与有关公共资源交易活动，限制参与基础设施和公用事业特许经营等
对失信行为的市场性约束和惩戒	公开披露相关信息，便于市场识别失信行为；严重失信主体实施限制出境和限制购买不动产、乘坐飞机、乘坐高等级列车和席次、旅游度假、入住星级以上宾馆及其他高消费行为；严重失信主体提高贷款利率和财产保险费率，或者限制向其提供贷款、保荐、承销、保险等服务
对失信行为的行业性约束和惩戒	将严重失信行为记入会员信用档案；对失信会员实行警告、行业内通报批评、公开谴责、不予接纳、劝退等惩戒措施
对失信行为的社会性约束和惩戒	鼓励公众举报企业严重失信行为，对举报人信息严格保密；支持有关社会组织依法对污染环境、侵害消费者或公众投资者合法权益等群体性侵权行为提起公益诉讼。鼓励公正、独立、有条件的社会机构开展失信行为大数据舆情监测，编制发布地区、行业信用分析报告
推动联合惩戒措施落实到人	对企事业单位严重失信行为，在记入企事业单位信用记录的同时，记入其法定代表人、主要负责人和其他负有直接责任人员的个人信用记录。依照法律法规和政策规定对相关责任人员采取相应的联合惩戒措施。通过建立完整的个人信用记录数据库及联合惩戒机制，使失信惩戒措施落实到人

资料来源：《吉林省建立完善守信联合激励和失信联合惩戒制度加快推进社会诚信建设的实施方案》。

4. 农村金融服务配套基础设施不断完善

吉林省农村金融改革以来，截至 2019 年，累计在吉林省各地农村铺设 2000 多个村级基础金融服务站。为活化农村资源，在全省建立 40 多家物权增信机构，铺设 600 多个各级农村产权流转交易基础网点。农业银行吉林省分行、邮储银行吉林省分行不断完善“三农金融事业部”体制机制，2019 年在吉林省各乡镇增加 105 个乡镇服务网点，累计设立县域及以下网点数量达 3296 个，将农村金融业务下沉到农户家门口，夯实了服务县域和“三农”的能力，农村地区金融服务满意度和可得性持续提升。借助互联网、大数据等新兴技术，吉林省将这些高科技技术融入农村金融建设中，在融资渠道铺设、风险管控、筛选客户、信用建设等方面都可以发现这些新技术的身影。吉林省多家涉农金融机构为农户及农业企业提供远程网络金融服务，农村网络化金融终端服务覆盖率达到7.7%。在金融服务下沉农村基层方面，中国人民银行长春中心支行一直在积极探索有效路径，不断拓展农村支付清算的网络的覆盖范围，加强各类支付工具在吉林省乡村的应用，铺设多个便农取款服务点，协助农民足不出村办理金融业务。截至2019年上半年，吉林省主要涉农金融机构在省内多个贫困地区累计开立1936.8万个人民币银行结算账户；累计有432个银行网点被中国人民银行接入大小额支付系统，对接率为100%；累计在全省农村地区投放POS机具及ATM自助服务机具1.2万台；支付系统累计在全省农村地区处理业务7.8亿笔、金额达45.5万亿元。中国人民银行长春中心支行积极推动农户取款使用"联银快付"等结算手段，降低支付结算成本。为保护农村金融消费者的消费权益，吉林省金融办等部门积极妥善处理消费者纠纷投诉，投诉案件办结率达到100%，消费者满意度为100%。

2020年年初，新冠肺炎疫情暴发，吉林省各类涉农金融机构在维持原有线下金融服务的基础上，紧急开展线上金融服务工作，线上线下齐发力，扎实落实备春耕金融服务任务。农业银行吉林省分行组织全行干部员工全面开展客户对接、全面推进业务开展、全面抓好信贷资金落实，力争把疫情对春耕生产的影响降到最低，年初已有由1100多名干部员工组成的65个专业服务团队投入"备春耕"金融服务一线。为控制疫情，农行吉林省分行将大部分农户贷款的发放工作由线下转为线上，大幅度减少客户来银行的次数。对确需到银行网点办理相关业务的客户，该行会通过电话主动指导客户一次性携带齐全相关业务所需手续，避免客户多跑一次银行。该行疫情期间，采用灵活措施，解决特殊时期农户申贷、用贷、还贷等一系列问题，取得较好效果。疫情期间，和龙农商行通过电话方式，积极与农户就资金需求额度等问题进行有效沟通，简化涉农贷款手续，筹备贷款发放预约工作，截至2020年第一季度，预约发放贷款农户达300余户，并于3月中旬统一放款完毕。长春农商行疫情期间，简化贷款流程，将原2—3个工作日业务办理时间缩减为1个工作日。该行主动邀请公证机关进驻银行，协助现场办理贷款业务，启动抵押登记前置系统，将原来农户要往返银行、产权部门、公证机关三地办理贷款业务的流程，修改为一站式金融服务，缩短了贷款时间，提高了业务效率。截至2020年第一季度，长春农商行共办理21笔涉农小额抵押贷款业务，贷款金额为1043万元。

5. 涉农金融产品创新加快

吉林农村金融改革开始以来，近4年时间，吉林省多家金融机构围绕吉林农村经济发展特色，累计打造出近80款涉农金融产品。首先涉农金融机构围绕多元的经营主体，以个体农户为授信对象，推出两权抵押贷款、农业直补资金贷款、土地收益保证贷款及小额信用贷款等特色信贷产品；吉林省农信社与邮储银行吉林省分行联手创新，打造出“专业大户贷款”“农民合作社贷款”“农机购置抵押贷款”等信贷产品；农行吉林省分行针对吉林省11种特色种植业，打造系列“农优贷”信贷产品以满足吉林省人参、蔬菜、杂粮等种植业春耕生产的资金需求。这些专项贷款有效支持了农业生产经营；其次围绕农业产业链，吉林省各涉农金融机构在应收账款、物流服务、保险等领域开展“龙头企业+农户+基地”“价格保险+订单农业+融资担保”“订单+保单+信贷”“信贷+保险”等金融服务贷款产品；再者吉林省各涉农金融机构围绕重点农业特色项目，创新推出“光伏贷”“大米贷”“大棚贷”等具有地方农业特色的信贷产品；同时吉林省政府围绕抵押、质押和联保等环节，鼓励省内涉农金融机构探索开发监管存货抵押类信贷产品，如“第三方监管存货质押信贷”“内部监管存货抵押贷款”；创新推出了“土地经营权抵押+农户联保”“土地经营权+农机具抵押”“林权抵押+森林保险”等以土地经营权抵押为核心的各类贷款产品；中国人民银行长春中心支行搭线促成省内涉农金融机构与吉林省农业担保机构联手合作，为吉林省农业经营者量身定制了“粮易担”“农地担”等系列担保贷款产品。

2020年春节过后，吉林省多家涉农金融机构响应防疫保春耕的号召，主动创新服务模式，更新农贷产品，及时满足疫情阶段农户春耕备耕所需借贷资金。公主岭农商行对属地农户率先开启“极速贷”服务模式，简化贷款手续、优化贷款流程、一站式快速办理各类春耕贷款。东丰农商行结合疫情，创新推出“融疫贷”信贷产品，此类产品属于该行的一款特惠贷款，兼具低利率、无担保及期限长等优势，降低了该款产品用户的融资成本。此类产品贷款额度上限为10万元。中国建设银行吉林省分行在农产品供应链上找到了信贷产品的创新点，该行借助线上玉米收购平台，推出一款“新农担保贷”产品，该产品属于个人支农贷款，贷款服务对象以玉米收购平台的上游玉米种植大户为主。该款信贷产品一经推出，就受到玉米种植大户的欢迎。截至2020年第一季度，中国建设银行吉林省分行已发放此类贷款1109万元，贷款主要用于玉米种植大户购买种子、化肥、农机具等农业生产经营性支出。此外，中国农业发展银行吉林省分行致力于农业生产风险控制，强调农业保险在农业生产中的重要作用，不断完善农业保险体系，探索满足新型农业经营主体融资需求的方式方法，实现粮食从田间到餐桌全产业链发展，并已与省内农安县及梨树县两地农民专业合作社及家庭农场达成合作意向。九台农商行与吉林省农业担保公司及吉林省信用担保集团联手合作，对属地的专业合作社和家庭农场提供担保贷款，备春耕期间已主动与域内3472家农民专业合作社、1702户家庭农场开展金融服务对接，累计为专业合作社和家庭农场发放贷款近8亿元。

6. 金融扶贫工作开展较好

2017年中国人民银行长春市中心支行为摸索金融精准扶贫的新路径新模式，分别在吉林省双辽市及和龙市建立了金融扶贫示范区，通过“以点带面”“示范引领”，探索金融精准扶贫经验。长春市中心支行联合和龙市支行，携手和龙市扶贫办公室、金融办及商务局等有关部门共同搭建了一支由120余人参加的专业金融服务队伍。服务队以和龙市贫困人口为服务对象，构建了市、镇、村三级金融服务网络，提升了金融服务效率和融合性。该三级金融服务网络的构建，使和龙市2019年金融服务在行政村的覆盖率达到了100%，支持贫困农户脱贫增收。

在吉林省双辽地区，中国人民银行双辽市支行以强化双辽信用体系建设为突破口，协助该地区贫困户摆脱融资困境。该行引领涉农金融机构对辖区内的贫困户开展信用信息采集和星级评定工作。双辽市支行依托省级农村信用信息数据管理系统，以涉农金融机构基层网点为基础，为双辽示范区内的贫困户提供建立金融服务档案的系列服务，当已建档立卡的贫困户有贷款需求时，双辽市支行对其进行信用评级，方便涉农金融机构对贫困户提供信贷支持。截至2018年年底，双辽市支行已完成全市11453户贫困户的星级评定及颁证工作，并对评定结果进行了公示，为其中2291户贫困户发放了4885万元的贷款。2017年至2019年9月末，吉林省金融扶贫示范区累计发放6.3亿元涉农扶贫贷款，让近7000名农业贫困户摘掉了贫困户帽子。

吉林省白山市靖宇县是国家级贫困县，但它却具有较优越的资源禀赋。白山市靖宇县是全国最大的五味子、贝母、林蛙油的集散地。人行靖宇县支行结合靖宇县经济发展实际，积极推动转化当地资源优势为经济优势，多次召集白山市扶贫办、当地涉农金融机构及农业生产企业共同商讨金融精准扶贫融资问题，宣传国家扶贫政策，落实国家扶贫资金分配计划。多次对接后，人行靖宇县支行将国家扶贫政策性资金与靖宇县扶贫产业规划、贫困户融资需求相结合，投放4000万元扶贫再贷款，靖宇县村镇银行以“企业+第三方担保+建档立卡贫困户”的再贷款定向抵押方式将贷款发放给贫困户。该笔再贷款的发放，助力靖宇县70余户贫困户累计增加14.3万元收入，摘掉了贫困户帽子。

自2016年开办扶贫再贷款业务以来，中国人民银行长春中心支行用足用活扶贫再贷款政策，逐年不断加大贷款投放力度，引导特惠贷款资金加大对贫困县贫困户的支持力度，截至2019年第三季度末，累计发放扶贫再贷款78.1亿元。同时该行引导辖内涉农金融机构精准解读国家贷款政策，充分发挥助学贷款、创业担保贷款的辅助作用。该行将金融扶贫与乡村旅游扶贫、光伏扶贫、电商扶贫项目相结合，打造特色精准扶贫金融产品，提高金融扶贫覆盖面。

截至2018年年底，吉林省各类金融机构向农村贫困区域累计发放42.4亿元贷款，贷款余额达到1396.5亿元，较2017年增长24%；全年累计发放精准扶贫贷款金额达到196.7亿元，较2017年增长30%，贷款余额为417.5亿元，其中，产业精准扶贫贷款余额数量最大，为233亿元。其次是项目精准扶贫贷款余额，为108亿元，而个人精准扶贫贷款余额数额较小，为76.5亿元。贷款惠及14万贫困人口。针对立卡建档的贫困农户，中国人民银行长春中心支行激发辖内涉农金融机构灵活运用多种优惠信贷产品，如“助保贷”“温馨贷”“金穗增信脱贫贷”等信贷工具，给予贫困户信贷扶持。中国人民银行长春中心支行与贫困地区新型农业经营主体建立了“金融精准扶贫联盟”，采用“乡村旅游 +”“龙头企业 +”“新型农业经营主体 +”等模式，助力贫困区域特色产业的可持续发展，助力贫困农户早日脱贫。2019 年吉林省贫困地区贷款余额为 1428. 9 亿元，其中新增产业精准扶贫计划，前 10 个月投放额为 40. 4 亿元，完成年初产业精准扶贫信贷计划 161%。

第四章　吉林省新型农村合作金融发展现状

第一节　吉林省农村资金互助社发展现状

一　吉林省梨树县农业发展概况

吉林省是中国的农业大省，农村经济发展对吉林省经济发展有重要的支撑作用，然而农村经济发展离不开金融支持。农村资金互助合作社在吉林省的建立，在很大程度上缓解了广大农民的融资难题，从而促进农村经济的发展。梨树县隶属吉林省四平市，占地总面积为4300平方千米，总播种面积268554公顷。截至2019年年底，梨树县有6个乡15个镇304个村，乡村户数182607户，乡村人口625097人。梨树县是全国重要的商品粮生产基地，其养殖业和种植业发展良好，其农业发展现状如表4.1至表4.4所示。全国首家农村资金互助社——吉林省梨树县闫家村百信农民资金互助社就诞生在这里。吉林省获银监部门批准的4家农村资金互助社，它们所处位置都是在吉林省梨树县。

表4.1　　2018年梨树县生产总值

生产总值（万元）	1924619
第一产业（万元）	649350
第二产业（万元）	321436
第三产业（万元）	953833
人均生产总值（元）	31603

资料来源：2019年《吉林省统计年鉴》。

表 4.2　　2018 年梨树县农林牧渔业产值

农林牧渔业总产值（万元）	1172803
农业（万元）	501905
林业（万元）	56476
牧业（万元）	580930
渔业（万元）	1783
农林牧渔业总产值指数	105.1

资料来源：2019 年《吉林省统计年鉴》。

表 4.3　　2018 年梨树县主要农业机械拥有量

农业机械总动力（万千瓦）	123.19
大中型农用拖拉机（混合台）	11455
农用小型拖拉机（台）	12143
大中型机引农具（部）	6643
农用排灌动力机械（台）	27475
联合收割机（台）	2983
移动水稻插秧机（台）	1308
粮食加工机械（台）	73

资料来源：2019 年《吉林省统计年鉴》。

表 4.4　　2018 年梨树县主要农作物播种面积和产量

	播种面积（公顷）	总产量（吨）
稻谷	9341	74626
玉米	232865	1978939
大豆	7805	12005
薯类	2148	13191
油料	3560	13897
蔬菜	10415	526083

资料来源：2019 年《吉林省统计年鉴》。

二 吉林省农村资金互助合作社的形成与发展

（一）吉林省农村资金互助合作社的形成

吉林省梨树县闫家村百信农村资金互助社是吉林省首家也是全国首家取得金融许可证，按照相关程序经我国银监会正式批准设立的农村资金互助社，之前它是一家农民购销专业合作社。2003 年，梨树县榆树台镇闫家村的村民姜志国为了脱贫致富，带领其他 4 位村民组建了梨树县榆树台镇百信农民合作社。合作社以当地农产品和农业生产资料联购联销为主要经营模式。合作社运营一段时间后，遭遇了资金短缺的困境。当时合作社缺少抵押担保物品，从正规金融机构无法获得贷款支持。为筹集农业生产资金，村民姜志国想出了合作社内部集资互助的办法。2004 年 7 月，7 位农民在姜志国的号召下，与姜志国一同出资创建了梨树县闫家村百信农民资金互助合作社。合作社初始资金是 8000 元，由入社的 8 户农民各缴纳 1000 元构成。自我国取缔农村合作基金会后，该社是我国首家正式挂牌运营的农民信用合作组织。梨树县闫家村百信农民资金互助合作社合法存在的事实再次拉开了我国农村合作金融的序幕。它的存在引起了中国人民大学温铁军教授的关注。温铁军教授长期致力研究我国的农村金融问题，提倡在农民内部开展金融互助活动。在温铁军教授的推动下，2004 年 12 月，梨树县闫家村百信农民资金互助合作社与中国人民大学的大学生支农社团建立了合作关系，该社成为中国人民大学大学生调研和实习的基地。2006 年，闫家村百信农民资金互助合作社被中国人民大学列入乡村建设中心农村金融改革试验基地。这期间中国人民大学温铁军、周立、马九杰等专家多次到梨树县闫家村百信农民资金互助合作社调研，并将调研意见以内参形式上报中央及政府主管部门，积极运作推动国家在政策层面给予农民信用合作组织认可和支持。2007 年年初，闫家村百信农民资金互助合作社加入了我国新型农村合作金融机构试点单位的行列。同年 3 月 2 日，经中国银监会批准，该社获得金融机构牌照，成为全国第一家农村资金互助社，该社的诞生预示着我国农村重构农民信用合作组织的新纪元时代正式开始。

成立之初，梨树县闫家村百信农村资金互助社拥有初始资金 10.18 万元，资金来源于社内 32 个农民的出资，其中有 7.6 万元用于该社筹建开业费用，开业后仅有不足 3 万元资金流，根本满足不了社内农户的贷款需求。这种情况下只有争取外部融资支持，百信农村资金互助社才能够生存下来。危急之时，四平市城市信用联社新华信用社向百信农村资金互助社伸出了援助之手，对其融资 20 万元，破解了燃眉之急。之后该社鼓励社员积极入社，社员股金的增加为互助社注入了后续资金。截至 2008 年 3 月，累计有 102 户村民加入吉林省梨树县闫家村百信农村资金互助社，村民户均投入 100 元资格股金，102 户股金总计 10200 元，该社总股金金额约 13 万元。到 2009 年年底，互助社股金由 2008 年的 13 万扩充到 16 万元，社员人数由 102 人增长到 143 人，累计向社员发放 431 笔小额贷款，贷款金额累计达到 187 万元，受惠的农户达 132 户，无不良贷款出现，贷款社员信用良好。根据中国银监会相关制度安排，由银监会批准设立的具有金融许可证的农村资金互助社的资金来源于三个主要渠道：一是入社社员在社内的存款；二是社会对其捐款；三是其他金融机构对其提供的贷款。在不脱离监管的条件下，吉林省梨树县闫家村百信农村资金互助社为了该社的长远发展，创新开办中间业务，接收城市居民委托贷款，此外 2010 年，百信互助社与两家大型担保机构主动合作，获得增信支持，一定程度上缓解了资金短缺的压力。

（二）吉林省农村资金互助合作社的发展现状

1. 机构数量

2007 年 3 月 2 日，经中国银监会批准，吉林省梨树县闫家村百信农村资金互助社获得金融机构牌照，有幸成为全国第一家农村资金互助社，2010 年 7 月 29 日，我国银监会在同一天同时给梨树县内 3 家农村资金互助社颁发了金融机构经营许可证和工商营业执照，获批的 3 家农村资金互助社分别是小城子镇利信农村资金互助社、小宽镇普惠农村资金互助社及十家堡镇盛源农村资金互助社。至此吉林省总计拥有 4 家农村资金互助社。吉林省 4 家农村资金互助社成立初期注册资本状况及从业人员情况如表 4. 5 所示。从 2007 年国家开始审批农村资金互助社到 2012 年 5 月国家暂缓审批，5 年期间，全国共有 49 家农村资金互助社拿到合法牌照，开展资金互助业务。它们主要位于全国 16 个省份的农村区域。陕西省稷山县稷峰镇益民农村资金互助社有幸成为最后一个获取合法牌照的农村合作金融机构。鉴于 49 家获批经营的农村资金互助社在后续营业时产生了诸多问题，2012 年 5 月后，银监会为了维稳，决定暂缓审批农村资金互助社开业申请。2018 年 7 月至 2020 年 4 月，陆续有 6 家农村资金互助社由于资金断链或经营存在风险被迫退出经营。2018 年 7 月黑龙江省肇州县二井镇兴隆农村资金互助社退出经营；同年 9 月重庆市黔江区城东诚信农村资金互助社退出经营；2019 年 6 月甘肃省岷县洮珠村岷鑫农村资金互助社退还营业许可证；2020 年 3—4 月，又有两家农村资金互助社退出。它们是山东省沂水县姚店子镇聚福源农村资金互助社和内蒙古通辽市辽河镇融达农村资金互助社。上述农村资金互助社选择退出经营后，银保监会收回了它们的金融牌照。截至 2020 年 5 月，全国 16 个省份尚有 43 家农村资金互助社处于正常营业状态。具体分布情况如表 4.6 所示。浙江省拥有 7 家，数量位居第一；山西省有 6 家，数量位居第二；黑龙江省有 5 家，数量位居第三；吉林省有 4 家，数量位居第四；四川、河北、山东 3 个省只有 1 家；近一半的省（直辖市、自治区）没有获批。

表 4.5　梨树县 4 家农村资金互助社成立时注册资本及从业人员情况

互助社名称	批准成立日期	注册资本（万元）	从业人员（人）
梨树县闫家村百信农村资金互助社	2007 年 3 月 2 日	10.18	11
梨树县十家堡镇盛源农村资金互助社	2010 年 7 月 29 日	177	17
梨树县小宽镇普惠农村资金互助社	2010 年 7 月 29 日	110	11
梨树县小城子镇利信农村资金互助社	2010 年 7 月 29 日	100	10

资料来源：庄春瑞：《吉林省新型农村金融机构的发展现状及对策分析》，《时代金融》2018 年第 8 期。

表 4.6　2020 年 5 月全国 43 家农村资金互助社分布情况

省份	数量（家）	省份	数量（家）
吉林省	4	安徽省	1
甘肃省	3	广西壮族自治区	3

续表

省份	数量（家）	省份	数量（家）
海南省	3	河北省	1
河南省	3	黑龙江	5
内蒙古自治区	1	青海省	2
山东省	1	山西省	6
四川省	1	新疆维吾尔自治区	1
浙江省	7	重庆	1

资料来源：根据中国银行保险监督管理委员会官网资料整理。

2. 发起情况

(1) 梨树县闫家村百信资金互助社

梨树县闫家村百信资金互助社于 2007 年 3 月 2 日经中国银监会核准成立，发起社员 32 人，发起股金 10.18 万元。该互助社根据合作组织原则设立了社员大会、理事会、监事会，并配备了相应的管理人员和从业人员。该社建立了农村资金互助社章程、财务制度、安全保卫制度、信贷管理办法。其发起人出资比例符合《农村资金互助社管理暂行规定》（以下简称《规定》）要求（见图 2.1），发起人中最高的出资

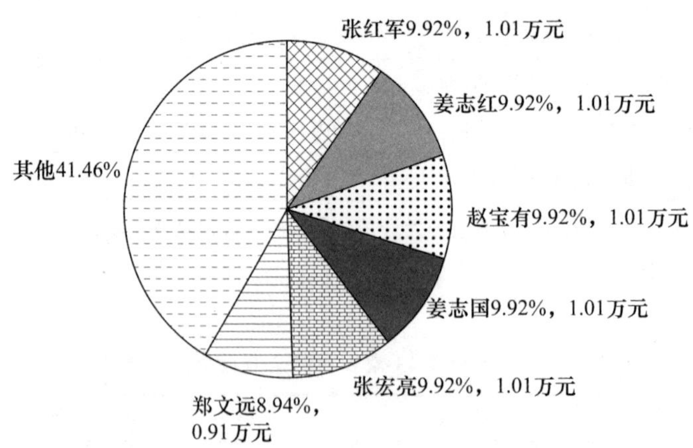

图 4.1　梨树县闫家村百信资金互助社股东持股比例和出资额

资料来源：企查查网站。

比例占所有人出资总额的9.92%，低于《规定》的10%要求。有6个单个发起人出资比例超过5%，占此次筹集股金总额的58.54%。占发起人总数的18.75%。

（2）梨树县十家堡镇盛源农村资金互助社

2010年，盛源农村资金互助社获得吉林银监局批准于3月17日开始筹建，在7月29日以注册资金177万元成立。该社建立了农村资金互助社章程、财务制度、安全保卫制度、信贷管理办法，发起人出资比例符合《规定》要求。其中，发起人中最高的出资比例占所有人出资总额的9.6%，低于《规定》的10%要求。发起人总共15人，每人出资比例都超过了出资总额的5%。

（3）梨树县小宽镇普惠农村资金互助社

2010年，普惠农村资金互助社在吉林银监局批准下于3月17日筹建，在7月29日以注册资金110万元成立。该社建立了农村资金互助社章程、财务制度、安全保卫制度、信贷管理办法，发起人出资比例符合《规定》要求，其中，发起人中最高的出资比例占所有人出资总额的9.09%，低于《规定》的10%要求。发起人总共11人，每人出资比例都超过了出资总额的5%。

（4）梨树县小城子镇立信农村资金互助社

2010年，立信农村资金互助社在吉林银监局批准下于3月17日筹建，在7月29日以注册资金100万元成立。该社建立了农村资金互助社章程、财务制度、安全保卫制度、信贷管理办法，发起人出资比例符合《规定》的要求，单个发起人最高入股比例为9.09%，不超过10%。超过5%比例的单个发起人11人，占发起总数100%，占本次筹集股金总额的100%。

3. 经营情况

（1）存贷利率

根据调查走访，课题组获取了吉林省梨树县4家农村金融互助社2012—2019年的存款和贷款利率数据（如表4.7至表4.11所示），通过对4家互助社1年期存款利率和6个月至1年期限的贷款利率的整理，发现2012—2015年百信农村资金互助社和利信农村资金互助社同期存款利率低于当地农信社或农商行颁布的利率，而贷款利率略高于当地农信社或农商行颁布的利率。之后从 2016 年开始这 4 家互助社的存款利率开始调整，整体存款利率高于当地农信社或农商行颁布的利率。而梨树县小宽镇普惠农村资金互助社和梨树县十家堡镇盛源农村资金互助社从开始运营以来，其同期存款利率与贷款利率均高于当地农信社或农商行的颁布利率。从表 4.7 至表 4.11 的数据，可以看出 4 家互助社同期存款利率与贷款利率也不尽相同，存在一定差异。以 2019 年数据为例，2.17% 是百信农村资金互助社 1 年期存款利率，其贷款利率比存款利率高 9.23%，为 11.4%。其吸收存款的利率高于同期当地农信社或农商行 1 年期存款利率 0.07%，贷款利率高于同期当地农信社或农商行 3.7971%。梨树县小城子镇利信农村资金互助社为期 1 年的存款利率是 4.05%，贷款利率高于存款利率 10.31%，为 14.36%。存款利率高于同期当地农信社或农商行 1 年期存款利率 1.95%，贷款利率高于同期当地农信社或农商行 6.731%。盛源农村资金互助社与普惠农村资金互助社在 2019 年经营中，同期利率基本相同。其 1 年期存款利率为 3.9%，贷款利率比存款利率高 7.86%，为 11.76%。存款利率高于同期当地农信社或农商行 1 年期存款利率 1.8%，贷款利率高于同期当地农信社或农商 4.131%。当地农信社或农商行同期存贷利差 5.5029%。4 家农村资金互助社的存贷利差为 7%—11%，是当地农信社或农商行存贷利差的 1.5 倍左右。另外从表 2.2 梨树县小城子镇利信农村资金互助社 2012—2019 年存贷款利率情况上看，农村资金互助社在吸收社员存款时，也会根据存款金额大小及存期长短给予调整。金额大的，期限长的存款利率相对高些。2019 年 2 月梨树县小城子镇利信农村资金互助社针对 50 万元以上存款，存期 5 年给予存款利率高达 6.4%，超出我国商业银行同期利率两个百分点还多。

表 4.7 **梨树县闫家村百信农村资金互助社 2012—2019 年存贷款利率情况** 单位：%

时间（年）	一年期存款利率	6 个月至 1 年贷款利率	当地农信社或农商行 1 年期存款利率	当地农信社或农商行 6 个月至 1 年贷款利率
2012 年	3.25	12.99	3.30	10.727

续表

时间（年）	一年期存款利率	6个月至1年贷款利率	当地农信社或农商行1年期存款利率	当地农信社或农商行6个月至1年贷款利率
2013年	3.25	11.40	3.30	10.200
2014年	2.75	11.40	3.30	9.095
2015年	2.17	11.40	3.25	8.670
2016年	2.17	11.40	1.95	7.820
2017年	2.17	11.40	1.95	7.395
2018年	2.17	11.40	1.95	7.395
2019年	2.17	11.40	2.10	7.603

资料来源：笔者根据调查资料整理。

表4.8　**梨树县小城子镇利信农村资金互助社2012—2019年存贷款利率情况**　单位：%

时间（年）	一年期存款利率	6个月至1年贷款利率	当地农信社或农商行1年期存款利率	当地农信社或农商行6个月至1年贷款利率
2012年	3.250	14.76	3.30	10.727
2013年	3.250	14.76	3.30	10.200
2014年	3.250	14.40	3.30	9.095
2015年	2.625	14.76	3.25	8.670
2016年	5.000	14.76	1.95	7.820
2017年	3.900	14.36	1.95	7.395
2018年	3.900	14.36	1.95	7.395
2019年	4.050	14.36	2.10	7.6029

资料来源：笔者根据调查资料整理。

表4.9　**2019年2月梨树县小城子镇利信农村资金互助社存款利率情况**　单位：%

存款期限 / 存款金额（万元）	活期	3个月	6个月	1年	2年	3年	5年
金额<10	0.35	2.85	3.45	4.05	4.35	4.65	4.95

续表

存款金额（万元）＼存款期限	活期	3个月	6个月	1年	2年	3年	5年
10≤金额＜20	0.35	3.00	3.60	4.20	4.50	4.80	5.10
20≤金额＜50	0.35	3.15	3.75	4.35	4.65	4.95	5.25
金额＞50	0.35	3.30	3.90	4.50	4.80	5.10	6.40

资料来源：笔者根据调查资料整理。

表4.10　　梨树县小宽镇普惠农村资金互助社2012—2019年存贷款利率情况　　单位：%

时间（年）	一年期存款利率	6个月至1年贷款利率	当地农信社或农商行1年期存款利率	当地农信社或农商行6个月至1年贷款利率
2012	6.30	13.86	3.3	10.727
2013	6.30	12.99	3.3	10.200
2014	6.30	12.99	3.3	9.095
2015	4.05	12.84	3.25	8.670
2016	4.05	12.75	1.95	7.820
2017	3.9	11.76	1.95	7.395
2018	3.9	11.76	1.95	7.395
2019	3.9	11.76	2.1	7.603

资料来源：笔者根据调查资料整理。

表4.11　　梨树县十家堡镇盛源农村资金互助社2012—2019年存贷款利率情况　　单位：%

时间（年）	一年期存款利率	6个月至1年贷款利率	当地农信社或农商行1年期存款利率	当地农信社或农商行6个月至1年贷款利率
2012	3.75	11.40	3.30	10.727
2013	3.75	11.40	3.30	10.200

续表

时间（年）	一年期存款利率	6 个月至 1 年贷款利率	当地农信社或农商行 1 年期存款利率	当地农信社或农商行 6 个月至 1 年贷款利率
2014	3. 30	11. 40	3. 30	9. 095
2015	3. 30	10. 20	3. 25	8. 670
2016	3. 00	10. 20	1. 95	7. 820
2017	3. 00	10. 20	1. 95	7. 395
2018	3. 90	11. 76	1. 95	7. 395
2019	3. 90	11. 76	2. 10	7. 603

资料来源：笔者根据调查资料整理。

（2）基本业务

吉林省四平市梨树县辖区内 4 家农村资金互助社自成立以来，基本能按照《规定》等一系列文件的相关规定，开展存贷款业务。4 家互助社的资金主要来自四个部分：一是其原有的资本金，二是社员在互助社内的存款业务，三是向银行业金融机构的融资，四是接受社会对其进行的捐赠资金。日常经营活动中，四家农村资金互助社能秉持服务社员的宗旨，业务范围在《规定》有着详尽说明，要在社员范围内进行存贷业务和代理、结算业务。4 家互助社的工作重心主要在社员的贷款业务这一方面。4 家资金互助社吸收的资金存放在农村信用社基本账户和村镇银行一般存款账户。部分剩余资金用于购买国债和金融债券。

①梨树县小城子镇利信农村资金互助合作社

截至 2018 年年底，梨树县小城子镇利信农村资金互助合作社有社员 5437 名，各项存款余额 7429. 19 万元，各项贷款余额 4976. 40 万元；负债总额 7990. 33 万元，资产总额 8643. 14 万元，所有者权益合计 652. 81 万元，累计为社员提供 28352. 76 万元贷款服务[①]。

②梨树县十家堡镇盛源农村资金互助合作社

截至 2018 年年底，梨树县十家堡镇盛源农村资金互助社拥有 2386

① 薄人玮：《梨树县农村资金互助合作社发展研究》，硕士学位论文，吉林大学，2019 年。

名入社社员，各项存款余额 8868.61 万元，各项贷款余额 5772.30 万元；负债总额 8113.20 万元，资产总额 9824.12 万元，所有者权益合计 723.35 万元，累计为社员提供 27895.56 万元贷款服务①。

③梨树县小宽镇普惠农村资金互助合作社

小宽镇普惠农村资金互助合作社注册资本为 110 万元，截至 2018 年年底，该社拥有 2935 名社员，各项贷款余额 5621.20 万元，各项存款余额 7723.50 万元，资产总额 7071.23 万元，负债总额 8231.20 万元，所有者权益 663.31 万元。累计为社员提供 26253.52 万元贷款服务②。

表 4.12　　梨树县 3 个农村资金互助合作社的资金运营情况

合作社名称	小宽镇普惠农村资金互助合作社	小城子镇利信农村资金互助合作社	十家堡镇盛源农村资金互助合作社
社员人数（人）	2935	5437	2386
各项贷款余额（万元）	5621.20	4976.40	5772.30
各项存款余额（万元）	7071.23	7429.19	8868.61
资产总额（万元）	8231.20	8643.14	9824.12
负债总额（万元）	7723.50	7990.33	8113.20
所有者权益（万元）	663.31	652.81	723.35
累计发放社员贷款（万元）	26253.52	28352.76	27895.56

资料来源：薄人玮：《梨树县农村资金互助合作社发展研究》，硕士学位论文，吉林大学，2019 年。

表 4.13　　2018 年梨树县闫家村百信农村资金互助社　　单位：万元

负债总额	379.14
资产总额	394.01
营业总收入	19.41
所有者权益合计	14.87

① 薄人玮：《梨树县农村资金互助合作社发展研究》，硕士学位论文，吉林大学，2019 年。

② 薄人玮：《梨树县农村资金互助合作社发展研究》，硕士学位论文，吉林大学，2019 年。

续表

利润总额	-15.38
净利润	-15.38
主营业务收入	19.33
企业从业人数	9人

资料来源：企查查网站。

（3）贷款用途

吉林省梨树县4家农村金融互助社发放给本社社员的贷款主要用于农户种植业和农户养殖业的资金需求。除农业生产用途外，还有一部分贷款用于家庭生活消费支出及商业投资支出。各支出比重如表4.14所示。

表4.14 **贷款用途及占比** 单位：%

用途	百分比
农业生产	34.7
商业投资	17.1
家庭一般生活消费	18.1
房屋修建	21.8
医疗支出	8.3

资料来源：薄人玮：《梨树县农村资金互助合作社发展研究》，硕士学位论文，吉林大学，2019年。

（4）贷款回收情况

近几年来，盛源农村资金互助合作社、普惠农村资金互助合作社及利信农村资金互助合作社的贷款回收状况比较理想，从表4.15的贷款回收率上看，三家镇级互助社2013—2018年6年来的贷款回收率均在80%以上，从一定程度上反映出吉林省大部分农村资金互助社资金运作平稳，不良贷款占比较低。

表 4.15　2013 年—2018 年梨树县 3 家农村资金互助社贷款回收率　单位:%

年份（年）	小宽镇普惠农村资金互助合作社	小城子镇利信农村资金互助合作社	十家堡镇盛源农村资金互助合作社
2013	83.32	97.79	97.27
2014	92.31	99.67	97.85
2015	91.10	85.92	97.66
2016	92.26	96.03	97.67
2017	98.82	98.76	97.30
2018	90.23	80.67	97.83

资料来源：薄人玮：《梨树县农村资金互助合作社发展研究》，硕士学位论文，吉林大学，2019 年。

（5）支持三农情况

梨树县 4 家农村资金互助社在支持“三农”上的表现如下：一是在发展经营过程中，贷款投向合理，响应中央政策号召，支持了“三农”的发展。梨树县辖区内四家农村资金互助社贷款多数为互助社社员种养业贷款。资金互助社在解决农户资金周转困难的同时，促进了农民增收，在一定程度上抑制了农村高利贷行为，让农户用钱方便，也使农村闲散资金得到了利用。二是 4 家农村资金互助社对内开展信用业务和对外推动农村经济发展，具有双重功能的属性，起到了农村资金蓄水池的作用。三是农村资金互助社一定程度上满足了农户家庭生产经营和生活的资金需求，促进农村经济和福利的增长。四是农村资金互助社具有一定的货币政策传导功能，起到扶持地方农业产业发展的作用，促进国家货币政策传导与支农政策的实施。

第二节　吉林省其他形式新型农村合作金融机构发展现状

一　农村扶贫资金互助社发展现状

扶贫资金互助社是在国务院扶贫办、财政部等部门联合倡导下设立的，以扶贫专项财政资金变农户股金的模式，专门为贫困村贫苦社员提供财政资金援助，协助他们积极开展生产活动，提高收入，早日摆脱生活困境，摘掉贫困户的帽子。农村扶贫资金互助社通常在民政部门注册，属于非营利性社团法人，因其无法获得银监会颁发的金融营业许可证，所以它不在我国的金融部门监管范围内，而是在当地扶贫办和当地政府监管内开展金融扶贫互助工作。

我国扶贫资金互助社的设立源于安徽省霍山县社区基金。霍山县社区基金起源于霍中荷扶贫项目，霍中荷扶贫项目是由中国政府联手荷兰政府共同设立的双边合作综合扶贫项目的一个子项目，该子项目将贫苦地区的20户村民组成一组，每组可获得项目支持资金1万元，扶贫资金由辖区内社区通过管理小组下发，资金按照相关要求在社区内有偿周转使用。霍山县社区基金是一种扶贫到户的高效脱贫模式。该模式既能协助村民脱贫致富，又能推动社区和谐发展。它的运作需要农户具有自我管理能力和自我监督的意识。国务院财政部、扶贫办于2006年5月在总结四川省仪陇县扶贫互助社发展实践经验和安徽省霍山县中荷扶贫社区基金取得成效的基础上，在中国14个省份筛选了100个村推行“贫困村发展互助资金”试点工作。

在政策引导方面，2009年国务院相关部门陆续颁布了《贫困村互助资金操作指南》和《关于进一步做好贫困村互助资金试点工作的指导意见》两个文件，用以规范试点工作。文件明确列明互助资金运行必须遵循“民主管理、入社自愿、风险共担及服务社员”的四项原则。贫困村互助资金规范运行过程中不可吸纳存款，同样也不可对外放贷，不可跨区经营及不可支付固定回报，还不可超规模发展。试点工作经过几年取得了较好成效，截至2014年年底，全国共有1284个县，2.17万个村参与了试点工作。扶贫资金互助社资金来源渠道主要有四个：一是中央财政拨付的资金；二是各省省级财政拨付的资金；三是入社农户交纳的互助金；四是其他资金，如社会捐赠的资金等。2014年年底，投入到全国贫困村互助资金试点区域的资金规模达到60.6亿元。其中来源于中央财政及各省级财政的资金规模为43.5亿元，试点农户交纳的互助资金规模为9.1亿元，其他资金规模为8亿元。全国共有199万农户加入扶贫资金互助社，其中贫困户有99万户。扶贫资金互助社累计下发115亿元贷款，其中有71.8亿元贷款针对贫困户发放。已发放的贷款中，有1.57亿元款项逾期，损失金额达0.14亿元，损失率大致为0.08%。

据课题组调查，2007年，扶贫互助社试点工作在吉林省的开展取得了非常好的成果，为其他地区提供了宝贵的经验。截至2012年年底，吉林省已经有8个国家级贫困县市采用了这一模式，成立农民扶贫互助社近200个。之后，随着脱贫效果的显现，农民扶贫互助社数量逐渐减少。吉林省8个国家级贫困地区分别为龙井市、大安市、安图县、镇赉县、靖宇县、和龙市、汪清县、通榆县。在此我们以吉林省内6个典型的贫困村扶贫资金互助社为例阐述吉林省扶贫资金互助社发展概况。

（一）安图县亮兵镇新胜村扶贫资金互助社

吉林省安图县亮兵镇新胜村是吉林省省级贫困村，新胜村人均耕地面积较少，且几乎全是山坡地，种粮难以维系温饱。2010年12月吉林省安图县亮兵镇新胜村扶贫资金互助社经县民政局批准设立。成立初期，县政府从国家扶贫资金中拿出15万元，为该村扶贫资金互助社的启动资金。同时，资金使用的监管职责委托给了当地镇经管站和信用社。扶贫资金互助社职责分明，理事长和监事长各司其职。社员来自本村村民，无论加入还是退出均坚持自愿原则。扶贫互助社的资金来源除政府注入的扶贫资金外，还有入社社员缴纳的资金。入社的社员每人次缴纳500元并凭此享受一年内最高5000元借款的服务。扶贫互助社内的社员向社内借款时需要社内其他社员提供信用担保，社员借款支付的借款手续费为月利率0.8%。借款费用相对低廉，借贷使用成本是当地金融机构成本的1/3，借款手续简便快捷。借贷资金用途为春耕生产和其他生产活动中的急需。社内会计账簿配备健全，每一笔资金的流动都被详细记录，清晰展示在账簿当中。社内资金的来龙去脉一目了然，可以追溯到从借至还的每一笔。而且手续规范完备，签字、盖章一项不落。扶贫互助社的经办人员的补助和风险补偿金要从扶贫互助社的额外收益中提取，除此之外若还有资金剩余多用于村公益事业。村扶贫互助社的出现一定程度上帮扶了村里的贫困农民。村里一些年纪偏大，且缺乏抵押担保物的贫困农民也享受到了这一红利，他们的融资需求得到了满足。据村民反映，安图县曾有10多家扶贫互助社，多分布在偏远、贫困的村屯内。

该村 2016 年组建了安图县亮兵镇新胜村手拍粉丝专业合作社，合作社成立初期获得该村的帮扶单位州发改委 20 万元投资。新胜村手拍粉丝专业合作社每年能为村内全体贫困户创收 2 万元，贫困人口每人每年增收约 140 元。之后镇政府整合包括新胜村在内的 6 个贫困村的产业扶贫资金 180 万元，推动建立了马铃薯加工厂——新胜农产品加工有限公司。公司成立后，村内耕地少的村民或身患慢性疾病及年龄稍大些的贫困村民可到公司打工，每天能取得约 120 元收入，年底还能得到约 300 元分红。2016 年年底新胜村有 61 户贫困户、119 人贫困村民实现脱贫。2017 年，新胜农产品加工有限公司盈利 18 万元，该公司拿出全部利润给包括新胜村在内的 6 个贫困村的 540 名贫困人口用于分红。政府扶贫资金的注入拉动了安图县亮兵镇新胜村及附近村屯马铃薯种植、加工产业的发展，带动周边村屯改种马铃薯，拓展了种植面积，基本形成马铃薯产供销一条龙产业供应链，带动了该村百姓增收致富。

（二）松原市长岭县新风村马场屯扶贫资金互助社

松原市长岭县太平川园区新风村马场屯是长岭县重点扶贫的对象。全屯有 72 户贫困户，贫困人口 311 人。2013 年 3 月，松原市兴源农民种植专业合作社在新风村马场屯村民张造力的提议下组建。用流转土地入股是该村村民加入合作社的方式。每公顷流转的土地每年作价 5000 元。合作社将全屯近 300 公顷耕地全部流转，村民年底可获合作社分红。2013 年，合作社投资 850 万元用于建立蔬菜大棚，投资资金中有 590 万元为合作社自筹，260 万元是县政府投入的扶贫发展专项资金。当年该社建成 102 栋蔬菜大棚，年产有机蔬菜超过 500 万公斤，销售收入达到 700 余万元。入社村民在合作社内打工，合作社除支付村民正常的工资外，还负责为农民缴纳各种社会保险，一年下来，入社村民平均每户年收入 6.5 万元以上。全屯 72 户贫困户，311 口贫困人口基本实现脱贫。2015 年，松原兴源农民种植专业合作社争取了 700 万元财政扶贫发展资金用于调整种植结构。2016 年松原兴源农民种植专业合作社又在种植大棚蔬菜基础上，开发多个种植和养殖项目。合作社内部设有资金互助部，为社员提供短期信用担保贷款服务。社员借款支付的借款手续费为月利率0.8%左右，最长借贷期限为1年。可见，这几年长岭县松原兴源农民种植专业合作社积极利用国家的扶贫资金的支持，开展资金互助服务，整和农民土地资源，拉动农民以土地入股合作社的方式，探索出了带动贫苦户脱贫的有效路径。

（三）白城市镇赉县架其村扶贫资金互助社

镇赉县是吉林省8个国家级贫困县之一也是国家扶贫开发工作重点县。镇赉县架其村是镇赉县的贫困村之一，全村有118户被认定为贫困户。镇赉县采用“政府+合作社+贫困户”的扶贫模式，落实对架其村的扶贫工作。政府运用国家扶贫资金入股农业合作社，通过入股分红、资金互助等方式，推动贫困户增收。

2017年，架其村丰宇扶贫种植合作社在政府扶贫资金支持下成立了。成立之初，其利用扶贫资金343万元，建起10栋用于种植生菜、圣女果等果蔬产品的高标准温室大棚。温室大棚产权为村集体所有。温室大棚的经营采取“合作社+农户承包”的形式，经营期限是3年。架其村每年从果蔬大棚的经营效益中抽取8%作为租金收入。该租金收入部分被用于村民分红，部分要用于村里的基础设施建设，同时合作社还留存一部分租金收益用来为贫困社员提供资金互助服务。合作社为社员提供的互助资金额度为1万—3万元，贷款手续费为月利0.9%左右，借款社员要有社内其他社员为其提供信用担保。该社2017年第一期3年承包租金收入是82.32万元，村里的118个贫困户获得了租金分红，人均获利200元。2018年，架其村利用镇赉县委组织部发放的70万元扶贫资金，增建了2栋温室大棚，建成后大棚被出租出去，每栋年租金1.8万元，获得的租金收入主要用于为社员提供资金互助服务。2018年国庆节之后，镇赉县政府着手建设特色养殖产业扶贫基地，期间共整合7000万元扶贫资金用于基地基础设施建设。2019年，该县特色养殖产业扶贫基地带动镇赉县59个非贫困村1.3万贫困人口脱贫。

（四）柳河县孤山子镇高台村扶贫资金互助社发展现状

高台村在行政上隶属于是吉林省通化市柳河县孤山子镇。2013年该村10位村民以土地折资的方式合力创建了十里香糯米种植合作社。该社社员中有一部分是高台村的贫困户。合作社发展3年后，出现了发展后劲不足、发展潜力较弱的问题，该社一度陷入了发展瓶颈期。针对这些问题，2016 年合作社在孤山子镇党委积极帮扶下，积极走出去摸底调研周边区域合作社发展经验、查找差距，同时结合孤山子镇高台村的实际情况，决定将高台村十里香糯米种植合作社的经营方向进行调整，将大力发展农机社会化服务作为该社未来的发展的目标。

2016 年 11 月该社更名为“高台村十里香农机专业合作社”。更名后运行不久，就面临了资金短缺问题，急需政府给予扶持。合作社负责人多次找到镇领导反馈资金短缺问题，希望得到政府的帮扶。镇党委考虑到该合作社吸收了大量贫困户入社，扶持其发展对脱贫工作有益，积极与柳河县县委组织部沟通，说明情况后帮该社争取到扶贫帮扶资金 10 万元，为高台村十里香农机专业合作社购买了一台水稻收割机和一台轮式拖拉机。这笔扶贫专项资金，有效摆脱了合作社的资金困境，为合作社发展注入了活力。2016 年十里香农机专业合作社收入 8 万元，其中 6 万元作为分红分配给村集体。历经一年的运作，该专业合作社的各项基础设施初具规模，硬件设施得到改善，合作社生产经营走向正轨并获得了收益。

2017 年，十里香农机专业合作社的经营业绩及发展潜力得到了孤山子镇党委的肯定，镇党委将该社强力推介给了柳河县有关部门。孤山子镇党委一再强调该合作社的发展壮大有利于孤山子镇新型村集体经济的发展。孤山子镇党委的想法获得了柳河县领导的高度认可和大力支持，将该社认定为吉林省全程机械化新型农业经营主体，为该社从国家扶持项目中争取 280 万元的专项扶持资金。十里香农机专业合作社利用此笔专项资金，购入系列农业生产机具，包括水稻插秧机、玉米收割机、玉米烘干设备、整地机械、轮式拖拉机、水稻联合收割机等。同年经吉林省农业委员会评选，该社获得“吉林省农机合作社示范社”称号。2017 年，该社从 20 万元总收入中拿出 2 万元以分红形式分配给村集体，同年该社拥有 400 万元固定资产。2018 年，该社从 30 万元总收入又中拿出 10 万元以分红形式分配给村集体。当年该社为入社的 534 名贫困户发放分红资金 16 万元，每个贫困村民获得 300 元分红资金，专业合作社既获得了盈利，又带领入社的贫困户增收脱贫。2020 年孤山子镇党委以高台村为源点，辐射孤山子镇所有的村，致力实现农业产业结构新型发展模式的全覆盖，每个村建成一个成型的村、户、民的“三合一”，逐渐引导形成全镇“合作社联合社”；逐步将“农户+合作社+村集体+产业”发展成“村集体+合作社+企业+农户”的农业产业化大框架，培育镇农业支柱产业，构建具有柳河县孤山子镇特色的现代农业产业体系，持续拉动农村经济发展和贫困户脱贫致富。

（五）公主岭市贫困乡镇扶贫资金互助社发展现状

吉林省公主岭市现有约71万的农村人口，其中建档立卡贫困户有5296户，贫困人口有11215人。2018年以前公主岭就已开展产业扶贫工作，设有24个扶贫产业项目，项目惠及10个贫困乡镇，超2700贫困人口从中获益。为进一步巩固扶贫效果，让更多的公主岭市贫困人口享受扶贫产业项目分红，2018年公主岭市扶贫办与吉林省农嫂食品有限公司合作，投入资金1209.65万元，改建冷库及购置冷库设备。此次投资，公主岭市投入650万元财政专项扶贫资金，吉林省农嫂食品有限公司自筹559.65万元资金。扩建的冷库面积约3229平方米，同时添置20套冷库设备。扶贫项目实施，能惠及公主岭市13个没有扶贫产业项目的乡镇和2个扶贫产业项目未全覆盖的乡镇，可使3889贫困户及8506贫困人口受益。

2012年5月公主岭市环岭街迎新村吉林省农嫂食品有限公司成立，公司占地面积6.5万平方米。该公司是鲜食玉米的种植、研发、生产、销售为一体的多元化企业，主要生产真空保鲜甜糯玉米穗，甜玉米粒、甜糯玉米段等相关系列粮食产品，另有南瓜、红甜菜等相关果蔬系列产品。农嫂食品有限公司采用美国技术对甜玉米进行深加工，公司生产按照美国FDA和USDA生产工艺标准，产品质量已经通过ISO9001及ISO22000认证，并多次获得各类荣誉证书。2017年该公司获得“吉林省农业产业化重点龙头企业”称号。公司的鲜食玉米产品系列被评为吉林省名牌产品。该公司品牌产品已经进驻澳大利亚、新加坡、日本等国农产品市场，“东北农嫂”品牌在上述国家完成商标注册工作。该公司近35%的农产品畅销俄罗斯、日本、韩国、沙特阿拉伯、新加坡、马来西亚、智利、新西兰、澳大利亚、科威特、约旦、土耳其等国家和地区。该公司产品销售在线上和线下同时进行。在国内线上市场，公司有京东旗舰店、天猫旗舰店及公主岭玉米旗舰店3个主要店铺。同时公司产品在阿里巴巴、淘宝网、亚马逊、拼多多等知名网站热销。国内线下市场该公司农产品已入住欧亚、沃尔玛、家乐福、新天地等大型商超1000余家。

2014年8月，吉林省农嫂甜玉米专业合作社成立，其初始资金主要源于吉林省农嫂食品有限公司的投资。公主岭市南崴子镇房身岗子村六屯是甜玉米专业合作社的工商注册地。合作社的服务项目如下：一是合作社代农嫂食品有限公司向社员采购玉米等生产资料；二是收购并销售社员生产的农产品；三是为社员提供农产品加工、运输、包装贮藏等服务；四是应社员需要，引进玉米新品种及种植新技术；五是为社员提供技术培训及农业咨询服务。公主岭扶贫办联合吉林省农嫂食品有限公司，以公司的技术、市场优势为主导，注入650万元扶贫资金对该公司蔬菜、玉米等产品冷藏保鲜库的改扩建项目进行扶持，通过“政府+龙头企业+贫困户”形式带动贫困户参与发展特色农产品产业，实现稳定增收。从2018年起，农嫂食品有限公司兑现其最初的承诺，按照当初约定，分3年，将扶贫办投入资金的8%、10%和12%，依次以项目收益分红的方式分配给产业项目未覆盖的贫困户。2018年分配52万元，2019年分配65万元，2020年分配78万元，合计支出195万元分红资金，合作期满后，扶贫资金全部缴回财政。该公司2018年及2019年已兑现分红资金52万元和65万元，分红资金已全部打到贫困卡中，实现扶贫产业项目覆盖全部乡镇。

（六）辽源市西安区灯塔镇扶贫资金互助社发展现状

灯塔镇位于辽源市区北部，为城乡接合部。地处长白山余脉与松辽平原过渡地带，低山丘陵地貌较明显。辖区土地面积达164.5平方千米，总人口约3.7万人，其中农业人口约3万人，农户数量达8928户。23个行政村分布在灯塔镇内，同时灯塔镇辖内的村民小组数量达到137个。辽源市西安区灯塔镇现有沐雨村、碾山村等3个备受关注的贫困村。较差的地质条件及恶劣自然气候导致3个贫困村种植结构单一。不良的种植基础、薄弱的基础设施、闭塞的信息传递一直是制约3个贫困村经济发展的主要因素。缺乏优质致富项目导致3个贫困村农民增收路子较窄，脱贫之路布满荆棘。为破解上述问题，辽源市西安区灯塔镇政府坚持扶贫、扶智两手抓、自救脱贫和政府纾困相结合、特色产业携手短平快项目齐头发展，以“政府+贫困户+合作社”模式，将“输血”变为“造血”，努力探索偏远贫困村产业扶贫的新路子，力求实现稳固脱贫。

近年来，灯塔镇政府为了让3个贫困村实现整村脱贫致富，充分发挥政府扶贫资金的杠杆撬动作用，积极采取“一村一策”战略，以“政府+合作社+贫困户”的扶贫模式，落实扶贫工作。政府运用国家扶贫资金入股农业合作社，通过入股分红等发展方式，推动贫困户增收。截至2018年年底，3个贫困村吸纳镇政府投入的扶贫资金达到654.38万元，参与的扶贫产业项目为8个。以贫困村沐雨村为例，在参与扶贫产业项目上，它与大房村长波种植合作社携手，开发种植了500亩中草药；它联合元丰种植养殖合作社，搭建6栋高标准温室大棚，创建集种养殖与休闲体验为一体的农家乐项目。另外辽源市柏林合作社合作携手3个贫困村之一的碾山村，流转300亩土地打造蒲公英示范基地。8个扶贫产业项目平均为贫困户带来共计46余万元的收益。2017年，沐雨村集体收入为24万元，带动沐雨村163人脱贫摘帽；2018年带动碾山村38人脱贫摘帽。

沐雨村位于灯塔镇北部，距离市区15千米，为助力脱贫攻坚，同年在镇政府120万元扶贫资金的支持下，沐雨村流转40亩土地联合辽源市正旭食用菌有限公司搭建食用菌大棚，开展木耳培育项目。双方合作建成36栋大棚，大棚总面积达10800平方米。36栋大棚中有32栋作为种植棚，4栋作为晾晒棚。棚内设施完备，供电供水及看护设施齐全，年平均培育木耳约45万袋。沐雨村村委会利用国家扶贫资金建设的这些大棚，建成后以租赁方式将其租给镇里的龙头企业，这些大棚建设用地是村民流转出来的土地，包括贫困户流转的土地。在此过程中不仅吸纳贫困户土地流转，还可推荐贫困户到基地就业，这样既发展壮大了贫困村集体经济，又增加了3个村贫困户分红和工资性收入。大棚建成转租后，沐雨村集体年收益超过15万元，可接纳40名贫困村民参与就业，村内贫困村民人均分红1487元。同样灯塔镇的另一个贫困村碾山村也获得了政府扶贫专项资金的支持，在镇政府242.6万元扶贫资金的支持下，吉林省东霖农业发展有限公司联合碾山村，碾山村流转15亩土地用于新建5栋暖棚。建好的全部暖棚被东霖农业发展有限公司承租，租金收入归村集体所有。每栋大棚年租金为2万元，村集体每年可获10万元租金收入。同样灯塔镇政府投入扶贫资金500万元在太和村创办扶贫合作社，太和村以流转土地的方式与广东温氏集团合作生猪养殖业。该公司在太和村流转的30亩土地上，建起4栋高标准养殖厂房，建成年收入可达200万元的景达牧业养殖基地，带动太和村养殖业的发展，让村民早日脱贫致富。另外灯塔镇下辖的古洞村利用本村中年男村民多的优势，组织200多名村民外出务工，年增1000余万元收入，带动百余人脱贫致富。灯塔镇政府投资协助金河村村民李怀军创办忆丰袜业，安置贫困户10余人就业。

二 开展信用合作的农民专业合作社发展现状

开展信用合作的农民合作社是一种依托农民专业合作社而建立的农民资金互助合作社，它既是一种内生型资金互助组织，也是一种专业型资金互助组织。该种资金互助组织是由一家或者多家具有一定地缘性的专业合作社的社员在已经开展专业生产合作的基础上进行的资金合作。据我国农业部2016年调查结果，全国有2159家农民合作社开展了信用合作，开展信用合作的合作社成员达52.6余万人，其中有约19.9万人参与信用合作活动。累计筹集资金36.9亿元，累计发放42.4亿元贷款。截至2019年3月，吉林省内开展信用互助的农业合作社共有155家，社员人数约为12万，筹资总额（股金+社员存入）约14亿元，社员借款余额约为11亿元。下面我们以吉林省几家开展信用合作的农民合作社为例，阐述吉林省内依托农民专业合作社而建立的农民资金互助合作社的发展概况。

（一）辽源市东辽县凌云乡百信农民专业合作社

凌云乡位于东辽县南部，下辖15个行政村。辖区内的百信农民专业合作社在内部设置了资金互助部，在社内开展社员资金信用互助业务。该社以收取社员股金为资金主要来源，向社内社员提供贷款业务，贷款投向主要是满足内部社员发展农业生产、生活等方面的资金需求。

百信农民专业合作社不仅为全镇入社社员办理入股业务、借款业务及分红业务，同时还为入社社员提供义务代买远途车票服务、义务代办生活缴费服务及电商农资团购等生活服务，最大限度地为社员提供各种方便。百信农民专业合作社内部的资金互助部，设置上类似银行，日常设有大厅经理接待前来贷款的社员，还设有服务窗口，为社员办理贷款业务。合作社为社员提供信用贷款和担保贷款，贷款额度为1万—5万元，期限多为1年，贷款年利率约为14%。合作社在东辽县的国有商业银行开设了对公账户，每天营业结束，社里当天营业款由当班柜员、出纳、会计组成核算小组，营业款核实无误后，转存本社在商业银行开设的对公账户里。基于对公账户里的社员存款安全方面的考虑，合作社规定了社员每日提款额度为10万元的上限。同时基于资金流动性考虑，社里规定如社员当日支取超过5万元的存款，需前一日向社里预约。合作社大额提款时，需要核算小组3人同时在场，不可或缺。核算小组内的3位成员分别保管社里的主要印章。为监督社内资金流向，该社的对公账户与合作社发起人和社里主要财务人员的手机号绑定，账户资金若有变动，被绑定的手机上会有银行信息提示。该社为社员提供的贷款业务既方便又及时。截至2016年，如辽源市东辽县凌云乡百信农民专业合作社这样在合作社内部开展资金互助的金融服务组织，在辽源地区其他乡镇已建成7家，共吸纳社员1628人。

（二）白城市通榆县陆家村土地股份合作社

乌兰花镇隶属吉林省白城市通榆县，镇内有14个自然村，14个自然村中有7个村是贫困村。通榆县乌兰花镇陆家村就是7个贫困村之一。陆家村是省级贫困村，全村有1147.8公顷耕地，391户农户、村民917人，其中有92户建档立卡贫困户，贫困人口198人。该村土壤先天条件不好，土地沙碱化严重，气候干燥；农产品市场化程度低，农民收入普遍较低。2015年该村村民人均纯收入约为5500元，村中70%的农户有债务，村集体也有100多万元负债；该村基础设施严重落后，公共服务短缺，村民生活水平弱于其他村屯。

近年来，陆家村借助集体产权制度改革的东风，将易地扶贫搬迁与土地规模化经营改革相结合，探索出具有特色的“陆家模式”的脱贫方式，充分发挥了国家扶贫与振兴乡村经济发展有关政策措施叠加效应，激活陆家村脱贫动力，脱贫工作卓有成效。

2016 年陆家村和长春新区依托城乡建设用地增减挂钩政策，结成“生长配合体”。二者一个缺钱，另一个缺地，将两者结盟搭对，可互补短板。通榆县乌兰花镇陆家村结盟长春新区，整村易地搬迁，迁入长春新区，将空置的村地作股投资陆家村土地股份互助社，陆家村易地扶贫小区于 2016 年 6 月破土动工，同年 11 月底工程交工，2017 年春节，陆家村全体村民喜提新居，悉数入住。搬入新居后，陆家村集体牵头创办了通榆县陆家村土地股份互助社，流转连片土地 35. 32 公顷，当年通榆县陆家村土地股份互助社还与安华农业保险株式会社白城分公司、通榆县天意农产品经贸有限责任公司开展互助，合作社当年获益，流转土地的农民获得分红。可见易地扶贫搬迁和土地规模化经营让陆家村村民尝到了创新的甜头。随后陆家村加大力度，推动土地经营权流转工作在整村开展，其整村土地经营权流转工作在 2017 年年底全部完成，村集体和 237 户农户以 1147 公顷耕地经营权作价入股通榆县陆家村土地股份合作社，陆家村成为白城市首个完成集体耕地土地股份化改造村。

陆家村整村耕地经营权作价入股该村土地股份互助社后，由互助社负责将村民转让的土地对外出租，集体耕地股份化后，全村村民以收取租金和年底分红的方式获取收益。从土地解放出来的农民，可以进城打工，获得工资收入。此外，参与土地入股的农户，每年还能从村集体拿到约 2000 元的分红，多种收入合计起来，户均家庭收入超过 3 万元。白城市通榆县陆家村土地股份合作社被树立为白城市规范发展的土地股份合作规模经营典型。很快“陆家脱贫模式”在白城市榆县乌兰花镇全镇得到推广，该镇通过易地扶贫搬迁、产业项目扶贫及发展庭院经济三项脱贫支柱措施，让该镇部分村屯摆脱了贫困处境。相关数据显示，2016 年该镇 540 个贫困户、1294 名贫困人口摆脱贫困；2017 年又有 617 个贫困户、1280 名贫困人口摘掉贫困帽子；2017 年陆家村全村脱贫，脱离了贫困村身份；2018 年乌兰花镇又让 4 个村摘掉了贫困村帽子，脱贫户数达 386 户，脱贫人口为 773 人，吉林省白城市榆县乌兰花镇脱贫工作卓有成效。2017 年以后乌兰花镇越来越多的村屯整体搬进了干净整洁的社区楼，生活条件得到了更大改善。陆家村村民土地流转后，仅机耕费支出每年全村就可节约60%，减少的支出总额约为120万元。陆家村村民的收入来源主要有：务工收入、政府补贴收入、家庭经营收入及财产租赁收入。2017年，陆家村村民上述四项收入合计，户均4万余元，人均纯收入约为1.7万元。2018年，村民人均纯收入又增加了1000元，达到1.8万元。村内贫困户仅土地流转保底收益年人均纯收入约4700元，此收入水平可确保全村10年内不返贫。2017年合作社经营收入395.01万元。2017年陆家村有劳动能力的贫困户在村内合作社就地务工达到300人，外出务工人员达80人，工资性收入年户均约2.8万元。

随着陆家村土地利用率的提高，其土地产出率也随之提高，农业生产效益增加明显。2018年陆家村合作社300公顷土地采用膜下滴灌种植技术，保证土地旱涝保收。2018年，合作社实有240个社员，社员实际出资总额达到3910.06万元，合作社实有435.8万元固定资产。2018年陆家村基本完成了棚膜经济园、肉羊养殖园、绿色水稻种植园、特色杂粮杂豆种植园等6个园区建设。在棚膜经济园，延会家庭农场建设了21栋冷棚，棚内种植的“甜美二号”香瓜，当年纯收入达6万元，区内还有11栋暖棚正在建设中；在肉羊养殖园区内，32公顷24栋育肥羊舍拔地而起，它们是由陆家村集体与通榆县震泽牧业有限公司联手投资建成的，其中陆家村集体投入288万元，通榆县震泽牧业有限公司投入近1200万元；由博元家庭农场承包的绿色水稻种植园区，占地面积达103公顷，62万余元的承包费全部用于陆家村集体产业建设；占地600公顷的特色杂粮杂豆种植园区已经种植了高粱、谷子、大豆等农作物；占地面积4.1公顷农机服务园区，农机保有量53台套，全村95%耕地由园区内电机井灌溉，机械化率达到90%；在林下黑羽鸡养殖园区内，陆家村小森林家庭农场与白城市畜牧科学研究院合作，正在筹建万只黑羽鸡养殖实验基地。2019年，陆家村被吉林省列为省级股份合作企业、农户土地经营权入股合作社试点单位。

规范化运作一直是通榆县陆家村土地股份合作社发展的原则。该社成立之初，就把合作社建成带动全村贫困村民脱贫致富的重要载体，积极提倡规范化运作，合作社日常管理遵循的原则是“四个规范”和“两有”，即规范的民主管理、规范的制度、规范的经营运转、规范的财务管理；收益分配有制度保障、运行管理有长效机制。通榆县陆家村土地股份合作社发展经验可以归纳为以下几点。

1. 依法依规成立

2017年年初，陆家村开始实行土地流转试点。为保证土地流转有序开展，陆家村村委召开全体村民大会，按照民主原则，经民主议事程序商讨土地流转具体实施方案。在吸取村民意见和镇党委政府及上级业务部门指导建议后，陆家村制定了一系列相关制度文件。其中《陆家村整村土地经营权流转实施方案》经镇政府、党委审核并到县农业主管部门备案后组织实施。

土地流转实施中，合作社按照实事求是的原则，把好登记注册关，合法获得市场主体资格。依法核实社员身份，真实登记社员出资额度，不弄虚假登记。全村237户农户入股二轮承包耕地为645公顷和村集体入股机动地502公顷，二者合计入股耕地总面积1147公顷，每公顷耕地经营权作股价3.5万元，总股金为4013万元，入股期限至2026年年底。村中每个入股社员都需要在章程、出资清单和社员清册上亲自画押签字，确保社员身份、出资额真实可信，达到工商部门登记注册标准。合作社成立后按照相关要求及时到镇、县农经管理部门备案，方便管理部门对其开展行业监管，同时在媒体上公开合作社成立信息，通过自我推介，提高社会对合作社的认知度。

2. 完善生产经营方式

白城市通榆县陆家村土地股份合作社属“内股外租”型的土地股份合作社，以“合作社+龙头企业+家庭农场”农业产业化经营模式，带动陆家村所有贫困户脱贫。陆家村整村耕地经营权作价入股该村土地股份互助社后，由互助社负责将村民转让的土地对外出租，在保持土地原有基本用途的基础上，整村土地租赁价格一致，每年每公顷3500元流转价格。土地出租时优先出租给本村种田能手成立的6个家庭农场，实现流转土地连片集约化、规模化经营，租期到2026年年底。合作社按年向家庭农场收取租金。

3. 夯实利益联结机制

保底收益加上按股分红是陆家村土地股份合作社对社员采用的收益分配模式。入股社员依据入股的土地面积收取保底收益，每公顷土地每年收取 3500 元流转金、1485 元农业支持保护补贴和 1000 元保底分红。三项保底收入合计有 5985 元。分配方式 10 年不变，土地流转资金由陆家村土地股份合作社按年结算给入股社员。同时陆家村集体每年获得的土地流转收入由三部分构成：72 万元机动地发包收入、11 万元基础设施使用费及土地流转服务费、27 万元机动地农业支持保护补贴，三者合计 110 万元，村里每年拿出 63.87 万元用于入股土地的保底分红。

4. 强化内部管理

通榆县陆家村土地股份合作社成立之初就建立了关于社员代表大会、民主管理、财务管理、规范经营、强化监管等方面的规章制度，依法明确生产经营主体之间利益关系，明确“按股分红 + 保底收益”的分配方式 10 年内稳定不变，财务账目记录规范，实行微机化管理且定期向全体社员公开。合作社日常运作基本实现规范化。

通榆县陆家村土地股份合作社成立仅 3 年多，就已呈现出较强的生命力。经过几年的经营运作，合作社自我生存、自主发展及承载产业扶贫项目能力得以大幅提升。合作社与陆家村政府共同摸索出的省级易地扶贫搬迁试点，既探索实现了城镇化又找到了“土地经营权变股权、农民变股民”的精准扶贫之路。初步实现了合作社和村民共同致富的初衷。小社大志，陆家村土地股份合作社未来发展目标是推动陆家村集体经济发展，争取 2020 年，合作社收入稳定增长，陆家村村集体经济收入迈向 300 万元以上，村民人均纯收入超过 2 万元，将陆家村尽快建成全面小康村。

（三）通化县光华蓝莓种植专业合作社

光华蓝莓种植专业合作社在通化县光华镇光华村享有盛名，它是该村规模较大的一家专业种植草莓的合作社。该社建于 2009 年，当年它以“合作社农户 + 公司”的形式，依托通化禾韵现代农业股份有限公司设立。社内成员以土地流转形式入社，现有 50 名入社成员，注册资本为 700 万元。每年合作社以每亩土地 1000 元的保底价支付给社员。

光华蓝莓种植专业合作社日常工作主要包括：一是为本社社员采购种植蓝莓所需的如种子等生产资料；二是收购并销售社员生产的蓝莓等农产品；三是为社员提供农产品加工、运输、包装贮藏等服务；四是应社员需要，引进蓝莓新品种及种植新技术；五是为社员提供技术培训及农业咨询服务。该社种植土地面积达600多亩，种植区域覆盖光华镇光华村、闹枝沟村等多个村庄。为了规范管理，合作社成立时就按规定设有社员代表大会、监事会及理事会。社员代表大会是合作社的核心机构，合作社的关键事项都由社员代表大会采取投票决定；理事会负责合作社的日常经营管理，监事会对理事会的日常工作行驶监督职能，三会分立，共同治理合作社。同时，光华蓝莓种植专业合作社组建了专业服务队，为社内社员提供蓝莓专业种植管理技术及病虫害防治等服务。2018年光华蓝莓种植专业合作社经营取得佳绩，其总资产达4339万元，当年取得951万元销售收入，获取利润为176万元，分配盈余为77万元。同年通化县光华镇蓝莓种植专业合作社被评为国家级示范社。

光华蓝莓种植专业合作社与禾韵现代农业股份有限公司始终保持互助依托关系。社内蓝莓种苗、栽植、改土、田间技术管理等均由通化禾韵现代农业股份有限公司负责，等蓝莓收获售出后，利润按投资股份由禾韵公司与合作农户二者分成。2002年成立的禾韵现代农业股份有限公司是一家全产业链公司，该公司集蓝莓良种研发、繁育、种植、加工于一体。该公司是唯一一个获得政府批准能在通化县饮用水源保护区从事蓝莓种植及加工的企业。截至2018年，通化禾韵现代农业股份有限公司斥资2.7亿元，占地5200亩，搭建4个蓝莓基地。即有机蓝莓种植基地、蓝莓深加工基地、蓝莓收储基地和良种苗繁育基地。蓝莓属于经济寿命较长的植物，寿命通常在35—100年。种植蓝莓可谓一次投资终身受益。发展蓝莓产业是一个相对久远的富民项目。以直接采收为销售方式的话，每亩蓝莓平均产值约为2万元，每亩纯收入可达1.4余万元。冷链物流和保鲜收储模式下，蓝莓每亩产值可得到翻倍，约4万元，每亩纯收入有望达到3万元。可见，在现代化生产条件下，蓝莓产业的年收入是相当不错的，其收入水平是传统农作物收入的2倍有余。自2015年以来，通化禾韵现代农业股份有限公司对通化县光华镇光华村、同心村、闹枝沟三个村的贫困户采取“公司+贫困户”模式实施精准扶贫，4年累计向贫困户分配140万元红利，贫困户每年人均分得972.2元红利。同时该公司还与包括通化县光华蓝莓种植专业合作社在内的多家通化县农业专业合作社合作，共同开展蓝莓种植与深加工业务。截至 2018 年年底，在通化禾韵现代农业股份有限公司带动下，公司和农户合作种植蓝莓耕地总面积达 5200 亩，其中，1200 亩是农户自己投资种植的面积，余下的是公司投资种植的面积。近年来，该合作社成员不断壮大，2018 年入社农户数量达到 520 户。同年该合作社向农户发放 1692 万元工资、分配 210 万元红利，仅工资一项就使光华全镇人均增收 1400 元。2019 年光华镇扩大了蓝莓种植面积，在 2018 年 5200 亩种植面积的基础上，又增加了 800 亩，总种植面积达 6000 亩，创历史新高，年产约 4000 吨蓝莓汁。合作社将收获的蓝莓加工成多种系列特色产品，如蓝莓果酱、蓝莓果酒、蓝莓果汁、蓝莓果干等，实现年收入 6000 余万元，达到农企双赢的预期效果。

（四）磐石市驿马镇暖心种植专业合作社

磐石市驿马镇暖心种植专业合作社是一家以开展农机作业服务为主营业务的合作社。该社成立于 2016 年 1 月，创社成员有 5 人。合作社开展农机作业服务所使用的农机设备比较齐全，插秧机、育秧机、水稻玉米收割机、拖拉机等常见农业生产的主要机器设备该社都已购置，设备购置资金来源于社员自筹。磐石市驿马镇暖心种植专业合作社与社外村民签订服务协议，土地归村民自行经营管理，合作社为村民提供全套的农机服务。该社为社内社员免费提供农机服务，对非社员，收取的服务费用只是当地农机作业费的 1/3。同时驿马镇暖心种植专业合作社协调当地粮食烘干企业，将合作社村民粮食集中烘干并帮忙直接销售，去掉了中间商贩的环节，为村民争取到更多售粮收入。合作社所得利润一部分用于填补农机的费用，其他剩余用于成员分红或购置新设备。社内社员遇到资金短缺问题时，其他社员会提供互助借款。2016 年合作社还带领社员及村里贫困户一同学习木耳种植技术。相关技术学成后，合作社与驿马镇食用菌种植园签订了承包合同，之后带领社员建立了食用菌菌包加工厂及暖心生态农业有限公司，年产 30 多万袋菌包，产生 100 余万元直接经济效益。合作社将部分贫困户请到种植园区和菌包厂工作，用食用菌包代替工资，提供给贫困户。贫困户种植的成品由合作社以合理的价格全部回收，经过筛选、加工、包装后统一由合作社对外直接销售。村民在食用菌种植园工作，不仅增加额外收入，还学习了相关种植技术，掌握了一技之长，生活技能得到提高。磐石市驿马镇暖心种植专业合作社建立以来，其提供给村民的惠民农机服务帮助贫困户降低了耕种成本，增加了粮食种植收入，2018 年合作社所在村 80 余户贫困户及村民在粮食种植上户均增收约 2000 元。该社承包的食用菌种植园区每年可提供工作岗位 20 余个，优先安排贫困户及社员，改善了贫困户的生活水平。

三 农民资金互助社发展现状

农民资金互助社通常是农民自发创立的，以相互信任为基础，以入社社员为服务主体的金融互助合作组织。农民资金互助社向社员提供贷款服务时，基于信任基础，贷款一般采用信用担保，而非财产担保、土地担保形式，贷款手续简化，放款及时，可有效缓解社员生产、生活资金需求。农民资金互助社依托亲属、熟人、乡邻等血缘及地缘优势，将农民闲置零散的资金集聚成资金池，投放给本区域需要生产资金支持的社员，让闲散的农村资金直接用于农业生产，既可减少农村资金外流，又能提高农村金融供给，促进农村经济发展。

吉林省四平市是我国农村新型合作金融组织的发源地。截至 2016 年年底，吉林省四平市已有农民资金互助组织 100 多家，整体资金规模达 10 多亿元，它们主要分布在公主岭市、伊通县、梨树等县市。日常运营中，单一的农民资金互助组织存在许多不能及时解决的困难。流动性过剩或资金短缺问题常常困扰着它们，这些问题的出现增加了它们的经营成本。如果同地区各互助社能联合经营，上述问题可得到有效解决。在联合组织内进行资金调剂，流动性过剩的和短缺的组织形成了互补，部分组织融资成本降低的同时另一部分则增加资金供给。于是在吉林省四平多个村镇，多家农民资金互助社联合起来组建了农民合作社股份联合社，探索“三位一体”的农村合作金融有效实现形式。在此我们以吉林省公主岭市柏林农民合作社股份联合社为例，分析吉林省农民资金互助社发展状况。

公主岭市是吉林省省直管市，由长春市代管，它地处吉林省中西部，总面积为 4058 平方千米。截至 2018 年年底，公主岭人口总数达 103.12 万，其中农村人口数为 78.3 万。2018 年 10 月公主岭入选全国农村三产融合发展先导区创建名单及全国农民合作社质量提升整县推进试点单位。

（一）公主岭市柏林农民合作社股份联合社的成立与发展

柏林农民合作社股份联合社的成立与发展与联社理事长王海军息息相关。王海军理事长是地地道道的农民出身，2012 年他先后到四平市梨树县闫家村、浙江瑞安、河南信阳郝堂村等多地区，考察那里的农民信用互助社，学习其经营经验。通过学习，他意识到要想致富不能单打独斗，要集众人之力。同年他和 6 位志同道合的朋友注册成立百信农民资金互助合作社。2012 年以来，公主岭市农民自发形成的农民资金互助社发展态势良好。到 2014 年年底，历经两年时间公主岭辖区内就涌现出 40 余家农民资金互助社，基本涵盖了公主岭辖区内各个乡镇。

由于农民资金互助社是农民自发成立的新型的农村合作金融组织，其经营的资金互助业务没有获取政府监管机构的“金融许可证”，不受金融当局监管，导致公主岭市个别投机者假借互助社名义进行非法集资活动，对合法经营的互助社声誉造成了损害。合规经营的农民合作金融组织迫切需要联合起来实行行业自律，防范金融风险。同时公主岭区域内一些农民资金互助社出现不同程度的资金流动性问题，给互助社经营带来不利影响。上述问题出现后，王海军理事长意识到，从防范风险、降低融资成本及管理成本的角度出发，应当在地区内将多家独立的农民资金互助社联合起来，成立农民资金互助联合社来助力当地农村合作金融的发展。王海军理事长认为，将各个农民资金互助组织联合起来，同业间开展资金调剂业务，既可为流动性过剩的互助社找到资金出口，又能为资金短缺的互助社提供资金供给，是一举两得的好事。各社彼此间调剂资金余缺，既降低了同业融资成本，又提高了资金使用效率。同时单一的农民资金互助社单打独斗，其面临的经营风险会相对大些。多社联手组建联合社，在大大提高资金运转能力、贷款规模的同时，还能提升广大社员对互助社的信任感。联合社的成立，可整合单一互助社抵抗内部与外部风险的能力，可有效保障各社正常运营，整体提高抗风险能力。另外公主岭已成立的农民资金互助社从业人员普遍存在文化水平低、金融专业知识缺失问题。规范开展信用合作，急需提高从业人员的专业水平。合作社独立指导、培训和审计面临支付成本较高的问题，而各社联合起来共同承担培训、指导和审计费用的话，就能够降低相关管理成本，还能做到各社规范运营。

2013 年 11 月在王海军理事长的号召组织下，公主岭区域内 23 家农民资金互助社积极响应号召，共同出资组建了公主岭市柏林农民合作社股份联合社，联社注册资金为 0.5 亿元。为方便各社沟通业务，联社选址建在公主岭市内，在公主岭市购置了办公楼，进行了税务、工商登记。截至 2016 年年底，公主岭市辖区内农民资金互助社已达到 23 家，社员规模接近 4.1 万。联社按照集体的意愿成立，社员集体参与，协商制定并通过联社章程。按照章程要求细分了各项管理细则和组织架构。联社在保证公平的前提下，设有股东大会、理事会和监事会，互相补充、互相监督。选举 1 名社长、5 名理事以及 5 名监事。联社实行社长负责制，日常经营管理实行民主决策、民主控制及合规监督。公主岭市柏林农民合作社股份联合社按照章程要求，每月至少组织召开一次理事长联席会议，会上各基层社的理事长就本社经营情况进行汇报，针对出现的问题，理事长们共同协商解决方案；联合社每年召开一次社员代表大会，会议对上一年度的工作进行总结，查找问题，分析原因，对遗留的问题，本年度提出整改方案，同时会上要对本年的工作进行部署，并提请社员大会审议通过。在财务管理上，联社按月合规编制财务报表，每年年底进行财务决算，决算结果要向社员大会汇报并提交财务报告。联社的 23 家成员社分布在公主岭 22 个乡、镇、街道等区域，服务辐射公主岭市刘房子、和气、怀德、陶家、秦家屯、八屋、永发、双城堡、朝阳坡、双榆树、大榆树、南崴子、二十家子、毛城子、莲花山、十屋、桑树台、育林、黑林子、柳杨及龙山区域。2014 年年底，为保障资金池的安全、控制风险，联社设立了防范风险稳定基金。稳定基金缴纳参考其他金融机构风险防范措施，由社员按照资产总额的 15% 缴纳。基金设立后主要应对社内临时性大额支付业务，保证资金的金融稳定性。基金运营过程中，要做到专款专用，且其额度每 6 个月要进行重新审定。

（二）公主岭市柏林农民合作社股份联合社运行原则

1. 区域服务原则

柏林农民合作社股份联合社坚持将服务对象锁定为公主岭所辖区域的合作社，只对加盟联社的成员社开展业务指导及帮扶。只接收符合入联社条件的合作社入社，申请入联社的资格条件需先经理事会审核，理事会审核合格后，还需提请社员临时大会表决，表决通过方可成为联社成员。这种坚持区域服务的原则可一定程度上降低联社征信成本，规避信用道德风险。

2. 成员制原则

公主岭市柏林农民合作社股份联合社要求各成员社必须坚持封闭运行原则，即贷款业务只针对本社社员提供，不得对非社员提供融资服务；该原则同样适用联社，联社禁止向非成员社提供借贷资金，更不允许将资金投入非农业的其他行业领域。

3. 审慎经营原则

联社成立以来，从管控风险的角度出发，加强各环节审核，从业始终秉持审慎经营的原则。对申请加入联社的互助社，联社会从申请方的注册资金、治理结构、股权结构、经营场所等方面展开调查，核对资格条件。联合社要求成员合作社定期要向联社汇报其经营状况及存在的问题，防范成员社经营出现风险。成员社向联社申请资金支持时，需要说明资金投向，联社会对成员社的资金投向进行风险评估。联社对成员社的资金需求，采用额度管理制度，按成员社的资产总额及贷款余额的一定比例进行分配。

4. 监督提示原则

为监督成员社的运行情况，公主岭市柏林农民合作社股份联合社要求成员社按月上报本社的资产负债表、业务状况表、损益表等反映其运营成效的相关数据，通过对相关数据的分析，得出成员社的经营状况，对经营存在问题的成员社及时进行监督管理。联社理事还会随机走访各成员社，对受访成员社的业务运营、财务管理及行政后勤等日常工作进行检查，对经营存在问题、管理有漏洞的成员社及时提出整改意见。同时联社会定期检查各成员社对联社调剂资金的使用去向的合规性，如果成员社没有将联社拆借的同业资金用于本社运营或发展农业生产，联社会对其违规行为按章程或资金拆出规定给予处罚。

（三）公主岭市柏林农民合作社股份联合社创新经验

1. 搭建资金蓄水池

农民资金互助社与农民合作社股份联合社分别在公主岭农村地区构建了两档资金池。农民资金互助社主要肩负搭建一级资金池的任务。农民资金互助社将本地区村民的闲散资金集聚起来，积少成多，汇集成一级资金池，池内资金主要借贷给社内成员用于农业生产及经营，资金闭环循环，减少资金外溢效应。联合社肩负搭建二级资金池的任务，它将成员社未贷出的资金进行再次汇集，形成二级资金蓄水池，池内资金用于调剂成员社间资金需求，让资金在社与社之间动态流动，提高资金使用效率的同时，增进了公主岭各地区农民资金互助社间的合作，实现了合作共赢的目标。

2. 土地入股

公主岭市柏林农民合作社股份联合社将当地农户撂荒的土地及利用效率低下的土地以入股的形式加入了合作社，将耕地流转入股，既可提高耕地的使用效率，又可让农户通过获取股金分红的方式增加收入，此举可谓两全其美。在柏林农民合作社股份联合社的协助下，公主岭市华生农民种植专业合作社与社员达成流转土地经营权以土地入股的合作，合作社对社员承诺保底分红。其保底分红是每年每公顷 1 万斤玉米。同时，社员也可以按照玉米平均价格得到现金分红。

3. 合作社办超市

为方便社员购置生活用品，降低社员的生活开销，公主岭市柏林农民合作社股份联合社在公主岭市万发镇开设了“百信”社员仓储超市，超市的主要服务对象是合作社社员，社员在超市购物可以享受 5% 的优惠。超市为社员提供自产大米、白面、小杂粮、花生、食用油等生活用品，联社还利用自家合作社种植的粮食，酿造了纯粮放心白酒，冠以“百信家宴”“百信经典”等品名，上架社办超市，供社员选购。联社自产的白酒除供超市销售外，联社年底还会给社员分红奖励一部分；另外凡是社员家里遇上婚丧嫁娶等事宜需要用酒时，合作社以成本价格为社员供酒，让利于社员。“百信”社员仓储超市开办期间，多项惠民服务累计为社员节省近万元生产生活消费开支，变相增加了农民收入。

4. 嫁接公益信托扶贫

公益信托扶贫是指农民资金互助社将委托人的资金用于社员贷款，所得利息收入扣除互助社运营成本和贷款风险准备后，委托人将这部分利息所得捐助给特别困难的家庭，用于改善生活、资助孩子上学①。

桑树台镇民发农民资金互助社是公主岭市柏林农民合作社股份联合社的成员社。2013 年，为回报社会，该社积极投身社会公益扶贫助困事业，承办了公益信托基金业务，创办了民发公益信托基金。该基金的委托方是北京农信之家咨询中心，对方出资 10 万元，委托民发农民资金互助社对资金进行管理，1 年委托期。同时民发农民资金互助社也将 10 万元社内资金注入民发公益信托基金，该信托基金还吸收了其他社会爱心民众的出资，基金总额达 36 万元。为防控风险及取得委托人信任，民发农民资金互助社作为受托人有必要向北京农信之家咨询中心及其他出资人汇报基金使用情况及受益情况，同时主动接受委托人的问询及审计。按照基金委托协议，民发农民资金互助社坚持贷款只发放给社员这一根本原则，且贷款金额控制在 2 万元以内，主动降低信贷风险。

农民资金互助社利用公益信托基金扶贫的优势较为明显。首先，农民资金互助社扎根农村，准确掌握本地区社员的贷款需求及信用情况，具有信息优势，同时互助社对社员的贫困程度了如指掌，能及时帮助到最贫困的社员，减少不必要的中间环节，节省中间费用，让扶贫资金使用的边际效率达到最优。其次，依据公益信托基金相关规定，基金委托人投资后，1 年内不得撤回资金，这样就可维持扶贫资金池内资金规模的稳定，还可维持资金使用的长效性。在原有资金的基础上，随着新委托人的加入，资金池内基金额度会不断上涨，能扶助更多的贫困社员脱离困境，扶贫效果就会显著。最后，公益信托基金扶贫的帮扶对象是因病致贫及因残疾致贫的特困农户。资金互助社扎根农村基层，能快速甄选出公益信托基金的扶贫对象，其利用公益信托基金扶贫，具有较强的

---

① 李中华：《金融扶贫的民间探索——吉林省四平市农民资金互助社公益信托调查》，《银行家》2014 年第 7 期。

扶贫主动性且扶贫效果更佳。另外，农民资金互助社在嫁接公益扶贫的过程中，可让自己获得良好口碑的同时也主动宣传了自己，还扩大了其资金来源，一举多得。民发农民资金互助社主动承办公益信托基金业务的举动，代表其具有爱心，能承担社会责任，愿意推进农村公益事业发展，是个值得社员信任的互助组织。民发农民资金互助社参与公益信托扶贫，不仅为合作社带来了经济效应，也带来了良好的社会效应。互助社嫁接公益信托扶贫，既圆了委托人投身社会公益事业的梦想，还辅助国家完成了扶贫任务。在此过程中，互助社本身也受益匪浅。一方面随着公益基金的注入，破解了互助社资金来源受限的困境；另一方面在满足社员融资需求的基础上，扩大了合作社的社会影响力，助力其长远发展。

（四）公主岭市柏林农民合作社股份联合社取得的社会效益

1. 增加了农民贷款方便性及可获得性

农民资金互助社通常是农民自发创立的，以相互信任为基础，以入社社员为服务主体的金融互助合作组织。农民资金互助社向社员提供贷款服务时，基于信任基础，贷款一般采用信用担保，而非财产担保、土地担保形式，贷款手续简化，放款及时，可有效缓解社员生产、生活资金需求。如果没有农村内部合作金融的存在，那些没有抵押担保的农民专业合作社和村民很难获得传统银行信贷支持。迫于资金短缺，他们有时就得从地下钱庄寻求高利借贷，较高的融资成本，加重了农民生活及生产负担，降低了他们的收入。农民资金互助社的存在，既简化了农民贷款的手续又增加了农民贷款的可获得性。

公主岭朝阳坡镇辽河村 4 组村民周大力 2013 年 10 月农忙收割季节，由于自家玉米耕种面积较大，人工扒苞米价格偏高，打算购置一台小型收割机为自己及村民收割玉米。可由于其没有抵押财产，融资需求得不到正规金融机构支持。农民资金互助社此时成为其首选求助对象。因为农民资金互助社只为本社社员提供贷款，故周大力提交了入社申请，获得社员身份后，他如愿凭借良好的个人信用，从互助社获得 6 万元贷款，贷款用于购置农机，秋收结束后将贷款全部归还互助社。又如朝阳坡镇东兴村村民詹喜武拥有 105 亩种植面积，其想扩大生产经营，在缺少抵押资产的情况下，本镇农民资金互助社凭借信用担保对其给予资金扶持。获得贷款支持后，他以承包方式扩大了种植面积，其承包土地面积为 250 亩。农民资金互助社除了给詹喜武提供贷款支持，还为其提供了化肥、农药等相关的农业生产资料的物质支持，使其不但扩大了经营规模，而且增加了近 30 万元收入。

2. 完善了农村生产关系，促进了农村生产力发展

农民资金互助社为社内社员提供信用贷款，促进农民将更多的资金投入到发展种植、养殖、购置农机等农业生产方面，增加农民收入。公主岭市柏林农民合作社股份联合社自成立以来，其内部成员社已累计提供 5. 8 亿元借贷资金，约 1. 2 万农户得到贷款支持。随着农民资金互助社的发展壮大，越来越多的互助资金在互助社成员间良性循环使用，农民融资困境得以缓解，家庭农场、养殖大户、农机大户等新型农业主体不断涌现，农村合作金融支持农业发展效果显现。

3. 促进了农村合作金融的发展

截至 2016 年年底，四平共有 3 家农民资金互助社联合社，已经超过半数的各村镇农民资金互助社加入了各自的县级联合社。3 家联合社既能为基层社提供资金调剂业务又可为社员提供培训等技能服务，形成了审慎经营、互利互惠、服务高效的新型农村合作金融体系。

农民资金互助社的涌现，推动了合作金融对“三农”的资金支持，拉动了农村消费与投资的上升，促进现代农业生产力提高。公主岭金融主管单位对本地区农民资金互助组织的发展也给予了极大关注，辖区内各合作社理事长在相关主管部门安排下，多次登门拜访浙江、广东等多地有经验的互助社，与他们交流办社经验。公主岭金融办多次邀请国内金融专家走访本地农民资金互助社，现场为它们指导业务。通过参观学习、专家讲座、相互交流经验等方式，引导农民资金互助合作社朝着规范经营的方向发展，推动农民资金互助社在较大区域的合作与联合，促进了我国农村合作金融的发展。

第五章　吉林省新型农村合作金融发展存在的问题

第一节　设立条件存在的问题

一　注册资本要求过于僵化

如表 5.1 所示，《农村资金互助社管理暂行规定》（以下简称《规定》）第九条从注册资本、股东人数、股权结构、任职人员等 7 个方面规定了农村资金互助社设立的条件，这 7 个条件实质上是我国农村资金互助社获得金融经营许可资格的限定性“门槛”。金融监管当局设立 7 个条件的出发点是为了加强对农村资金互助社的监管。可事实上，这种“一刀切”的设置条件既没有考量我国农村实际经济状况，也没有考虑到我国农村各地域之间存在的差异。《规定》设立条件在经济发展较好的农村地区适合，在落后地区却是高限制门槛。

表 5.1　　设立农村资金互助社应符合的条件

注册资本	乡（镇）≥30 万元；村≥10 万元
公司章程	有符合《农村资金互助社管理暂行规定》要求的章程
股东人数	≥10 人
股东资格	乡（镇）、行政村农民和农村小企业
股权结构	持股比例不得超过农村资金互助社股金总额的 10%，超过 5% 的应经银行业监督管理机构批准。社员入股必须以货币出资，不得以实物、贷款或其他方式入股

续表

注册资本	乡（镇）≥30 万元；村≥10 万元
任职人员	理事长、经理应具备高中或中专及以上学历；上岗前应通过相应的从业资格考试
硬件设施	符合要求的营业场所，安全防范设施，其他业务相关设施

资料来源：《农村资金互助社管理暂行规定》。

关于注册资本的要求，规定如下："设立在乡（镇）的农村资金互助社，其注册资本不低于人民币 30 万元；设立在行政村的，其注册资本不低于人民币 10 万元，且注册资本应为实缴资本"。笔者认为在注册资本上应该针对农村资金互助社的具体状况灵活机动的进行规定，不应该过于僵化。《规定》说明社员具有退社自由的权利，社员可以自由的选择加入或退出资金互助社，一旦社员退社，农村资金互助社就必须退还社员已缴纳的股金。农村资金互助社社员具有不确定性，导致互助组织的资本具有不确定性。意大利《民法典》明确地规定了合作社是以互助为目的，属于资本可变动机构。同样瑞士相关法律明确规定了禁止资本事先确定的合作。由此可见，农村资金互助社在注册资本设置上应该灵活机动，富有弹性。应根据全国各地区的经济状况及经济发展的特点，调整决定注册资本额。尤其对于经济不发达的地区，注册资本可适当下降。同时农村资金互助社是村民为了解决农村内部融资的问题而自愿成立的合作金融组织，在资金用途上也可适当地放宽，除了用于社员生产性需求之外，在信用担保基础上，还可以放宽用于教育、医疗等生活需求方面，满足社员的多种合理融资需求。

二　管理人员任职条件缺乏弹性

《规定》对农村资金互助社理事及经理任职资格做出了明确的要求，至少是高中及中专以上学历，选聘前要考取相关职业资格证书。其次，还需要经过互助社所属地的银行业监督管理机构核准方可胜任。这些任职要求与我国其他类型的专业金融机构相比门槛并不高，但基于我国农村教育现状及人才流失角度考量，能达到《规定》理事及经理任职条件的农民为数不多。我国一直以来采用九年义务教育制度，很多农村地区农民受教育程度偏低，尤其是中年农民大多都停留在初中水平，完成高中教育和中专以上教育的农民占比比较低。具有较高教育水平的农民大部分搬迁到城市或外出打工，留在农村的农民普遍受教育水平偏低。所以，能胜任农村资金互助管理要职的人才相对匮乏。

长久以来，农村资金互助组织作为农村合作金融的主要组织形式活跃在农村经济活动中。它基于村民间的互信担保，开展资金互助活动，早已被农民接受。一些开办农村资金互助业务的合作社希望国家在身份上给予肯定，给予其金融从业许可证。金融当局颁布《规定》就是在金融领域给予其合法合规的从业资格，满足它们的要求。《规定》是我国金融监管高层为规范我国农村合作金融组织有序发展而设立的，是一种自上而下带有强制执行色彩的约束制度。从制度经济学原理视角来分析，《规定》的设计既要参考我国农村合作金融发展现状，还要考量政治与社会偏好影响，同时设计成本、监管成本和执行成本也不能忽略。为了降低制度设计成本，《规定》的设计采用“一刀切”的制度标准，设计思路参照城市商业金融治理法则，没有充分体现“合作互助”的金融属性。此种“一刀切”的做法，无法适应我国农村金融多元化的发展，难以融合我国农村资金互助组织的实际需要。农村资金互助社管理规定的单调性与农村合作金融环境的多样性难匹配，制度执行结果必然导致执行成本高，监管效率低，制度执行效果达不到政策制度设计的初衷，同时也抑制了农村合作金融的发展。

第二节 融资制度存在的问题

一 《规定》中融资规定存在缺陷

《规定》第 41 条规定了互助社的资金来源，互助社的资金注入分为四个部分，一是互助社创始资金，二是社员在社内存款业务积累的资金，三是接受外界对其的资金捐赠，四是同业融入的资金。表面上看，四个途径也算不少，但实际运作来看，每项资金来源规模都有限。首先从注册资金来看，《规定》对乡镇、行政村注册资金的要求是不同的，10 万元便可在村内设立互助社，30 万元即可在乡镇设立互助社。也就是说往往一家农村资金互助社可用的资金数额不大。如表5.2所示，吉林省4家获得金融许可证的农村资金互助社注册资金规模为10.18万—177万元。其次从社员存款上看，其规模也受限制。各地成立的农村资金互助社是由农民自愿发起设立的，相比城市居民，农民拥有的资产相对较少，农民的受教育程度受限，没有建立起合作理念，对农村合作金融长远发展存在认知不足而导致其对农村资金互助社信任度不高，很多农民不愿意把闲置的资金存入到农村资金互助社，而是选择存入大中型商业银行。较多农户只是缴纳了小额入社股金，其主要目的是获得互助社的贷款权利，这导致农村资金互助社吸收社员的存款非常困难。目前来看，农村资金互助社依靠社员存款来解决社员的信贷约束问题存在较大难度。再次，从接受社会捐赠上看，受一些无牌照的农民资金互助社的非法集资行为影响，人们对农村资金互助社社会认可度较低，资金互助社难以获得社会捐赠。最后从同业拆借资金上看，农村资金互助社靠此路径获得资金的可能性也很小。目前我国银行业金融机构已经完成了商业化改革，其盈利目标明确，强化风险控制。正常情况下如果没有国家政策要求，商业性正规金融机构从主观意愿上不会将资金拆借给利润空间非常有限且存在极大风险的农村资金互助社。

表5.2 **吉林省4家农村资金互助社成立时注册资本**

互助社名称	批准成立日期	注册资本（万元）
梨树县闫家村百信农村资金互助社	2007年3月2日	10.18
梨树县十家堡镇盛源农村资金互助社	2010年7月29日	177
梨树县小宽镇普惠农村资金互助社	2010年7月29日	110
梨树县小城子镇利信农村资金互助社	2010年7月29日	100

资料来源：庄春瑞《吉林省新型农村金融机构的发展现状及对策分析》，《时代金融》2018年第8期。

从上述分析中不难看出，农村资金互助社成立初期的资金来源是注册资金，后续的主要资金来源应该是吸收社员存款。社会捐赠及同业拆借这两个资金来源的渠道难以畅通，基本上发挥不了太大作用。融资渠道单一导致全国多地农村资金互助社运行一段时间后出现经营资本不足，资金匮乏、无钱可贷的现象。部分农村资金互助社难以维持经营而关闭。2018 年 7 月黑龙江省肇州县二井镇兴隆农村资金互助社退出经营，2018 年 9 月重庆市黔江区城东诚信农村资金互助社退出经营，2019 年 6 月甘肃省岷县洮珠村岷鑫农村资金互助社退出经营，2020 年 3 月 31 日山东省沂水县姚店子镇聚福源农村资金互助社退出了经营，2020 年 4 月 7 日内蒙古通辽市辽河镇融达农村资金互助社。6 家农村资金互助社退出经营后，银保监会收回了其金融牌照。

农村资金互助社是我国唯一获得金融经营许可证的农村合作金融机构，其发展初衷是解决农村信贷约束问题，对农村地区缺乏抵押物品的弱势农民及小农企业提供互助性金融支持。《规定》关于农村资金互助社融资来源的规定制度，制约了互助社金融获取权的实现，导致部分互助社业务难以为继。突出的事例在全国多地出现。聚福源农村资金互助社位于山东省沂水县的姚店子镇，该社开业仅 2 天，49 万元资金全部贷款，因无后续资金，该社暂停贷款业务。兴乐农村资金互助社是青海省乐都县的一家农村资金互助社，开业 90 天，其贷存比例就超出 300%，被当地主管部门紧急叫停了贷款业务，以防止出现金融风险。“无钱可贷”现象的出现，打击了村民参加互助社的积极性，部分社员消极退社，社员的减少，进一步加剧了互助社资金短缺的问题。

综上所述，可以看出《规定》关于农村资金互助社融资来源的规定制度与推动农村合作金融发展的最初设想背道而驰，过于刚性的制度规定导致治理成效不理想的同时也难以推进农村合作金融的发展。

二 《中华人民共和国农民专业合作社法》中融资规定缺乏可操作性

《中华人民共和国农民专业合作社法》（以下简称《农民专业合作社法》）于 2018 年 7 月开始实施，针对农民专业合作社融资问题，它强调金融机构要更富多元化地为农民专业合作社提供资金和服务，具体细则由国务院规定。互助性保险也在政策鼓励范围。《农民专业合作社法》落地后，国家各类金融机构如农发行、农业银行、农商行、各村镇银行及农村合作社等就如何践行“为农民专业合作社提供多元化的资金及服务”缺乏细则指导。一条“具体支持政策由国务院规定”的表述，让政策执行者摸不着头绪。《农民专业合作社法》中关于融资的规定是从法律法规的宏观层面进行的，规定内容比较笼统，缺乏实际可操作性，尚需要出台相关的法律法规细则加以明示来提高其可操作性。

第三节　经营管理存在的问题

一　经营困难导致发展陷入停顿

2006 年年底，《关于调整放宽农村地区银行业金融机构准入政策更好支持社会主义新农村建设的若干意见》的颁布，拉开了农村资金互助社作为正规农村新型合作金融机构的试点工作的大幕。一年之后，吉林省梨树县闫家村百信农村资金互助社拿到全国首张金融牌照，以合法的金融机构的身份从事互助性农村合作金融业务。之后全国多地农村金融互助组织赶赴吉林省梨树县闫家村百信农村资金互助社进行实地调研，学习其办社经验。截至 2012 年 6 月，全国有 49 家农村资金互助社拿到金融牌照，取得了金融从业资格。2012 年下半年，全国 16 个省份 49 家试点成立的农村资金互助社陆续出现经营困难问题，其业务大多处于停顿状态，有些互助机构还出现了流动性风险。为维持金融稳定，防范金融风险，原银监会 2012 年开始暂停了牌照审批工作。截至 2020 年 8 月，有 6 家互助社因经营困难申请解散，43 家维持运营。申请解散的 6 家农村资金互助社名单中，虽然没有吉林省的 4 家机构，但吉林省自从获得 4 家批准资格后，再无新增获批机构，可见农村资金互助社在吉林省发展陷于停顿。

同样，全国各农村地区由扶贫办推动设立的扶贫资金互助社也因经营困顿问题，发展陷入停滞。由于监管制度规定扶贫互助社股金不能用于分红、不能吸收存款，社员缴纳互助金的积极性不高，限制单个互助资金规模的扩大，互助社资金来源严重依赖财政投入。另外扶贫资金互助社没有建立以社员股权为基础的产权制度，社员的产权主体地位缺失，缺乏激励机制，扶贫互助社经营状况与社员的切身利益关联度不大，社员对互助社经营缺乏关注，主观增加投入互助金的意愿不强，导致扶贫互助社经营规模难以扩张。这种依靠国家财政资金投入的扶贫资金互助社不是真正意义上的“民有、民用、民管”的农村合作金融组织，一旦国家财政扶贫资金注入减少或停止，扶贫互助资金社将走向终结。基于全国各地的农村贫困村互助资金组织存在贫困瞄准漂移、社员产权主体缺位、资金规模缩减、运作缺乏活力、激励机制缺乏等问题，国家财政部及扶贫办 2015 年停止了对互助资金项目的增量投入，贫困村互助资金的试点走向式微或终结。

二 偏离市场定位

农村合作金融组织开展金融互助业务的市场定位应该是农村基层地区，社员是其主要服务对象。以农村资金互助社为例，《规定》规定其资金用途主要用于社员贷款服务，除此之外的结余部分可存放于其他银行业金融机构，也可用于投资国债、金融债券。现实中吉林省部分农村资金互助组织为追求利润最大化，经营方向偏离原市场定位，日益呈现“脱农”倾向，将服务对象由互助社社员转向了非社员，服务区域由农村地区转向了回报相对更高的城镇地区。2017 年闫家村百信农村资金互助社因多项违规操作，受到四平市银监分局警告处分，并缴纳罚款 5 万元。其违规操作主要包括违规接受域外存款、违规将贷款贷给非社员村民、违规垫款购建办公楼。2018 年同样的情形发生在梨树县十家堡盛源农村资金互助社身上，它违规超范围经营的同时，又违规以单位定期存单为他人贷款提供质押担保，四平市银监分局就上述 2 项违规问题，对盛源农村资金互助社提出警告并处罚款 5 万元，其理事长王宽被取消高级管理人员任职资格 5 年。

三 人员素质整体偏低

（一）管理者综合素质总体偏低

农村合作金融组织内的管理者作为合作社的领导者、发起人及大股东，其人品、责任心、领导能力、业务素质等综合素质水平对互助合作社的发展起着至关重要的作用。综合素质水平较高的管理者，可凭借其丰富的社会经验和领导魅力，推动农村互助合作社规范运行与健康发展。部分学者走访调查发现，吉林省大部分农村金融互助合作社管理者的学历层次以高中为主，受教育程度普遍偏低。大部分管理者由于没有受过专业的财务、管理及金融从业知识的系统培训，其财务知识和管理知识严重匮乏，专业素质欠缺。同时由于他们长期生活在农村，工作方式方法简单粗暴。合作社管理者综合素质的缺乏导致吉林省部分合作社发展受限，偏离现代化、科学化和专业化的方向。

（二）从业人员专业素质偏低

与其他传统金融企业相比，新型农村合作金融机构由于地处农村基层，工作环境较差，工资待遇相对不高，难以吸引专业素质较强的金融人才来任职。它们只能招聘到一些文化及专业素质偏低的村民作为互助社员工，同时互助社对员工的专业培训不够重视，从业人员的业务技能难以得到提升，导致农村合作金融组织机构从业人员整体素质偏低。从业人员素质低下造成互助社工作效率低下，某些业务开展困难，还容易引发操作风险。多数合作社缺少专业的会计人员，合作社会计核算存在诸多问题，例如开办费没有按年分摊、未实行权责发生制，造成了合作社年底未分配利润为负数。据四平市银监局统计，梨树县 4 家农村资金互助社的 49 名从业人员中，持有会计从业资格证的会计从业人员不超过 5 个。

四　内控制度不完善

内部控制制度是现代企业管理的产物，它是现代企业为降低风险、规范经营管理而在内部建立的一系列互相联系、互相制约的方法、规程及措施的制度集合。完美的内部控制制度可以提高企业工作效率、提高产品及服务质量，增强企业自身的竞争能力，降低企业经营风险。一套完美的内部控制制度通常由一系列健全的配套制度构成的。如健全的会计制度、高效的企业管理制度、严格的内部审计制度、科学的职责分工制度、严密的保管保卫制度等。对农村资金合作组织来说，建立完善的内部控制制度并有效执行，对规范其发展有着重要的意义。就内部控制问题，笔者通过对吉林省内部分新型农村资金互助组织进行调查，发现吉林省农村新型合作金融组织在内部控制制度方面存在以下几点问题。

（一）法人治理结构形同虚设

以农村资金互助社为例，依据《规定》中的相关要求，社内应该设有社员大会、理事会、监事会及经理等治理框架。吉林省 4 家农村资金互助社按照要求成立了社员大会、监事会及理事会等组织，从表面上看搭建了比较完整的现代化治理结构，可是经笔者实地调查发现，在实际运行过程中，农村金融互助社法人治理结构形同虚设，其法人治理结构没有形成有效产权约束，只有其表没有内涵，没达到有效的监管效果。

法人治理结构形同虚设的具体表现：一是社员大会流于形式，社员权利不落实。吉林省梨树县 4 家农村资金互助社规模都不大，其股东多数是梨树县经济状况较好的村民，多数股东为外出务工人员，其并不在村内从事农业生产，这些股东入股后只盼分红，参与管理社内经营的积极性和参与度不够。互助社每年召开的社员大会流于形式，甚至有个别互助社从来没有召开过社员大会。二是农村资金互助社中理事会和监事会的选举程序不规范。按照《中华人民共和国公司法》的规定，农村资金互助社的理事监事人员应该通过社员大会选举产生。但吉林省内个别互助社的理事监事人员的任命没有严格遵循公司章程规定的选举程序，大多数成员都由村和镇相关的领导干部担任。三是监管制度不够健全。多数互助社设立了兼职监事，实施内部监管，但其监管业务由内部同一监管部门操作，自己监管自己，在实际运行中根本无法操作，形同虚设。

（二）“内部人控制”情况严重

“内部人控制”是指企业所有权和经营权产生分离的企业，经营者独断专行，只顾及自我认知的利益。经营者凭借其手段在牵扯到人事和资金的方方面面具有绝对话语权，股东对经营者监督作用几乎丧失。“内部人控制”在农村合作金融组织中的表现主要有如下几个方面：一是在信贷和财务管理方面，社内资金使用随意性比较大，碍于人情走后门违规贷款现象比较严重，时常为一些不符合条件的人发放贷款等。二是对社内从业人员的选拔和考核缺乏有效的管理制度，从业人员的行为得不到有效规范，资金互助社内关键的岗位被一些不具备专业素质的人担任，而这些人往往与社内主要领导存在关联关系。

吉林省四平市银监局调查发现，吉林省农村新型合作金融机构发展不规范，内控能力不强主要表现财务管理混乱、业务经营超范围、非法集资等方面。首先个别合作社在财务管理上做两套账目，账内资金应付主管机构检查，账外资金则悄悄投向非农领域，以此逃脱监管。个别农村资金互助组织存在发起人没有出资的情况，这类组织很容易出问题，因为他们没有法人治理，也没有抵御风险的资本，一旦经营出了问题很容易跑路。2018 年，四平市银监局在对梨树县十家堡盛源农村资金互助社开展监管调查时发现，该社存在单位资金以理事长王宽个人名义开立存款账户存储、同业存款利息收入没有记入资金互助社对公账户、库存现金账实不符等诸多问题。其次，个别农村新型合作金融机构存在超范围违规经营问题。有的信用合作组织吸收资金后没有发放社员贷款，有的可能是用于专业合作社的生产经营，有的可能挪用，这些组织的资金去向值得关注。如表 5.3 至表 5.5 所示，2017 年四平市银监局在对梨树县闫家村百信农村资金互助社开展监管调查时，发现其违规办理域外存款、贷款，违规垫款购建办公楼及以单位定期存单为他人贷款提供质押担保。四平市银监局对两家机构的违法经营行为进行了相应的行政处罚。

表 5.3 **四平银监分局行政处罚信息**

行政处罚决定书文号			四银监罚决字〔2017〕22 号
被处罚当事人姓名或名称	个人	姓名	姜 × ×
		单位	梨树县闫家村百信农村资金互助社
	单位	名称	
		法定代表人（主要负责人）姓名	
主要违法违规事实（案由）			梨树县闫家村百信农村资金互助社违规办理域外存款、贷款，违规垫款购建办公楼。综合职务、岗位职责、履职情况以及在违法行为发生过程中所起的实际作用等方面，理事长姜 × × 负直接领导责任
行政处罚依据			《中华人民共和国银行业监督管理法》第二十一条和第四十八条第（二）项
行政处罚决定			警告并处罚款 5 万元
作出处罚决定的机关名称			四平银监分局
作出处罚决定的日期			2017 年 9 月 25 日

资料来源：四平市银监分局官方网站。

表 5.4　　四平银保监分局行政处罚信息

<table>
<tr><td colspan="3">行政处罚决定书文号</td><td>四银监罚决字〔2018〕2 号</td></tr>
<tr><td rowspan="4">被处罚当事人姓名或名称</td><td rowspan="2">个人</td><td>姓名</td><td>王 ×</td></tr>
<tr><td>单位</td><td>梨树县十家堡盛源农村资金互助社</td></tr>
<tr><td rowspan="2">单位</td><td>名称</td><td></td></tr>
<tr><td>法定代表人（主要负责人）姓名</td><td></td></tr>
<tr><td colspan="3">主要违法违规事实（案由）</td><td>梨树县十家堡盛源农村资金互助社将单位资金以理事长个人名开立存款账户存储、同业存款利息收入不入账、库存现金账实不符及以单位定期存单为他人贷款提供质押担保。综合职务、岗位职责、履职情况以及在违法行为发生过程中所起的实际作用等方面，理事长王 × 负领导责任、管理责任和承办责任</td></tr>
<tr><td colspan="3">行政处罚依据</td><td>《中华人民共和国银行业监督管理法》第四十八条</td></tr>
<tr><td colspan="3">行政处罚决定</td><td>取消高级管理人员任职资格 5 年</td></tr>
<tr><td colspan="3">作出处罚决定的机关名称</td><td>四平银监分局</td></tr>
<tr><td colspan="3">作出处罚决定的日期</td><td>2018 年 5 月 23 日</td></tr>
</table>

资料来源：四平市银监分局官方网站。

表 5.5　　四平银监分局行政处罚信息

<table>
<tr><td colspan="3">行政处罚决定书文号</td><td>四银监罚决字〔2018〕1 号</td></tr>
<tr><td rowspan="4">被处罚当事人姓名或名称</td><td rowspan="2">个人</td><td>姓名</td><td></td></tr>
<tr><td>单位</td><td></td></tr>
<tr><td rowspan="2">单位</td><td>名称</td><td>梨树县十家堡盛源农村资金互助社</td></tr>
<tr><td>法定代表人（主要负责人）姓名</td><td>王 ×</td></tr>
<tr><td colspan="3">主要违法违规事实（案由）</td><td>1. 将单位资金以理事长个人名开立存款账户存储
2. 同业存款利息收入不入账
3. 库存现金账实不符
4. 以单位定期存单为他人贷款提供质押担保</td></tr>
</table>

续表

行政处罚决定书文号	四银监罚决字〔2018〕1号
行政处罚依据	1.《中华人民共和国银行业监督管理法》第四十六条 2.《中华人民共和国商业银行法》第七十九条
行政处罚决定	罚款5万元
作出处罚决定的机关名称	四平银监分局
作出处罚决定的日期	2018年5月23日

资料来源：四平市银监分局官方网站。

对于开展资金互助活动的农业专业合作社而言，同样存在“内部人控制”的问题。在吉林省农村成立的农业专业合作社中，有一半以上的农民专业合作社是在属地精英农业生产者及专业大户的倡导下成立的。这类农民专业合作社核心成员为数较少，社内事务多由少数领办大户构成的核心社员管控。此类合作社内“大农吃小农”现象明显，大农是专业生产合作社内真正得到垄断收益的主体。农业专业合作社中的普通社员往往以流转土地经营权的方式入股，其收入以土地租金和临时雇佣劳动工资为主，这一模式下的农业专业生产合作社的生产责任主体是领办农企，普通社员只是生产的附属品，“内部人控制”合作生产的结果导致土地流转过程中多数农户正当利益受到挤占。

（三）内部监管理念及监管能力不强

农村合作金融组织的成员主要是个体农民和农业小企业。农民是我国乡村经济发展的主体，合作互助的金融组织要想规范发展离不开广大农民的监督管理。然而事实上吉林省少数农业专业合作社除在本村吸纳大量社员外，还在外围村庄纳入社员，有些社员往往不知晓自己入社后的权益和义务，极少数人还是在本人不知情的情况下被动成为社员。这样的社员农户往往民主管理意识缺失，入社仪式感及归属感极弱，主观上并不关心农业互助社的发展问题。同时由于互助社规章制度的不完善，对内部从业人员没有建立起激励与惩处机制，社内从业人员工作的积极性和主动性不高，业务能力欠缺。吉林省很多农村合作金融组织内部存在业务混乱、财务报表不规范、会计核算质量低下等问题。另外，吉林省农村合作资金互助组织本土特征非常明显，经营管理者和从业人员来源于吉林农村，其金融素养和专业金融知识欠缺，少部分经营者即使取得了金融及财务资格证书，其在管理互助社经营过程中往往也力不从心，无法有效控制信贷风险，内部监管能力较弱。

吉林省内个别农民专业合作社，伪造农村资金互助社身份，进行非法集资。它们往往利用农民急于致富的心理，虚构一个暴利的电商融资平台，夸大平台投资收益，承诺短期高额回报，诱骗农民将资金存入平台，进行非法集资。个别涉农互助合作组织假借生态环保投资、项目开发、农业产业园开发等名义，向农民许诺高投资回报率，诱使农民进行投资，从而实现非法筹集资金的目的。还有个别涉农互助合作组织利用当地龙头企业的名义，谎称与当地龙头企业有合作意向，利用农民对当地龙头企业的较高信任度，以龙头企业的名义鼓动农民投资，进行非法集资。

案件一：蔡×等4人集资诈骗案

蔡×、张××、郭××、于××4名罪犯在2006年12月至2007年2月，虚构“脱毒马铃薯”投资项目，以项目缺少资金为名义，以高回报率为诱饵，以伪造的《合作经营意向书》为掩护，用时3个月，向不明真相的社会公众募集2468余万元资金，获得的部分钱款被4人挥霍。4名罪犯到案后，余款只剩下700万元，有1698万元被案犯挥霍，无法追回。案件经长春市中级人民法院审理，罪犯以集资诈骗罪定罪，分别被判处。案犯蔡×被判处死刑，缓期二年执行；案犯于××判处无期徒刑。二者均被剥夺政治权利终身，并处没收个人全部财产。案犯郭××判处有期徒刑十五年，并处罚金30万元；案犯张××判处有期徒刑十三年，并处罚金20万元。初审后，4人不服，提出上诉。经上级高级人民法院再审，依法驳回4人的上诉，维持原判。

案件二：刘××集资诈骗案

四平市铁东区石岭镇联信农民专业合作社法定代表人及董事长刘××，小学文化，吉林省四平市人，2015年8月因非法吸收公众存款，犯集资诈骗罪，经四平市铁东区人民检察院批准，当月28日被四平市公安局铁东分局逮捕。公诉机关指控，被告人刘××于2009年4月9日在四平市铁东区石岭镇注册成立四平市铁东区石岭镇联信农民专业合作社，后刘××未经审批擅自成立“四平市铁东区石岭镇联信农村资金互助社”，并以资金互助社的名义通过下乡宣传等手段向社会公众募集资金，吸收90余户农户存款，集资475余万元，用于个人还款，致使集资款无法返还。四平市中级人民法院判处被告人刘××有期徒刑十年，并处罚金30万元。

2019年，吉林省地方金融监督管理局为防控金融风险，落实并执行《吉林省金融风险摸底排查整治行动方案》，联系吉林省相关部门赶赴吉林省重点排查地区，如长春、四平、公主岭等，开展调研，实地排查风险。在组织5次专项工作会议的基础上，该局进行摸查走访，接受调查的开展信用互助的农民专业合作社数量超过40余家。调查小组根据排查结果提出分类处置建议。全年合计对185家农民专业合作社启用了风险分类处置。其中，部分农业专业合作社被责令停止新增业务，原因在于社员人数较多且互助资金量较大，易产生金融风险。有69家合作社因存在少量非原则性问题被勒令限期整改；引导注销8家合作社；被勒令停止经营信用互助业务的农民专业合作社数量达61家；变更经营范围退出44家；3家农民专业合作社因问题严重，被依法立案，合计有116家因违法违规社被清退，压降比例达62.7%。

五　经营面临诸多金融风险

相对于其他正规金融机构，新型农村合作金融组织面临的风险较为突出。由于农村合作金融组织给社员提供的贷款多为信用贷款或担保贷款，缺乏抵押物，因而其面临的信用风险比传统金融机构要大。同时由于农村合作金融组织内部员工的整体素质偏低，业务能力不佳，致使合作社存在较大的操作风险，再有合作社规模小、资金来源受限使其面临一定程度的流动性风险。

（一）信用风险

农村新型合作金融组织的服务市场定位是农村基层地区，其服务对象是信用合作社社员和小型农业企业。由于社员普遍缺乏抵押物，合作社为社员发放的贷款多是信用贷款和担保贷款。社员还款来源多依靠农作物收成后售卖收入。然而农业生产受自然因素的影响较大，存在很多不确定因素，导致农业贷款的偿还也会随着农民收入的波动而面临较大的风险。同时由于部分农民的受教育程度不高，文化水平偏低，信用意识不强，加之国家征信系统没有与农村资金互助社对接，农民欠款在征信中得不到反应，导致欠款农户还款主动性不强，甚至存在少数人为故意拖欠还款的情况。可见，相对于传统金融机构，新型农村合作金融机构面临的信用风险更突出。以农村资金互助社为例，吉林省有梨树县小城子镇利信农村资金互助社等 4 家互助社，近几年，4 家机构因贷款偿还问题，与借款社员对簿公堂，借款纠纷案件屡见不鲜。具体案件如表 5.6 至表 5.8 所示。

表 5.6　2016 年梨树县闫家村百信农村资金互助社借款纠纷案件

序号	日期	案号	类型	案件
1	2016 年 10 月 12 日	〔2016〕吉 0322 民初 1384 号	民事裁定书	中国建设银行股份有限公司梨树支行与梨树县闫家村百信农村资金互助社排除妨害纠纷一审民事裁定书
2	2016 年 10 月 11 日	〔2016〕吉 0322 民初 2438 号	民事裁定书	梨树县闫家村百信农村资金互助社与孙×、卢××借款合同纠纷一审民事判决书

资料来源：天眼查。

表 5.7　2017—2018 年梨树县小城子镇利信农村资金互助社借款纠纷案件案件

序号	日期	案号	类型	案件
1	2018 年 6 月 30 日	〔2018〕吉 0322 执 497 号	执行裁定书	梨树县小城子镇利信农村资金互助社与韩×、姜××、马××、高××借款合同纠纷执行裁定书
2	2018 年 6 月 30 日	〔2018〕吉 0322 执 483 号	执行裁定书	梨树县小城子镇利信农村资金互助社与卢××、王××、李×借款合同纠纷执行裁定书

续表

序号	日期	案号	类型	案件
3	2018年6月30日	〔2018〕吉0322执495号	执行裁定书	梨树县小城子镇利信农村资金互助社与倪××、王××、曲××、陈××借款合同纠纷执行裁定书
4	2018年6月30日	〔2018〕吉0322执489号	执行裁定书	梨树县小城子镇利信农村资金互助社与李××、尚××借款合同纠纷执行裁定书
5	2018年6月30日	〔2018〕吉0322执487号	执行裁定书	梨树县小城子镇利信农村资金互助社与李××、姜××、王××借款合同纠纷执行裁定书
6	2018年6月30日	〔2018〕吉0322执490号	执行裁定书	梨树县小城子镇利信农村资金互助社与卢××、王××、张××借款合同纠纷执行裁定书
7	2018年6月29日	〔2018〕吉0322执469号	执行裁定书	梨树县小城子镇利信农村资金互助社与崔×、李×借款合同纠纷执行裁定书
8	2018年6月29日	〔2018〕吉0322执475号	执行裁定书	梨树县小城子镇利信农村资金互助社与刘××借款合同纠纷执行裁定书
9	2018年6月29日	〔2018〕吉0322执477号	执行裁定书	梨树县小城子镇利信农村资金互助社与李××、刘××借款合同纠纷执行裁定书
10	2018年6月29日	〔2018〕吉0322民初1260号	民事判决书	梨树县小城子镇利信农村资金互助社与刘×、张×、张××借款合同纠纷一审民事判决书
11	2018年6月29日	〔2018〕吉0322执471号	执行裁定书	梨树县小城子镇利信农村资金互助社与杨××、朱××借款合同纠纷执行裁定书
12	2018年5月17日	〔2018〕吉0322民初755号	民事判决书	梨树县小城子镇利信农村资金互助社与常××、崔××、李××借款合同纠纷一审民事判决书
13	2018年3月29日	〔2017〕吉0322民初1827号	民事判决书	梨树县小城子镇利信农村资金互助社与曲××等借款合同纠纷一审民事判决书

续表

序号	日期	案号	类型	案件
14	2018 年 3 月 29 日	〔2017〕吉 0322 民初 1833 号	民事判决书	梨树县小城子镇利信农村资金互助社与倪××等借款合同纠纷一审民事判决书
15	2018 年 3 月 29 日	〔2017〕吉 0322 民初 1831 号	民事判决书	梨树县小城子镇利信农村资金互助社与朱××等借款合同纠纷一审民事判决书
16	2018 年 1 月 2 日	〔2017〕吉 0322 民初 2598 号	民事裁定书	梨树县小城子镇利信农村资金互助社与姜×、朱××、杨××民间借贷纠纷一审民事裁定书
17	2018 年 1 月 2 日	〔2017〕吉 0322 民初 2599 号	民事裁定书	梨树县小城子镇利信农村资金互助社与姜×、宋××民间借贷纠纷一审民事裁定书
18	2018 年 1 月 2 日	〔2017〕吉 0322 民初 2603 号	民事裁定书	梨树县小城子镇利信农村资金互助社与姜×、刘××民间借贷纠纷一审民事裁定书
19	2017 年 12 月 30 日	〔2017〕吉 0322 执 1474 号	执行裁定书	梨树县小城子镇利信农村资金互助社与唐××、王×、唐××民间借贷纠纷执行裁定书

资料来源：天眼查。

表 5.8　2015—2017 年梨树县小宽镇普惠农村资金互助社借款纠纷案件

序号	日期	案号	类型	案件
1	2017 年 11 月 29 日	〔2017〕吉 0322 民初 3104 号	民事裁定书	梨树县小宽镇普惠农村资金互助社与田××民间借贷纠纷一审民事裁定书
2	2017 年 5 月 11 日	〔2016〕吉 0322 民初 2954 号	民事裁定书	梨树县小宽镇普惠农村资金互助社与李××、梁××、仵×民间借贷纠纷一审民事裁定书
3	2016 年 12 月 1 日	〔2015〕梨执字第 1071 号	执行裁定书	梨树县小宽镇普惠农村资金互助社与孙××等借款合同纠纷执行裁定书

续表

序号	日期	案号	类型	案件
4	2016 年 1 月 28 日	〔2015〕梨执字第 1079 号	执行裁定书	梨树县小宽镇普惠农村资金互助社与陶××等借款合同纠纷执行裁定书
5	2016 年 1 月 28 日	〔2015〕梨执字第 1078 号	执行裁定书	梨树县小宽镇普惠农村资金互助社与曹××、李××借款合同纠纷执行裁定书
6	2016 年 1 月 28 日	〔2015〕梨执字第 1080 号	执行裁定书	梨树县小宽镇普惠农村资金互助社与曹××、栾××、柴×借款合同纠纷执行裁定书
7	2016 年 1 月 28 日	〔2015〕梨执字第 1073 号	执行裁定书	梨树县小宽镇普惠农村资金互助社与陈××等借款合同纠纷执行裁定书
8	2016 年 1 月 28 日	〔2015〕梨执字第 1077 号	执行裁定书	梨树县小宽镇普惠农村资金互助社与曲××、何×、曲××借款合同纠纷执行裁定书
9	2016 年 1 月 28 日	〔2015〕梨执字第 1081 号	执行裁定书	梨树县小宽镇普惠农村资金互助社与李××等借款合同纠纷执行裁定书
10	2016 年 1 月 28 日	〔2015〕梨执字第 1075 号	执行裁定书	梨树县小宽镇普惠农村资金互助社与郝××等借款合同纠纷执行裁定书
11	2016 年 1 月 28 日	〔2015〕梨执字第 1072 号	执行裁定书	梨树县小宽镇普惠农村资金互助社与于××、吴××借款合同纠纷执行裁定书
12	2016 年 1 月 28 日	〔2015〕梨执字第 1076 号	执行裁定书	梨树县小宽镇普惠农村资金互助社与曲××、何×、宋××借款合同纠纷执行裁定书
13	2016 年 1 月 28 日	〔2015〕梨执字第 1074 号	执行裁定书	梨树县小宽镇普惠农村资金互助社与孙××、李××借款合同纠纷执行裁定书

续表

序号	日期	案号	类型	案件
14	2015 年 12 月 25 日	〔2015〕梨民二初字第 580 号	民事判决书	梨树县小宽镇普惠农村资金互助社与李××、田××、冯××借款合同纠纷一审民事判决书
15	2015 年 12 月 25 日	〔2015〕梨民二初字第 565 号	民事判决书	梨树县小宽镇普惠农村资金互助社与杨×、兰××、杨××借款合同纠纷一审民事判决书
16	2015 年 12 月 25 日	〔2015〕梨民二初字第 558 号	民事判决书	梨树县小宽镇普惠农村资金互助社与王××、何××、何××借款合同纠纷一审民事判决书
17	2015 年 10 月 20 日	〔2015〕梨民二初字第 582 号	民事判决书	梨树县小宽镇普惠农村资金互助社与曹××、栾××、柴×借款合同纠纷一审民事判决书
18	2015 年 10 月 20 日	〔2015〕梨民二初字第 581 号	民事判决书	梨树县小宽镇普惠农村资金互助社与郝××、李××、吕××借款合同纠纷一审民事判决书
19	2015 年 10 月 19 日	〔2015〕梨民二初字第 562 号	民事判决书	梨树县小宽镇普惠农村资金互助社与曹××、李××借款合同纠纷一审民事判决书

资料来源：天眼查。

（二）操作风险

由于新型农村合作金融机构从业人员专业知识不足，业务能力相对较低，在进行日常财务记账时，相关科目及账户处理混乱，如有些合作社开办费没有按年分摊、未实行权责发生制，造成了合作社年底未分配利润为负数等财务处理错误。财务账目记录出错，极易造成操作风险。就吉林省农村合作金融互助组织而言，专业人才缺失问题更加严重，多家合作社财务岗位从业人员没有会计从业资格及相关证书，账目处理混乱，有些该入账的资金没有及时入账。比如，四平市开展合规检查时，发现梨树县十家堡盛源农村资金互助社没有将同业存款利息收入记入社内账户，库存现金数额与账上记录数额不一致。这些问题如果不及时处理将产生较大的操作风险。

（三）流动性风险

以农村资金互助社为例，其初始资金是发起人及社员的入股股金。后续的社员存款是其存续期间的主要资金来源。由于《规定》对社员入股股金总额有额度限制，即单个社员入股股金总额与互助社股金总额的比值小于10%，这在一定程度上限制了农村资金互助社的融资规模。同时由于部分农民对合作金融缺乏了解，不愿意将闲余资金全部入股农村资金互助社，导致资金互助社资金规模较小。比如梨树县闫家村百信农村资金互助社最初注册资本金仅10.18万元。然而与农村互助社融资规模较小形成鲜明对比的是社员对于农业贷款的需求又相对较大，由此形成了较严重的存贷比倒挂现象。资金互助合作社由此容易产生流动性风险。吉林省梨树县4家农村资金互助社经营期间都出现过资金短期问题。

同样，内部开展信用合作业务的农民专业合作社也面临流动性风险。“业缘”是维系农业专业合作社内社员间合作的纽带，社员间的资金拆借与融通活动同样基于同一农业产业链开展。从农业产业链条出发，我们不难发现，产业链上的各环节息息相关，相互依赖，一旦某个链条环节出现问题，整个链条都会受损。而农业产业天然的弱质性使其抗风险能力偏弱。天气、雨水、温度等自然因素的变化对农产品生产的影响较大。农村养殖业受疫情、饲料价格波动影响较大，农业产业极易遭到各类灾害破坏。一旦农业产业受损，合作社经营就会陷入困境。合作社产业链条上的任何一个环节出现资金断流，都会影响整个产业链的资金回流，社内资金紧张，产生资金流动性风险。另外，农业专业合作社资金使用具有明显的季节性特征，春季土地耕种时，资金需求较大，导致专业合作社现金流紧张，也会增加流动性风险。

六　风险补偿机制不健全

按照国家的相关规定，村镇银行办理农业贷款业务时，可以按照其贷款余额的一定比例获得国家财政补贴，这些补贴通常被视为国家给予村镇银行的风险补偿。对于农村资金互助社这类农村合作金融机构而言，其为村民办理互助贷款业务不享受国家补贴，其经营出现风险时只能挂账或依靠自身积累消化，风险补偿能力有限。与其他正规农村金融机构不同的是，在银行开户并缴纳准备金不是农村资金互助社的必选项。因此，银行对农村资金互助社的资金使用和流向情况不完全掌握，有时甚至难以查明实情。互助社在面对突发的资金短缺或支付风险时得不到银行的及时帮扶救助。

而对于开展信用互助业务的农业专业合作社而言，天气、雨水、温度等自然因素的变化对农产品生产的影响较大，农业专业合作社出现风险的概率较大。如果农业产业链条上的农户及小型农业企业能够购买相关农业保险的话，其承担的风险可由保险公司补偿。但事实上，吉林省农业保险只承保农作物“物化成本”的损失，其承保范围并不包含经营、流通以及储藏过程。以“物化成本”为主的保险产品承保范围小，覆盖人群少。在风险日趋多样化的今天，农户对风险保障的需求难以得到满足。吉林省农业保险机构在险种发展上较为局限，现代化农业及产业园的发展离不开多样化的农业保险为其保驾护航。类似于巨灾风险、天气指数、目标价格和区域产量为标的物的保险产品是大势所趋。另外，吉林省农业保险现有险种对风险的保障力度不够。保险水平只能覆盖30%—40%成本的前提下，一些免赔比率及不赔付的条款更是降低了保险的作用。可见吉林省农业保险发展存在农业保险覆盖面小、农业保险产品数量的供给不足且保障水平不高等诸多问题，致使农业合作社内农民及农业小企业投保需求不足，其生产经营出现的风险无法依靠保险化解，并会将风险传导给开展信用互助业务的农业专业合作社。

第四节　外部监管及政策支持存在的问题

由于农村新型合作金融组织在资金来源、业务种类、服务对象、组织形式等诸多方面与其他大型国有商业银行相比较存在很大差异，国家监管机构在对其进行经营监管时，应结合新型农村合作金融机构的各自特点，创新一套适合其属性的监管办法。现有监管体制存在的缺陷很可能会使新型农村合作金融机构陷于市场风险之中，影响其正常运营。同时新型农村合作金融的发展也离不开政府的政策支持。当前，吉林省新型农村合作金融机构在外部监管及政策支持上主要存在以下问题。

一 监管主体不一致

《农村资金互助社暂行管理规定》第 14 条款明确指出，各地银监分局承担着初级监管的职责，负责本辖区内的农村资金互助社的各种筹建工作，履行初步审查职能。银监局根据银监分局的初审结果作出最终的审查和决定。由于各地区各类农村合作金融组织的批准设立机构不同，其监管机构也不一样。有的农村资金合作社的监管机构是地方政府金融办公室，有的是地方政府农业管理部门，扶贫性质的资金互助社多由各地区政府扶贫部门承担监管职责。另外，在吉林省农村地区存在的农民资金互助社大多处于无监管状态。监管主体不一致、监管政策不统一导致监管效率低下，农村合作金融市场发展不规范，秩序混乱。

二 监管力度不够

如图 5.1 所示，我国行使金融监管职能的金融机构主要有国务院金融稳定发展委员会、中国人民银行、中国证券监督管理委员会、中国银保监会。4 个机构是中央层面的“一委一行两会”。从监管资源来看，不论是中央层面的“一委一行两会”还是地方政府金融办公室都存在一线监管力量不足问题，县域地区监管力量薄弱问题更突出。现阶段吉林省农村合作金融组织的监管工作不尽人意，存在大量的监管漏洞，监管力量严重不足，甚至有的地方的监管部门设立缺失。根据《农村资金互助社暂行管理规定》，保监会与银监会各自独立时，地方银监分局是农村资金互助社的属地监管机构。地方银监分局的设立只覆盖到地市级，县级仅设立监管办事处。银监会在县级机构的工作人员只有 2—3 人，对商业银行监管尚力不从心，更无力顾及对农村资金互助社的监管。

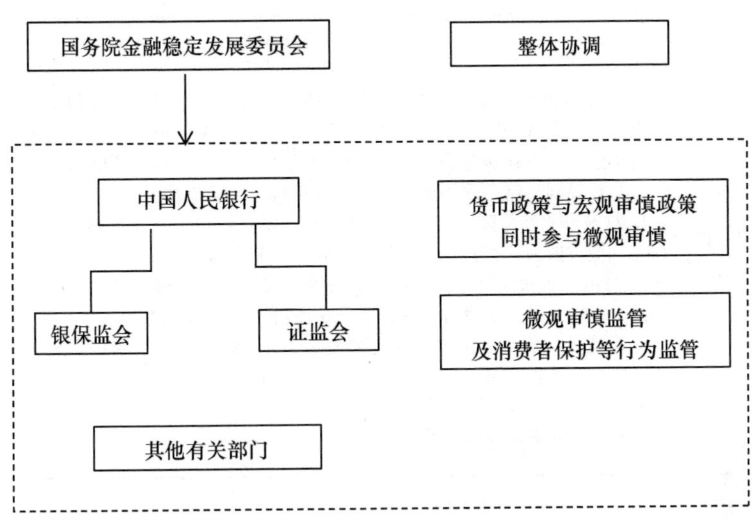

图 5.1　我国金融监管体系

资料来源：根据互联网公开信息整理。

表 5.9　**我国主要监管机构的监管职能**

监管机构	主要监管职责
国务院金融稳定发展委员会	1. 落实党中央、国务院关于金融工作的决策部署。 2. 审议金融业改革发展重大规划。 3. 统筹金融改革发展与监管，协调货币政策与金融监管相关事项，统筹协调金融监管重大事项，协调金融政策与相关财政政策、产业政策等。 4. 分析研判国际国内金融形势，做好国际金融风险应对，研究系统性金融风险防范处置和维护金融稳定。 5. 指导地方金融改革发展与监管，对金融管理部门和地方政府进行业务监督和履职问责等
中国人民银行	1. 在国务院领导下，制定和执行货币政策，防范和化解金融风险，维护金融稳定。 2. 牵头建立宏观审慎管理框架，拟订金融业重大法律法规和其他有关法律法规草案，制定审慎监管基本制度，建立健全金融消费者保护基本制度。 3. 跟银行监管密切相关的是对支付系统的监管，中央银行有责任维护国家支付、清算和结算系统的正常运行，中国人民银行一直致力于开发它拥有的支付系统，并跟其他银行机构密切合作，使这些金融机构运行的支付系统更加高效和更加安全可靠

续表

监管机构	主要监管职责
中国银行保险监督管理委员会	1. 依据审慎监管和金融消费者保护基本制度，制定银行业和保险业审慎监管与行为监管规则。制定小额贷款公司、融资性担保公司、典当行、融资租赁公司、商业保理公司、地方资产管理公司等其他类型机构的经营规则和监管规则。制定网络借贷信息中介机构业务活动的监管制度。 2. 对银行业和保险业机构的公司治理、风险管理、内部控制、资本充足状况、偿付能力、经营行为和信息披露等实施监管。 3. 对银行业和保险业机构实行现场检查与非现场监管，开展风险与合规评估，保护金融消费者合法权益，依法查处违法违规行为。 4. 负责统一编制全国银行业和保险业监管数据报表，按照国家有关规定予以发布，履行金融业综合统计相关工作职责。 5. 建立银行业和保险业风险监控、评价和预警体系，跟踪分析、监测、预测银行业和保险业运行状况

资料来源：根据互联网公开信息整理。

三 监管措施缺乏针对性

《农村资金互助社管理暂行规定》第7条款及第53条款赋予银行业监管机构对农村资金互助社的监管职责，对其实行动态监督管理。农村资金互助社筹建阶段，其筹建小组需要按照暂行规定中的相关条款准备文件资料并向组织所在地银监分局提交各项申请，银监分局受理申请后，要进行逐一核查，经银监分局初步审核符合设立条件后，再由银行业监管总局进行最终审查，作出批准设立决定。在农村资金互助社开业阶段，属地银监分局需深入实地，全面考察其审核开业申请的相关事宜，待考察合格之后，才给予申请单位颁发金融许可证。如表5.10和表5.11所示，暂行条例在风险管理上要求互助社资本充足率不得低于8%；互助社对单一社员的贷款总额限额是互助社资本净额的15%；互助社对前十大户贷款总额限额是其资本净额的50%，同时互助社资产损失准备充足率需大于等于100%。入社农民或农村小企业有权利参加社员大会，并针对农村资金互助社的相关议案提出自己的建议或意见，会议要有记录，会议决议要备案。银监局对农村资金互助社监管的方式主要有非现场监管和现场监管两种，两种方式通常结合并用。非现场监管是各地银监局对互助社提交的存贷款业务报表、财务数据报表等量化的数据运用银行业监管数据技术进行全面分析，了解其经营及风险状况，参照暂行条例中相关要求，审核其资本充足率和不良贷款率的变化，透视其存在的潜在风险。这种监管模式是套用国家监管部门对商业银行的监管模式。这些规定基本上是沿袭了国家对我国一般金融机构监管的相关规定。但是农村资金互助社与农村村镇银行等一般性金融机构是不同的，其具有合作互助的独特金融特点，暂行条例中的监管规定忽略了农村资金互助社的特性，条例的内容针对性不强，缺乏可操作性。其中关于资金充足率的规定，和一般的农村金融机构一模一样。而现实中，由于农村资金互助社融资渠道单一，其资金充足率很难达到一般金融机构的水平，较高的监管门槛及缺乏针对性的监管措施对农村资金互助社的发展起到了限制作用，无法有效防范农村资金互助社潜在的金融风险。

表 5.10 监督管理机构对农村资金互助社采取的监管措施

相关指标	监管措施
资本充足率 >8% 不良资产率 <5%	可向其他银行业金融机构融入资金；属地银行业监督管理部门有权依据其运营状况和信用程度提出相应的限制性措施；银行业监督管理机构可适当降低对其现场检查频率
2% <资本充足率 <8%	银行业监督管理机构应禁止其向其他银行业金融机构融入资金，限制其发放贷款，并加大非现场监管及现场检查的力度
资本充足率 <2%	银行业监督管理机构应责令其限期增扩股金、清收不良贷款、降低资产规模，限期内未达到规定的，要求其自行解散或予以撤销

资料来源：《农村资金互助社管理暂行规定》。

表 5.11 农村资金互助社风险管理监管指标

序号	指标
1	资本充足率不得低于 8%
2	对单一社员的贷款总额不得超过资本净额的 15%
3	对单一农村小企业社员及其关联企业社员、单一农民社员及其在同一户口簿上的其他社员贷款总额不得超过资本净额的 20%
4	对前十大户贷款总额不得超过资本净额的 50%

资料来源：《农村资金互助社管理暂行规定》。

四 与中国人民银行业务系统不对接

吉林省4家农村资金互助社成立至今，其业务系统保持独立，与中国人民银行账户、征信系统不产生联系，使得中国人民银行对其监管较为困难。

首先，农村资金互助社的资金使用及流向不受监管，这不利于互助社的健康发展。应该要求互助社在银行开户并缴纳存款准备金。其次，农村资金互助社在农户征信方面掌握的信息并非完善，缺乏系统的比对核实，信贷风险极容易产生。互助社社员贷款信息应当接入中国人民银行征信系统，防范借款方重复贷款违约情况的发生。最后，中国人民银行对农村资金互助社的监管十分有限，大额支取现金和反洗钱是非常薄弱的两个方面。农村资金互助社携款“跑路”和非法洗钱行为不易被发觉。

吉林省农村地区存在的金融互助组织除了银监部门审批的农村资金互助社有明确的监管机构外，其他的新型农村合作资金互助组织还处于监管真空状态，如果对这些金融互助组织不尽早解决监管问题，盲目任其发展下去，金融风险迟早会出现。

五 缺少行业自律

吉林省梨树县闫家村百信农村资金互助社等4家农村资金互助社成立至今，没有建立起行业协会，也没有共同协商行业行规和行约，缺少行业自律。同时吉林省其他新型农村合作互助组织也没有建立起有效的行业自律协会。虽然在吉林省四平地区有的县市成立了少数几家农民资金互助联合社，但由于联合社成员不多，又缺少专业的管理人才，联合社在行业监管上所起作用不大。有的联合社连基本的年度结算工作都无法对成员社指导，对控制成员社经营风险更是力不从心。没有行业约束，单一的农村资金合作社经营各自为政，互不交流，彼此之间缺乏行业间的依赖及同行间的互助，单打独斗的经营方式制约了农村资金合作社的规范发展，不利于风险控制。

六　法律规制缺失

拥有健全完善的合作金融法规体系是每个农村合作金融发展效果较好国家的共同经验。我国于2007年颁布实施的《农民专业合作社法》，其只对专业合作社开展的生产合作和供销合作进行了法律规范，没有涉及金融合作的内容。有关合作社内部开展资金互助需要立法进行规范的问题，几届人代会议都有代表提出建议。根据代表的提议，2017年，国家立法机构在《农民专业合作社法》的修订草案中列出了相关农民专业合作社内部资金互助的规定，可惜最终在2018年7月颁布实施的《农民专业合作社法》中相关内容不见了踪影。目前我国在规范农村合作金融方面的相关法律法规只有《农村资金互助社管理暂行规定》，但它的作用有限，只适用现存的43家农村资金互助社，然而开展资金互助业务的其他形式的农村资金互助组织，没有正式的法规对其监管。虽然有些地方政府出台了一些关于合作社内部互助融资的相关规定或办法，但其不具法律效应。合作金融法律法规的缺失，导致我国农村合作金融发展陷入停顿。

合作金融法律法规的缺失，导致我国农村合作金融发展陷入停顿。首先，由于缺乏合作金融法律法规的指导，各地银监分局对农村资金互助社组织的制度架构与监管特殊性的认识不足，对农村合作金融组织日常监管惯用监管农村商业银行的理念和模式，监管成本较高且导致农村金融互助社合规成本较高，有些地区的农村资金互助社由于达不到合规要求，被迫申请退出，全国已有6家机构已退出农村合作金融领域。其次，合作金融法律法规的缺失，导致扶贫资金互助社发展陷入了无法可依的困局，扶贫资金互助社的试点工作无法拓展。扶贫资金互助社没有建立以社员股权为基础的产权制度，社员的产权主体地位缺失。产权制度设计上的缺陷致使扶贫资金互助社业务规模较小。合作金融法律法规的缺失，致使各地农村扶贫资金互助社在制度设计与业务的规范运作上缺乏法律的指引与约束，导致全国贫困村资金互助社的试点推进工作面临无法可依的困局。2011年国务院扶贫办权衡利弊后，停止了扶贫资金互助社的试点与发展工作。回顾全国各地区农村扶贫资金互助社试点工作的成败得失，我们可以看出，在相关法律规制缺失的情况下，即使有再好的扶贫初衷和再努力的推进工作，扶贫效果都难以达到预期水平。作为行政推动者的政府部门也会因无法可依身陷困境，农村扶贫互助社试点工作无法推进。农村扶贫资金互助社试点推进情况表明，农村合作金融组织在规范发展中，需要有科学系统的顶层设计及专业的合作金融立法来保障。最后，由农民自发成立的农民资金互助社，由于缺乏明确的合作金融法律的约束，许多的农民资金互助社违规经营，将自身办成了“山寨银行”，非法吸收农民存款，违规投资高风险行业，经营风险巨大。部分农民资金互助社卷入倒闭风潮，危害地方金融稳定和社会和谐；少部分农民资金互助社假借农村资金互助社名义，虚报投资回报收益，大量吸取农民资金，之后将钱款卷走跑路，行坑蒙农民之实，给受骗农民造成巨大的财产损失。全国各地的金融监管办公室对辖区内的违法经营的农民资金互助机构加强了监管力度，对违规违法的部分此类机构给予清退处理。2019 年吉林省有 116 家农民资金互助组织因违法违规经营被清退。

七　国家扶持政策欠缺

农村合作金融的健康持续发展离不开国家的政策支持。与国家正规金融机构相比，农村合作金融机构在注册资金、业务规模、融资渠道、抗风险能力等诸多方面存在“先天”不足，这些不足之处需要政府政策支持给予弥补。我国新型农村合作金融发展起步较晚，相关政府配套政策不尽人意，制约了我国农村合作金融的发展。在政策支持上，国家不仅存在农业补贴、税收优惠、开办费补贴、贷款贴息、风险补偿等方面给予农村合作金融组织的支持力度不够问题，还存在现有的支持政策落实不到位问题。吉林省部分基层农管机构存在工作主动性、责任性不强等问题，制约了吉林省支农政策的传输和落实，致使支农效果大打折扣。另外，在相关政策中，虽然鼓励农业生产合作社内部开展资金互助业务，但对合作社内部如何开展资金互助业务没有做出明确规定，也没有涉及政府具体的鼓励措施，政府扶持措施尚存在政策盲点，导致农村生产合作社内部开展资金互助的积极性不高。

综上所述，虽然吉林省新型农村合作金融业务在很多基层农村已经轰轰烈烈开展起来，但其发展程度仍然处于初步阶段，发展过程存在多方面问题。不同组织形式的农村资金互助社发展存在的差异很大，出现的问题也不尽相同。各类新型农村合作金融组织发展过程中没有形成行业自律机制，也都缺乏有效的内部控制，没有建立起三位一体的监管模式。由于缺乏有效的约束，吉林省农村资金合作金融发展堪忧。

第六章　借鉴经验规范吉林省新型农村合作金融发展的对策

第一节　国内外农村合作金融发展经验

一　中国台湾农村合作金融发展经验

台湾地区是我国率先建立农村合作金融制度的省份，其合作金融体系为二级制，由基层农会信用部及上层农业金库组成。农会信用部在台湾地区分布广泛，机构数量较多，它是台湾农户及农业经济小集体获得融资的主要渠道。同时台湾地区还存在大量的储蓄互助社，储蓄互助社是一种非营利性社团法人，它是台湾地区的自然人自愿成立且具有民主自治性质的公益性社团法人组织。储蓄互助社和农会信用部是台湾主要的农村合作金融组织形式，也是台湾农户生产及生活融资需求的主要供给来源，二者对推动台湾地区农村金融及农村经济发展具有很大的作用。

（一）台湾农会信用部的发展经验

1. 农会信用部组织体制

农会信用部是台湾农会的组成部分之一，其运作受制于农会。如图6.1和图6.2所示，台湾农会是广大农业者的公会，会员以农户为主，服务对象是农户会员。该机构除为社员提供金融服务外，还兼具运营农业事业、推广农业教育及农业行政的职能。截至2019年5月，全台农会的数量是302家，全台农户总数的99%是其会员。从组织体制上看，农会信用部是农会为给会员提供信用贷款服务而专设的部门。全台共有277家农会信用部，1100个营业点，金融服务基本达到全覆盖。台湾农会信用部是农会综合经营体制架构下的专业部门之一。因为农会信用部为非法人，所以在《农会法》的管制之下进行管理、人事及会计等业务。根据台湾《农会法》的相关规定，农会管理机关的金字塔尖是行政院农业委员会，在直辖市设立的农会，其管理机关为直辖市政府，在县（市）设立的农会，其管理机关为县（市）政府。在中国台湾地区，下级农会接受上级农会对其业务的指导，与此同时，农会信用部还受本行业的主管机关指导及监督。在为农户提供融资服务时，基层农会起的作用最大，其直接以农民为服务主体，与农民联系最密切。根据《农会法》的相关规定，会员代表大会是基层农会的最高权力机构，基层农会内设有信用部、保险部、供销部、会计部等若干部门并在各地方设有办事处（见图6.3）。各农会信用部主要负责人的聘用及解任严格按照《农会法》的相关规定，聘任农会信用部主任一职时，需满足农会信用部主任应具备的资格条件，同时解任时也要遵循解任办法的规定要求。

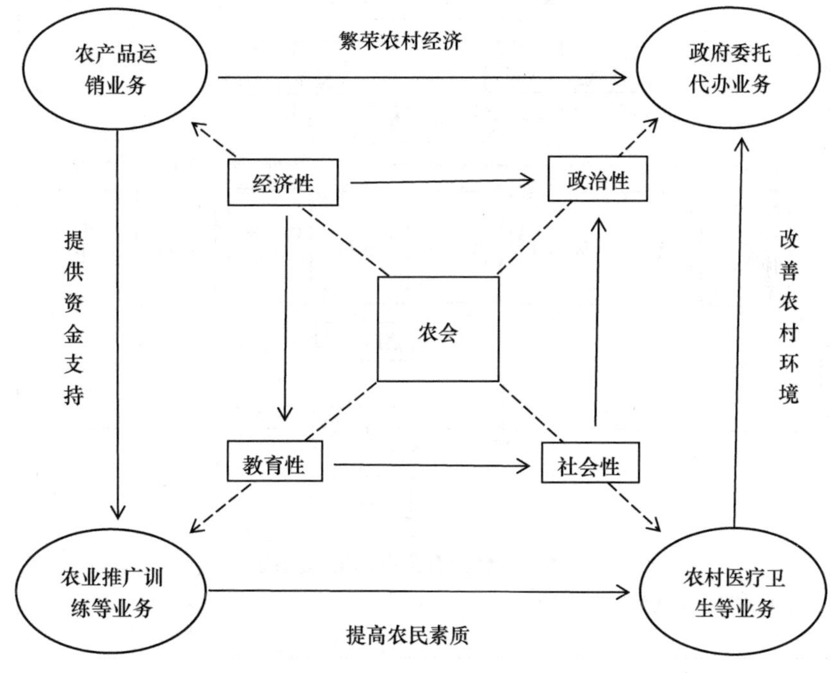

图6.1　台湾农会功能、业务与农村发展的关系

资料来源：海峡两岸农业合作网。

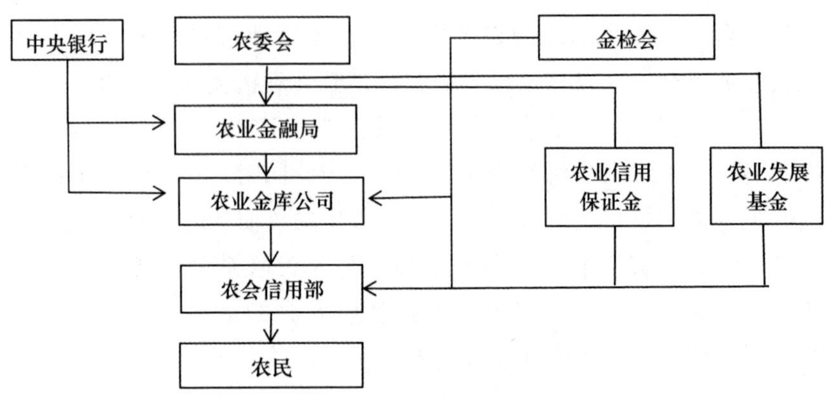

图 6.2　台湾农村金融体系

资料来源：海峡两岸农业合作网。

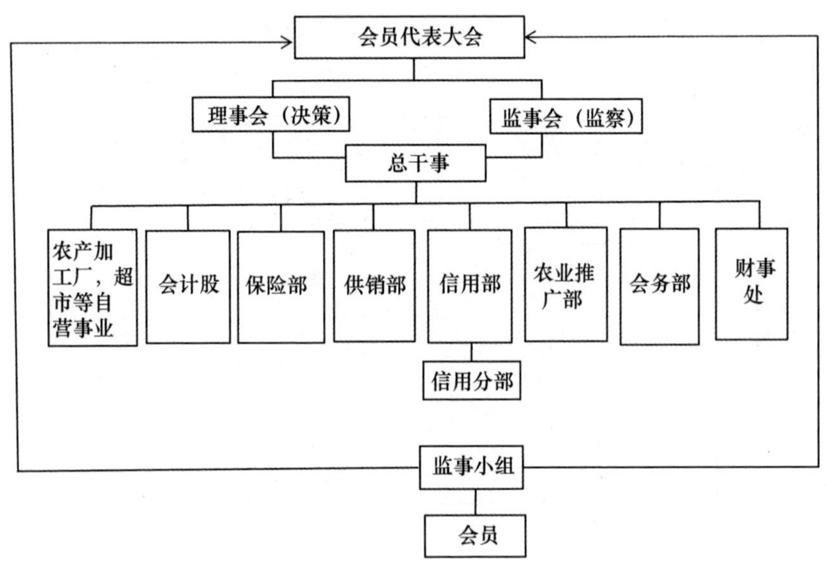

图 6.3　台湾农会内部组织结构

资料来源：海峡两岸农业合作网。

2. 农会信用部营业范围

根据《农会法》规定，台湾地区的各级农会的组织区域以其所在的行政区域作为界限。同一区域内的农会组织数量只能有 1 个，且该组织是以此区域名称进行命名的。同样，农会信用部的服务范围限制在该组织所在的行政区域内。可见该种限定特定营业区域的地区性合作金融机构，其服务的客户群相对固定，服务范围及经营业务对象受到地域限制。在台湾地区，农会信用部是农村合作金融的一种组织形式，当地农户会员是各县级农会信用部提供资金融通服务的主要对象。由于农会信用部是各级农会的组成部分之一，其设立并非根据台湾地区的《银行法》，因而不能按照《银行法》中的规定开展一般银行的全部业务。基层农会信用部受限于金融专业人才短缺及先天资源的不足，其经营的业务项目要比一般商业银行少较多项。一般放款和农业放款通常是基层农会信用部经营授信业务的主要放款模式，农业金库吸收其剩余资金。因此，在台湾地区广泛分布的各级农会信用部，其金融服务领域及服务对象相对稳定。

台湾农会信用部具有合作金融属性，采用会员制。其会员组成分为两类，既所属区域内会员与赞助会员。农会信用部日常服务对象主要是所属区域内会员。为提升台湾地区农会信用部市场竞争能力，1994 年 1 月实施的《农业金融法》规定农会信用部可有限度开放对非会员放款，同时可在规定限额下吸存非会员存款。依据《农业金融法》中关于农会、渔会信用部对赞助会员及非会员授信及其限额标准的规定，100% 是农会信用部对其全部赞助会员贷款融资总额占赞助会员存款的最高限额；农会上年度决算净值的 10 倍是农会信用部吸存非会员存款的最大额度。台湾农会信用部能在限度范围内对非会员开展存贷业务，这是台湾地区合作金融的特色，是可借鉴的经验。

3. 农会信用部发展支撑体系

将内陆农村合作金融发展作为比较对象，台湾地区农会信用部发展依托其健全的支撑体系。如图 6.4 所示，农业金融局是农会信用部的主要监管部门，农业金库是其上层辅导机构，中央存保公司为其存款保险机构，农业信用保证基金是其贷款保证机构，同时台湾还建立了相应的农贷政策性支持机制。

（1）农业金融局

隶属于“农委会”的农业金融局是农会信用部的监管机构。其主要负责制定相关农业金融政策，对农业金融机构开展日常金融监督管理与检查工作，并对问题农业金融机构进行相关处罚。在实际对农会信用部监管业务操作中，针对日常的监管检查工作，农业金融局通常委托“金管会”进行。“金管会”可随时派检查人员检查农会信用部的财务报告、财产目录及其他需要送审的资料。检查过程中，如果发现个别农会信用部经营存在问题，农业金融局将会依据《农业金融法》对违反规定的农会信用部进行行政处罚。

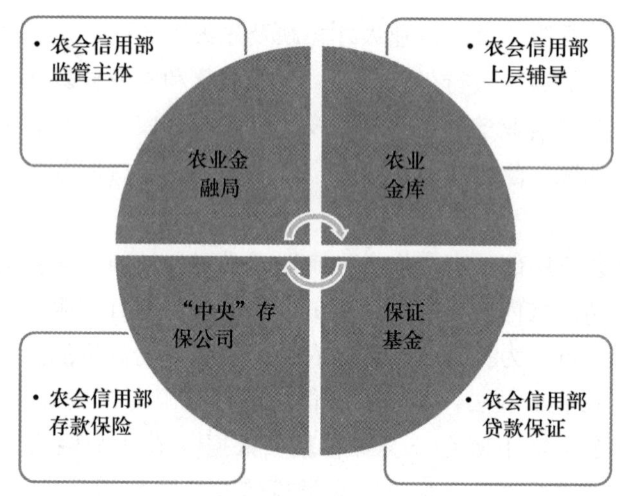

图 6.4　台湾农会信用部发展支撑体系

资料来源：海峡两岸农业合作网。

（2）农业金库

农业金库由台湾地区全体农会共同筹建而成的。它的主要职责是维护台湾农业金融稳定及对农会信用部业务发展进行辅导。它是农会信用部上层辅导机构。台湾农业金库对于信用部的业务辅导内容主要包括：构建信用部的业务规章、健全信用部的内部控制、健全财务结构、办理信用部的富余资金的转存及融通、提缴存款准备金及流动准备、辅导办理农贷业务、办理通汇业务及代理票据交换业务、办理代理收付款项及代理“公库”业务、协助纠正金融业务检查缺失等。农业金库对台湾地区全体农会信用部除进行业务辅导外，还对其财务及业务进行查核、金融风险评估以及绩效评价。依据台湾地区《农业金融法》的具体规定，只要经营业绩满足累积亏损超过其上年度决算净值1/3或贷款逾期率超过15%这两个条件其中之一，农会信用部就会由其主管机关及农业金库应设置的辅导小组进行整顿，实施特定的项目辅导。由于农会信用部可将贷款剩余资金转存农业金库，因此农会信用部在资金短缺时可向农业金库提出融资需求。农业金库依据相关法律规定对农会信用部资金融通给予支持。关于存款方面的规定，台湾农会信用部余裕资金，应一律转存台湾农业金库，每次存期不超过1年，农业金库按照存款牌告上利率，给予相应利息。关于融资方面的规定，农会信用部一般性或季节性用于周转资金所需的融资需求，以其向农业金库的存款资金额度为申请融通上限。农会信用部因重大偶发事件产生的紧急融资需求，融资额度超过其在农业金库全部存款上限的部分，在其理事、总干事及监事提供担保的情况下，可向农业金库申请紧急资金融通。

（3）中央存保公司

根据《农业金融法》的相关规定，为保障台湾地区农业金融机构全体存款人的资产权益，农业金库及农会信用部都需要参加中央存保公司的存款保险，同时中央存保公司对农会信用部负有金融检查的义务。中央存保公司对一般金融机构的检查所用到的方法同样适用于检查农会信用部。在存保费率的确定上，中央存保公司对台湾全体农会信用部采用差别化存保费率。存保费率的大小主要依据资本充足率（BIS）及金融预警系统评级得分指标两大指标来确定。具体费率如表6.1所示。总的看来，关于资本充足率的规定，中央存款保险公司对农会信用部的要求一般低于其他金融机构，平均比其他一般金融机构低2%。在存保费率确定上，中央存款保险公司给予农会信用部的费率低于其他一般金融机构，如表6.2所示。

表6.1 **中央存款保险公司对农会信用部的资本评级指标**

资本充足率（BIS）	评级结果
BIS≥10%	资本良好
6≤BIS<10%	资本充足
BIS<6%	资本不足

资料来源：海峡两岸农业合作网。

表 6.2　中央存款保险公司对农会信用部的实施的差别化存保费率

机构类别	资本类别 评级得分	资本相关充足(‰)	资本基本充足(‰)	资本不充足(‰)
一般银行机构	评级≥65 分	0.5	0.6	0.8
	50 分≤评级<65 分	0.6	0.8	0.11
	评级<50 分	0.8	0.11	0.15
农渔会信用部	评级≥65 分	0.2	0.3	0.4
	50 分≤评级<65 分	0.3	0.4	0.5
	评级<50 分	0.4	0.5	0.6

资料来源：海峡两岸农业合作网。

（4）农业信用保证基金

1983 年 9 月农业信用保证基金在台湾地区初创。其设立的目的一是为增强台湾地区广大农民、渔民及农渔业生产小企业的受信能力，二是为化解农会信用部等涉农金融机构的融资风险。农业信用保证基金的目标群体主要包括实际从事农、渔、林、牧业生产、加工、仓储、运销、休闲农（渔）业及农（渔）业发展事业等个人、独资、团体、合伙、合作组织或公司。其保障范围主要包括贷款本息及法定诉讼费用。保证的利息以 6 个月为最高上限。关于保证额度的规定，用于生产经营支出的贷款额度，每一农业经营者累计贷款余额以新台币 500 万元为最高上限。用于农渔民生活改善及家庭资金周转的贷款额度，以新台币 100 万元为最高上限。

（5）农贷政策性支持

为促进农会信用部可持续发展，台湾地区政府制定了一系列配套支持政策。在税收方面，农会信用部获得台湾地区当局免缴所得税及营业税的政策优待。在资金支持方面，台湾地区推出了“统一农贷计划”，对自愿参加该计划且符合相关条件的农会信用部提供无息贷款，以便于它们为本地区农业经营者提供信贷支持。“统一农贷计划”对农会信用部累积自有资金、提升贷款能力方面具有显著的推动作用。与此同时，台湾地区对参与出资的政策性农业项目贷款的农会信用部，就其自行出资的资金给予利息补贴，补贴标准由“农委会”制定。如表6.3所示，近年来，台湾当局陆续推出了多项长期低利息的政策性农业项目贷款，此类项目贷款既降低了农渔户的经营成本，又提升了农渔民收入，改善了台湾地区农渔民的生活水平，推进了该地区农业经济的发展；同时，给予农会信用部的利息补贴，在一定程度上化解了农会信用部融资风险，提高了其业务收入，对其可持续发展具有积极的推动作用。

表6.3 台湾涉农主要机构业务职能

	“中央”主管机关	台湾农业金库	信用部
任务	健全农业金融机构经营。 保障存款人权益。 促进农、渔村经济发展	辅导信用部业务发展。 办理农、林、渔、牧融资及稳定农业金融	办理农、林、渔、牧融资及消费性贷款
政策性农业专案贷款	规划及推动。 优先编列预算支出所需经费	积极配合推动、办理。 农业用途放款，应优先承做。 对担保能力不足之农民或农业企业机构，应协助送请农业信用保证机构保证	—

资料来源：海峡两岸农业合作网。

（二）台湾储蓄互助社发展经验

台湾储蓄互助社是由一群具有相关关联关系的自然人，以实现相互间资金融通需求为主要目标，本着自愿加入、风险责任共担的原则建立的以合作金融为基础的非营利性社团法人。储蓄互助社中的人员之间存在的关联关系体现为任职于同一公司或职业团体、参加同一宗教团体或社团、居住于同一乡镇或社区。台湾地区的储蓄互助社创立之初就秉承“互助合作，风险共担”的经营理念，其管理人员是通过民主选举的方式选举产生的。无薪酬，义务对储蓄互助社进行经营管理是储蓄互助社管理人员工作的两个特点。管理人员通常需要完成两项任务，任务一是在平时协助社员把结余资金存放于互助社中，任务二是将互助社中的结余资金贷放给有需求的社员，帮助社员增加收入的同时也解决了彼此间的融资需求。

台湾地区的储蓄互助社源于20世纪60年代，它的产生是为了化解台湾存在的行业差距、个人收入两极化及地区发展不平衡等诸多社会问题。台湾储蓄互助社的设立工作是作为台湾的一个主要社会福利计划推广开展的，它的存在可在一定程度上保护基层社区居民，特别是贫困居民不受融资问题困扰。互助社的社员在办理贷款业务时全凭信用，无须担保及抵押物，办理手续的简化，贷款利率也相对较低。这种低利率的社区贷款不仅减轻了社区居民的还款压力，同时也为改善居民生活水平提供了资金支持，激发了台湾地区潜在的经济活力。台湾地区的储蓄互助社与农渔会信用部已成为台湾合作金融的重要组成部分。

1. 台湾储蓄互助社特色经营模式

（1）服务对象来源单一

台湾储蓄互助社服务对象来源单一，运营理念十分保守，互助社的服务范围仅限于存在关联关系的内部社员，社内会员兼具资金所有者、投资者，又是资金使用者或管理者等多重身份。可见台湾储蓄互助社的客户就是社内的社员，服务对象相对一般商业银行而言较固定。

（2）以自助和互助为运营宗旨

台湾储蓄互助社具有非盈利的性质，其经营的宗旨是互助和自助。社员大会对其具有绝对的控制权。与股份制商业银行不同的是，社内的投票权与社员储蓄额度多少无关，社内人均享有投票权。股份制商业银行采取按股东持股比例表决制度。

（3）以金融服务为主且兼有经济、社会和教育功能

与一般商业银行注重规模效益、客户数量的经营理念相比较，小规模的经营理念是台湾地区的储蓄互助社所推崇的。单个储蓄互助社社员数量通常情况下是几百人。传统金融业务是其主要的金融服务内容。需要关注的是，台湾储蓄互助社除具有为社员提供金融服务的功能外，其还兼有社会、经济及教育的功能。其在开展日常业务时，能够较好地融入和引导社员日常生活，这往往是一般商业银行所欠缺的功能。在社会和教育功能的渗透力和影响力上，商业银行的表现也相对比较弱小。

（4）业务受理坚持合作金融原则

台湾储蓄互助社在进行会员相关存款业务的办理过程当中，虽然定期储蓄是被推崇的主要存款形式，但其往往不以承诺给予高额的固定额

度回报。在办理社员贷款业务时，台湾储蓄互助社多以发放无息或低息免抵押贷款为主。同时储蓄互助社会结合社员的具体情况为其提供灵活多样的个性化还款方式。台湾储蓄互助社开展融资业务时，将合作金融原则作为根本出发点和落脚点，坚决以社员内部储蓄作为唯一融资渠道，杜绝从外部进行融资，坚持封闭经营，规避经营风险。

2. 台湾储蓄互助社及其协会的组织构架

（1）台湾储蓄互助社的组织构架

台湾储蓄互助社是台湾民众的组织，它是以民众为基础自下而上形成的，它是民众依据自身意愿自愿加入的，其性质是非营利性的法人组织，该组织具有自愿、民主、自治的属性。如图 6.5 所示，在组织结构上，台湾储蓄互助社将社员大会作为组织内部的最高权力机构，其下设有理事会与监事会两个机构。相关理事与监事人员是经社员大会选举产生的。理事会下还设有顾问团、教育委员及贷款委员会，三者协助理事会开展日常工作。

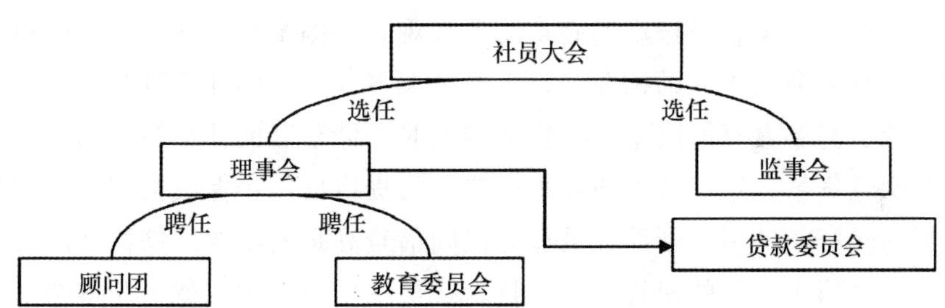

图 6.5　台湾储蓄互助社的组织构架

资料来源：海峡两岸农业合作网。

（2）台湾储蓄互助协会的组织构架

台湾储蓄互助协会作为台湾储蓄互助社的一个自律组织，它是众多储蓄互助社参加的协会总会，是一种公益性社团法人组织。其主要职责是对外宣传和推广协会内的储蓄互助社。在外联方面，台湾储蓄互助协会作为代表，参加国际性合作互助金融组织活动。在组织框架上，储蓄互助社是其组织构架的模板。台湾储蓄互助协会是由会员代表大会进行领导管理的，会员代表大会经过选举后产生理事会和监事会，二者在会员代表大会的管辖范围内，其主要的任务是负责协会内部日常工作的处理及监督管理工作。理事会选举产生秘书长和理事长，理事会下设财务委员会、企划委员会及辅导委员会。为方便开展工作，台湾储蓄互助协会将地方性储蓄互助社组织即储蓄互助地区协会分别设在台湾不同地区内，因为区域性储蓄互助协会的出现，各地方储蓄互助社和台湾储蓄互助协会之间的联系更加密切，便于彼此之间交流经验，推动了台湾地区储蓄互助社的共同发展。

3. 台湾储蓄互助社的主要功能

“互助合作，风险共担”是台湾储蓄互助社一直秉承的经营理念。其运营以来，始终坚持以社员为服务对象，为社员提供金融服务、解决社员融资困难并协助社员改善生活条件。台湾地区的储蓄互助社，除具有为社员提供融资的经济功能外，还具有社会及教育功能。

（1）经济功能

台湾储蓄互助社是合作金融组织的典型性代表。储蓄互助社日常号召社员勤俭持家，坚持定期储蓄的理财观念。储蓄互助社鼓励社员将闲置的小额资金放入互助社存储，不论金额多少，互助社都吸存。同时社内有社员需要融资解决生产及生活困境时，储蓄互助社会为他们提供无息或低息贷款，这些贷款往往不需要社员提供信用担保或抵押品。如此优惠的融资条件可以帮助社员免受民间借贷高息的困扰。储蓄互助社为社员办理信用贷款的流程简洁，贷款社员在较短时间内就可获得融资款项，其面临的生产生活困难可快速得以解决。可见台湾储蓄互助社日常利用其自身业务吸存社员闲置资金、向资金短缺社员发放信用贷款，有效地发挥其基础金融服务中介的作用。

（2）社会功能

台湾储蓄互助社与台湾地区其他金融机构在经营理念上略有不同，其奉行全员参与、开放经营、民主管理、自愿服务、合作互助和多方监督的运营原则。民主、自由是该合作金融组织形式具有的两个特点。在接纳会员方面，台湾储蓄互助社采用自愿原则，接纳具有共同关系且愿意共担风险的社员参与，同时社员也可自愿退出。日常经营采用民主管理的形式，会充分接纳会员建议，以会员整体利益为核心。社内重大事项决策时，都要召开会员大会，通过会员投票决定结果。与其他金融机构投票权与投资额度挂钩不同，台湾储蓄互助社社内每位社员的选举权是平等的，与其在社内的储蓄额度无关。此种投票权利分配，充分体现了储蓄互助社的民主优势。为防止集权和违规经营现象出现，台湾储蓄互助社中理事会及监事会两大核心部门的任职人员要经社员选举产生且在一定时间范围内进行轮换。这不仅对储蓄互助社社员民主参与权与监督权进行了切实的维护，也确实起到了保护储蓄互助社全体社员的共同利益的作用。受“合作互助”金融属性的限制，台湾储蓄互助社吸纳社员储蓄时，不会向社员承诺支付固定高额回报，这样可以有效隔离逐利资金的涌入，避免扰乱储蓄互助社正常运营秩序，还使得拥有不同投资额度社员间的权益差距也得到了一定程度的缓解。另外，台湾储蓄互助社中的任职人员无薪义务为社员们提供服务和帮助，不仅降低了互助社运营成本，还增强了员工的奉献精神及凝聚力。台湾储蓄互助社因其具有较强的自由度和民主平等的会员待遇，深受广大会员欢迎。此种合作金融组织形式在台湾普及率较高。

（3）教育功能

台湾储蓄互助社自开办以来，一直秉承“合作互助、风险共担”的运营宗旨，其在为社内会员提供金融支持的同时，也向社员普及合作金融知识及互助合作理念，提高社员金融素养的同时，强化储蓄互助社的运营宗旨和经营理念。台湾储蓄互助社在日常运营中，以向会员宣传合作互助的理念为重。其经常给会员及社区居民发放各类宣传手册，让大家了解台湾储蓄互助社的日常业务及功能。它还会定期组织社员开展宣讲活动，让社员用亲身经历展现合作互助的益处。台湾储蓄互助社的社员在社内具有多重身份，他们既是社内储户，又是资金使用者；既是客户，又是权益所有者，有些会员还兼具经营管理者的身份。因而社员的金融素养高低在很大程度上影响了储蓄互助社的整体运营效益。所以，培养社员的金融素养、普及宣传相关金融知识、帮助会员识别金融风险、鼓励社员做好理财规划都是台湾储蓄互助社在日常运营中所进行的日常活动。同时储蓄互助社号召社员要开展金融互助合作，强化社会责任，团结互助，共同致富。这些工作的开展，不但有利于推动储蓄互助社日常运营，还有助于提高社员的个人整体素质并改善社会整体风气。

综上所述，台湾地区农村合作金融起源较早，在组织框架、风险控制、配套服务及金融监管等方面都构建了较完善的机制，推动了台湾地区农村金融及农村经济的发展，其发展经验值得大陆同业学习和借鉴。

二 日本农村合作金融发展经验

在亚洲地区，日本农村合作金融体系是一种独特高效的农村合作金融体系，其在组织构架、业务运营管理、配套法律、政策支持与监管等方面制度规定都比较完善，日本农村合作金融发展经验值得我国借鉴。

日本结合本国实际情况，以欧美国家成功经验作为基础，创建了具有本国特色的农村合作金融体系。日本农村合作金融体系隶属日本农业协同组合，并且是其下的一个子系统。农协在日本的农业合作组织中占据着重要的地位。1947 年日本颁布的《农业协同组合法》是日本农业协同组合产生的法律基础。农户可根据自主、自愿的原则加入农业协同组合。日本农协采取三级组织体制，即基层农协、中层农会及高层农协。设立在日本村、町的农协组成基层农协；设立在府、都、道、县的农协以基层农协为团体会员构成中层农会；设在中央的农协以道、都、府县级农协团体会员组成高层农协。可见，日本从中央到地方，建立了层次分明且覆盖面广泛的农协组织系统，该系统的覆盖范围几乎可以囊括整个日本农村地区。此外，业务范围广阔的日本农协，其业务领域覆盖了农产品的产销、农地信贷、农业保险、农民医疗卫生及文体活动等领域，关联日本农村经济和农民生活的一切事务，是日本规模最大、功能最全的合作组织。

（一）体系的构建

日本农村合作金融体系是隶属日本农协的一个下属子系统，结构上它是一个垂直的由中央到地方的信用合作体系，其内部结构层次分明，模式上是一个二重结构的“二三三”模式。日本农协采取三级组织体制：基层农协是设立在日本村、町的农协，设立在府、都、道、县的农协以基层农协为团体会员组成中层农协即县级联合会，设在中央的农协以道、都、府县级农协团体会员组成高层农协即全国联合会。同时日本农协下的每个基层农协及信农联设有农业系统、渔业系统及林业系统3个分支系统（见图6.6）。在日本成为农协会员的条件是农户入股参加所在区域的基层农协。基层农协、信农联、农林中央金库三者之间通过入股的方式建立了联系。虽然从表面结构上看，日本农村合作金融体系具有从中央到地方的3个上下层级，但实际上这三个层级组织各为独立法人，彼此间不存在垂直领导的关系，各层级农协独立经营，盈亏自负，上层农协对下层农协只有业务指导和监管的职能。资金存储是自下而上存的，融通资金自上而下。

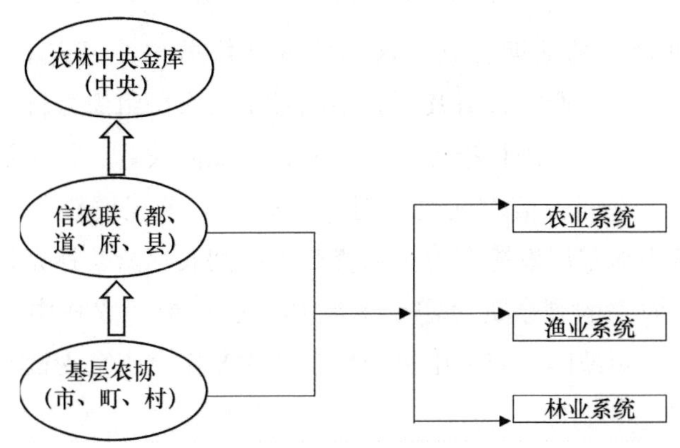

图6.6　日本农村合作金融体系

资料来源：刘洁：《日本农村合作金融体系的构建及其对我国的启示》，《现代日本经济》2013年第3期。

1. 基层农协

日本基层农协是日本的农村合作金融基层组织。它由日本村、町、市的农户和其他居民团体等以入股方式构成。该组织自产生以来，就以服务本农协全体成员为经营目标，营利不是其经营目的。基层农协的资金主要用于发展地区农业生产及农村经济，提高区域内的农民生活水平。基层农协的主要业务是吸储会员存款及向会员发放贷款，同时其还兼营结算业务和少部分中间业务。农协的发展准备金来源于农协净利润的25%，发展准备金留存协会内，不予分配；净利润的10%作为积累金，净利润的7%作为会员股金分红，净利润的45%返还给会员，剩余

13%结转下年分配。农协内部，会员代表大会是其最高权力和决策机构，协会会员每人拥有一票表决权，协会内的理事会及监事会由会员民主投票选取产生。农协内的理事会的主要工作任务是执行会员代表大会的相关决议及处理农协的日常工作事务，农协内的监事会的主要职责是对农协会计等财务工作进行检查及监督。

2. 信农联

在日本各县、府、道、都农协中，信农联是专业开展农业信贷业务的农协会。其在日本农村合作金融体系的运作中起承上启下的联结作用。信农联的主要资金来源于两个方面，分别是基层农协吸储30%的定期存款和15%的活期存款，这两项资金依据相关规定上交信农联。信农联的主要工作职能是对其所管辖的各基层农协组织进行资金的调度并对其日常业务工作进行指导，对其所在区域的农业、林业及渔业企业给予融资支持。同时信农联也可对那些融资需求规模较大、借贷周期长，无法从当地基层农协获得全部资金支持的农户给予补充贷款。按相关规定，信农联的剩余资金需要上缴其上层机构即农林中央金库，同样，当其资金短缺时，农林中央金库也会为其提供资金支援。

3. 农林中央金库

农林中央金库设立于1923年，《农林中央金库法》是其设立的法律基础。起初它的资金来源于政府。日本政府出资20亿日元设立农林中央金库，主要目的让农林中央金库承担起专门负责农村信用业务的责任。农林中央金库在1959年对政府的最初出资资金进行了清偿，并正式成为一个民办机构。在身份上，农林中央金库处于日本农村合作金融系统的中心领导地位。信农联的上存资金及发行经国家批准的农村债券是农林中央金库的主要资金来源。日本农林中央金库以全国信农联为中心开展相关工作。首先其要在整体上进行全国信农联的资金调度，对信农联的融资资金需求进行满足的同时，还要向全国信农联开展业务指导及信息服务。此外，农林中央金库不定期的会向本国相关大型农、林、渔企业发放贷款，支持涉农企业发展。另外其还会为日本农村基础设施配套建设投放贷款。随着农业跨国经济往来的发展，农林中央金库还承担涉农项目国际结算业务的办理。

（二）政策环境

日本农村合作金融组织与其他国家的农村合作金融组织在成员构成上具有相似性，主要由资金实力相对薄弱的农民及小农经济生产者构成。成员经济实力偏弱及农业天然的弱质性，决定了农村合作金融机构资金规模偏小，控制风险能力较弱。日本政府在构建农村合作金融体系之初，就充分考虑到了合作金融机构的资金来源问题及风险承受力问题。所以其最初创立时由政府出资推进。可见，日本政府从一开始就给予了农村合作金融大力的资金扶持。在农村合作金融机构后期发展过程中，日本政府还以国家信用为日本农村合作金融组织发行债券提供担保，扩大其资金来源。同时，为推进日本合作金融可持续良好发展，日本政府在利率、税收及保险等多方面给予农村合作金融政策照顾。在利率制定方面，日本基层农协可参照《临时利率调整法》规定，它的存款利率在一般同期银行利率中是最高的，贷款利率可以低于同期一般银行利率，存贷利差相对缩减，其缩减的息差收入，由政府给予利息补贴，日本政府允许其将分红计入成本。在征税方面，日本农村合作金融机构在许多税种上享受国家照顾。其所得税上缴采用39%的税率，在税点上比其他公司低23%；其法人税的税率是25%，而一般银行适用税率为35.5%，二者税率相差10.5%；其地方税税率为43%，在税点上比其他企业低10%。在存款账户印花税方面，农村合作金融机构被给予特殊的免征待遇。另外，日本农村合作金融组织经营过程中如遇到自然灾害或经济危机，导致经营出现风险，其可从政府获得风险损失补偿救助。业务方面，日本政府也会给予农村合作金融组织力所能及的帮助，政府会将一些国家政策性金融业务交由农村合作金融机构办理，批准其收取一定的手续费。

（三）业务经营

日本农村合作金融机构以农协会员为其主要服务对象。其日常经营主要为农协内的农民及与农业相关的生产者或企业提供融资借贷业务，结合会员融资期限、融资金额、融资用途及融资季节的差异化，提供差异化的金融产品以对接会员的资金需求。日本农村合作金融组织业务一直围绕着会员的需求开展。在创建初期，日本农村合作金融机构主要为会员的农业生产提供贷款。之后随着农协会员收入水平的提高及日本农村经济的发展，各级农村合作金融机构既为会员提供农业生产贷款，也为会员提供大量的汽车贷款、医疗美容贷款等各类生活性贷款。另外，日本农村合作金融机构的剩余资金所发放的对象可以是非会员，但其贷款的额度是有限制的，对非会员的贷款额度以其会员贷款规模的20%为上限。同时允许各级农村合作金融机构可以开展证券投资业务，开展业务所需资金可用其上存到农林中央金库的剩余资金。

（四）相关法律制度

为推动本国合作金融的规范健康发展，日本先后颁布了《农业协同组合法》及《农林中央金库法》两部专业性的农村合作金融法，它们对日本农村合作金融机构的设立、经营范围及监管事项等方面进行了详细的规定，日本农村合作金融机构的日常经营活动都必须严格遵守这两部法律。之后日本政府还连续出台了《农业生产合作社合并法》《关于农林中央金库与信用农业生产合作社联社合并的法律（农协改革法）》《农林中央金库法》《临时利率调整法》《农协财务处理基准令》《农业灾害补偿法》等法律法规[①]。随着农村合作金融市场的进一步发展，日本政府对上述法律法规进行了修改，完善了相关法律条款，弥补了立法漏洞。因为日本农村合作金融法规较完善，其农村合作金融的运作有法律做保障，降低了日本农村合作金融机构的经营风险，推动了日本农村合作金融的发展。

（五）监管与风险防范机制

为了推进本国合作金融组织规范发展，日本建立了针对农村合作金融机构的较为完备的监管体系。双重监管机制是日本监管体系的特色。政府层面，由政府金融监管厅和农林水产部门承担主要的监管职责。行业方面，农协创建了自我监督机制既日本农协中央会设立监察士制度，农协监察士的日常工作是深入各基层农协和地区联合会检查其经营账目，将账目存在问题的基层农协及联合会上报日本农协。

日本农村合作金融的风险防范机制是由一系列金融制度搭建起来

① 白钦先、王京：《合作性金融的合作动机及引致原则研究》，《金融理论与实践》2014年第10期。

的。这些制度包含存款保险制度、农业灾害补偿制度、农业信用保证保险制度及相互援助制度等。从存款保险制度上看，在日本开办存款保险业务的机构是农林水产业协同组合储金保险公司，该公司由日本政府、农林中央金库、日本中央银行及信农联 4 个机构组建，注册资金 3 亿日元，4 个机构出资比率均为 25%，即每个机构出资 7500 万元。当基层农协发生经营风险，面临流动性危机时，农林水产业协同组合储金保险公司就要履行自己的主要职责，该公司负责向存款者赔偿，其赔付的最高额度是 1000 万日元。相互援助制度的构建目的是当基层农协出现流动性风险时，农林中央金库可为其提供资金支持。按此设想，农林中央金库要求基层农协把其每年存款的 10% 存入农林中央金库，作为专项资金储备，存款专款专用。当基层农协出现流动性问题时，该项资金储备被启用，以低息贷款的方式支持出现问题的基层农协。针对农协农民的农业灾害补偿制度，农民按照此项补偿制度开展农业生产时，如遇自然灾害导致经济受损，政府和农协共同承担农民所遭受的损失，对农民提供相应经济补偿。日本农业信用保证保险制度是日本农村信用保险体系功能最强大的保障制度。其以规模最大、综合性最强著称。其出资方比较强大，日本政府也参与其中。其资金的 1/3 是由政府投资获得，其余的 2/3 的资金由农林中央金库、基层农协及信农联三方投入。

由于农业生产具有天然弱质性，贷款给农业生产者面临的风险较大，故日本商业银行在逐利性的驱使下，不愿意为农业生产者提供贷款业务。以资金互助的合作原则组建的农协，其不以营利为目的，它可为入会的农民提供低息贷款，解决农业生产用资需求。有融资需求的农业生产者，基于获得贷款的目的，可通过自愿入股的方式成为农协会员，在享受来自农协信贷服务的同时还可按股分红。

日本农协的存在，对抑制日本农村高利贷问题也起到了极大的作用。相关统计数据显示，日本涉农贷款发放的主要载体是农村合作金融机构，超半数以上涉农贷款需求都是从合作金融机构获得满足。农协是农业覆盖范围最广的体系，日本的农村合作金融体系是建立在其中的。农协有 3 个主要部门，它们分处 3 个不同领域，它们是农业、林业、渔业 3 部门，3 部门的金融产品各有特色，3 部门之间互通资金的同时也互通信息，大大降低了农户信息获取的交易成本。日本农业贷款的主要获取途径是农村合作金融机构。

三 德国农村合作金融发展经验

德国因最早创办合作金融组织而闻名世界。Friedrich Wilhelm Raiffeisen 于 1847 年创办了莱夫埃森合作银行，随后 Hermann Schulze-Delitzsch 创办了大众合作银行。德国中央合作银行创建于 1895 年，同时被创建的还有德国合作社协会。具有 100 多年发展历史的德国合作金融体系，凭借其健全的管理体制及成熟的发展模式成为各国学习的典范。

（一）体系的构建

德国的农村合作金融体系是由三个层次的合作银行机构组成的，呈现出类似金字塔式的结构。众多的地方性合作银行铺建成农村合作金融体系的塔基。在机构属性上，地方性合作银行是独立法人。在合作银行存入款项者即为社员，社员既是合作银行的所有者又是银行的服务对象。合作银行的资本金由社员入股的股金和社会捐赠资金组成。德国地方性合作银行经营上采取公平民主管理模式，社员在社内的表决权均等，一人一票，表决权与社员股金额度不直接关联。社内重大决策由社员投票决定。社员投票选出监事会及理事会，监事会行使日常监管职责。理事会聘用经理负责所在合作银行日常经营，地方性合作银行的主要服务对象是各自的社员。

SGZ 银行、WSZ 银行及 GZB 银行构成了德国农村合作金融体系的中间层，德国众多地方性的合作银行通过入股的方式形成了这三家地区性的合作银行，所以地方性合作银行在享受其分红的同时还要享受其服务。地区性的合作银行在德国的农村合作金融体系中起着桥梁的作用，承担着连接中央合作银行与地方性合作银行的重任。

德意志中央合作银行处于德国农村合作金融体系的顶尖部位，它虽是德国全国性的中央管理机构，但其对下级银行不具有行政管理职能。地区合作银行是中央合作银行资本金的主要供给者，政府按照《中央合作银行法》的相关要求通过参股形式对中央合作银行进行注资，其额度是有一定性的限制要求的，一般政府持有中央合作银行的股份最高额度是中央合作银行全部股份的25%。需要特别提出的是，德国农村合作金融体系中的三级合作银行彼此之间不存在隶属关系，地方合作银行不用接受中央合作银行的领导，三级合作银行都是依法注册、自主经营、单独核算的独立经济实体，三者都是具有独立法人资格的金融组织。

（二）业务经营

德国地方性合作银行成立初期，其主要业务是向股东提供传统的存贷款业务。第二次世界大战后，它们的业务得到拓展。除传统借贷业务外，它们还开拓了如结算、代理、代办保险等中间业务。偶尔它们也会对非股东客户提供一些服务。地区合作银行的服务对象是地方性合作银行，它可为地方性合作银行提供融资，还可吸纳地方性合作银行的剩余资金，辅助它们办理证券、投资及国际金融等业务。在整个合作金融体系运转中，中央合作银行像发动机一样，肩负维持整个系统正常运转的重担。中央合作银行的核心业务是提供全国性的支付和结算服务及提供短期再融资、保险等金融产品，促进德国合作金融可持续发展。

（三）监管体制

在德国，对合作银行体系实行现场监管和非现场监管并行的监管模式。联邦金融监察局对各级合作银行履行非现场监管的职责，主要采取相关立法来约束各级合作银行的日常运营。在行政关系上，联邦金融监察局隶属联邦德国财政部，

为提高监管效力，其在各州设立了分支机构。对各级合作银行实行现场监管的机构是联邦中央银行和德国合作社审计联合会。在管理上，德意志中央合作银行采用公司制，但其在主要负责人的任命上却由不得自己，主要负责人是要经过政府同意才可以上任，政府行政干预较明显。德国合作社审计联合会对基层合作银行定期开展审计工作，审计对象以机构设置、资产处置及业务活动为主。

（四）行业自律体系

德国全国信用合作联盟是德国合作银行的行业自律组织，采取会员制，其会员多是各类金融机构。德国全国信用合作联盟按照规定向会员收取会费，对内合作联盟要为会员提供金融信息服务及业务培训等优质

服务，对外信用合作联盟负责推进合作银行与政府间的合作关系，协调会员处理公共关系。由此可见，信用合作联盟对规范德国合作银行发展起到了极大的推动作用，同时行业自律体系又可以通过自律行为减轻德国行政监管当局对合作银行监管的重任。

（五）风险防范机制

与日本相似，德国的合作金融的风险防范机制是由一系列金融制度搭建起来的，这些制度包含信贷保证基金制度、存款保险制度及资金融通和资金清算制度。

信贷保证基金制度是在德国合作银行体系内部构建的用于防范合作银行出现流动性危机而设立的一种金融制度。该制度要求德国现有的三级合作银行需按规定缴纳一定数量的保证基金给全国信用合作联盟，形成信贷保证基金。当某家合作银行因经营出现问题导致破产或需要重组时，其资金缺口由保证基金全额补偿。借鉴其他国家合作银行的办行经验，德国各级合作银行建立了存款保险制度，此制度的建立可将各级合作银行的支付风险降到最低，保护银行股东的利益的同时又维护了银行体系的安全。健全的资金融通和资金清算系统是德国合作金融体系防范金融风险的最后一道防线。德国拥有完善的全国银行结算清算网络，该系统连接着各级合作银行的结算清算系统，通过该网络进行的各级合作银行跨系统的结算业务，可保证资金的流动性和效益性。另外，德国基层合作银行所出现的流动性危机，可在区域合作银行和中央合作银行的资金帮助下化解，中央合作银行的流动性问题则由联邦中央银行负责解决。在德国，由信贷保证基金制度、存款保险制度及资金融通和资金清算制度构建的风险防范机制，在一定程度上可防范和化解合作金融风险，推动德国合作银行发展。

（六）自下而上的入股和自上而下的服务模式

德国农村合作金融发展的特色之一是其自下而上的入股方式及自上而下的服务模式。在入股方面，中央合作银行拥有地方的合作银行及地区性的合作银行的股权，而德国地区性的合作银行又拥有着地方的合作银行的股权。三者之间虽然存在股份关联，但三级之间不存在直接的行政隶属和管理关系。可见德国各级农村合作银行采用多级法人制，下一级合作银行的联合组织由上一级合作银行承担，其主要的任务是承担一定的行业自律性管理，其核心是要为下级合作银行提供多方面的服务，管理并不是其主要职责。各级合作银行间的地位是相互独立且具有同等权利，既可以激发独立个体的积极性，又可以充分调动整体的优势。地区性的合作银行及中央合作银行既然吸取了地方合作银行的股份，在运行机制上，其有义务为地方合作银行提供资金支持，特别是地方合作银行出现资金流动性风险，资金告急时，地区性的合作银行会从基层合作银行已缴纳的贷款担保基金中抽取资金给予全额补偿，帮助涉事地方性合作银行度过危机。另外，除资金融通外，上级合作银行还会在信息交换、资金清算、业务培训等方面对下级合作银行给予指导，审计下级合作银行的经营活动，协助下级合作银行规避经营风险。

（七）法律制度

1889 年 5 月颁布的《产业及经济合作社法》为推动德国农村合作社快速发展奠定了法律基础。《产业及经济合作社法》对农村合作社的原则、收益来源和责任的划分做出了明确的规定。德国农民合作社设立之初是一种类似慈善类的机构，具有部分宗法的特点，要求入社的会员必须是农民，入社农民还要具有良好的诚信品质及一定的宗教信仰。《产业及经济合作社法》(1974 年修改版）对德国信用合作社的业务范围进行了拓展，打破常规地对其非成员取消了业务限制。因其业务得以拓展，后期很多信用合作社逐渐转变为综合性银行。1975 年 12 月颁布实施的《中央合作银行法》，对规范合作社业务有序发展起到了关键作用，对德国合作银行组建、设立及相关业务等方面做了较详细的规定，便于德国中央合作银行对全国合作金融体系的运作做统筹安排，使其能够胜任中央结算银行的角色。德国于 2006 年 8 月对《产业及经济合作社法》进行了修改，强调了合作社不以营利为目标的宗旨不能改变。德国合作银行法律上具有二重性，既具有合作金融的性质，同时兼具商业银行的性质。合作金融法和商业银行法对其日常经营都具有约束力。经过几轮修改后的现行《产业及经济合作社法》，其内容相对全面系统，对德国合作银行的运营起到了很好的规范作用。《产业及经济合作社法》中有关合作金融方面的条款，对世界其他国家合作金融相关立法起到了良好的参考借鉴作用。由《中央合作银行法》及《产业及经济合作社法》共同搭建的德国合作金融法律体系，在保障德国农村合作金融的规范发展上起到了一定的积极作用。

四 美国农村合作金融发展经验

（一）体系的构建

美国农村合作金融的产生源于20世纪的经济危机。经济危机给美国农业生产及涉农经济主体者造成了重大的影响。农业贫困人口的生活面临巨大压力，资金短缺是当时美国农业生产者面临的最紧迫问题。美国政府为化解农业生产资金告急的困境，在美国部分地区开始探索互助合作社的农业生产模式，鼓励农业生产者在自愿加入、互相帮助以及民主管理的前提下，组建农业生产互助社，开展生产和资金互助活动。之后，在美国政府出资推动下，美国又成立了农民资金互助组织，此类组织经过长期的、不断完善的发展，其实力越来越强，对美国农业经济的发展推动作用愈发强大，在全美金融体系当中占据重要位置。

美国农村合作金融体系采用多元复合模式，如图6.7所示，其包含三类金融机构，即联邦土地银行、合作银行和联邦中期信用银行。美国将全国划分为多个农业信贷区，各农业信贷区的系统管理工作由美国农业信贷管理局负责。

1. 联邦土地银行

美国联邦土地银行的设立与《联邦农业贷款法案》颁布实施有关，美国政府依据此法案先将美国细分为12个农业信贷区，之后在每个信贷区建立了一家联邦土地银行。12家联邦土地银行搭建成美国联邦土地银行系统。建立联邦土地银行时，最初投入的资金有80%多依赖于政府财政投入。所以最初设立的联邦土地银行具有一定“官办”色彩。联邦土地银行可根据需要下设多家基层农业信用合作社。各农业信贷区内的农场主和农民可申请加入所在区域的农业信用合作社。农业信用合作社资金主要来源于社员缴纳的股金。为使各区12家联邦土地银行最终都变成民办银行，1916年美国政府颁布的《农业贷款法》规定，每次农业信用合作社向联邦土地银行融资时，需将融资额的5%作为股金

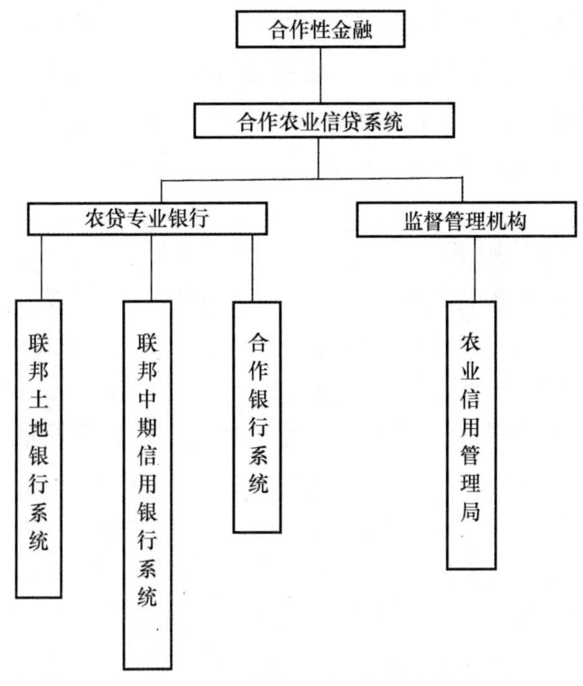

图 6.7 美国农村合作金融组织机构

数据来源：根据互联网公开资料整理。

缴纳给联邦土地银行，联邦土地银行将收到的股金退还政府。随着合作社认缴联邦土地银行股金的逐渐增加，政府股金会逐步退出联邦土地银行，美国政府逐步收回最初的投资，还联邦土地银行民办的身份。历经 15 年，美国 12 家联邦土地银行于 1931 年全部完成身份转化。政府资金退出后的联邦土地银行，依据相关法律规定，它不能吸收公众存款，故其资金来源除了吸收农户的股金外，主要靠发行土地债券来融资及提取盈余公积金。

美国联邦土地银行的主营业务是农地信贷。农地信贷属中长期贷款，贷款期限为 5—40 年。农地信贷主要是以土地为抵押物的中长期抵押信贷。美国农业生产者来联邦土地银行办理农地信贷，目的是满足他们种植农作物、购买农业机械设备及修建农场等融资需求。联邦土地银行为一般农户提供的贷款多为中期贷款，满足农户在购买种子、农机设备等方面的资金需求。对于农户需要办理的结算、债券兑付等其他银行业务，联邦土地银行为降低经营成本，往往委托其他银行为农户办理。1987 年美国联邦土地银行并入联邦农场信贷银行。联邦土地银行在其存续的 71 年里，始终坚守农业不动产信贷领域，为众多美国农户提供了优惠且期限较长的信贷资金，为美国农村金融及农业生产现代化做出了一定贡献。

2. 联邦中期信用银行

美国联邦土地银行设立一年后，其业绩就得以显现。1917 年，美国联邦土地银行贷款规模已经超出 2 亿美元，极大缓解了农民中长期融资需求。由于联邦土地银行发放的全是 5 年期以上的中长期贷款，美国农户短期资金需求缺少供给来源。受联邦土地银行创建的启发，随着 1923 年美国《农业信贷法》的实施，美国联邦政府运用财政资金，在全国 12 个农业信贷区又分别设立了联邦中期信贷银行。联邦中期信贷银行与联邦土地银行不同之处在于其服务对象不是农户，而是农业合作社及商业银行。联邦中期信用银行通过“贴现”服务助力农业信用合作社及商业银行为美国农户提供信贷支持，其贴现业务期限以 3 个月至 3 年为主。由此可见，联邦中期信用银行是美国农业信用合作社及商业银行的后备力量。

3. 合作银行

美国合作银行相比美国联邦土地银行及联邦中期信用银行发展相对晚些。其于 1933 年根据《农业信贷法》设立，主要服务对象是农业信用合作社。参照美国联邦土地银行及联邦中期信用银行的区域布局，在美国 12 个信贷区各建有一家合作银行。12 家合作银行最初创设也是由政府出资完成。合作银行正常运营后，按照相关规定，借款者在向合作银行办理第一笔贷款时，必须至少购买 100 美元的股份，借款人还可根据需要再增购股份。随着借款业务的不断扩大及借款人员的增加，12 家合作银行的股份逐渐被借款者拥有，政府将初始投资收回。业务上，合作银行主要为农业合作社提供贷款，同时也为农业合作社提供编制预算、财务分析、机构合并及业务咨询等服务。美国 12 家合作银行是在信用合作社基础上设立的，加入合作社的农户可通过合作社代购合作银行股份，作为合作银行股东的社员在拥有股东权利的同时，还可获得合作银行分配的净利润。合作银行每年的净利润并不直接发给社员本人，而是先划拨给社员所在的信用合作社，之后由信用合作社分配给社员。净利润通常以现金、股份等方式发放。美国合作银行的资金来源于 4 个渠道，一是自有资本，二是发行合作银行债券，三是向中央银行借款，四是向其他金融机构拆借资金。合作银行为信用合作社提供的贷款，其主要用于满足合作社购置种子、小型农业机具及肥料所需的资金需求。此类贷款融资期限一般在 1 年左右。合作银行也为信用合作社提供长期贷款，主要满足合作社购置土地、新农业项目建设、购置大型农机设备等融资需求。

（二）监管机制

为适应美国农村合作金融体系组织结构多元化的特点，美国在对其农村合作金融机构开展监管职能时，采取多元化、全方位、中央联合地方及行业协会共同监管的模式。国家信用社管理局是美国的中央监管机构，负责监管在联邦政府注册的信用社；各州设立的信用社管理机构是美国地方监管机构，负责监管在州政府注册的信用社。在接受政府监管的同时，全美各地方信用社还要接受信用社协会及联邦信用社协会等行业协会的监管。上述三类监管部门各司其职，避免出现监管真空。为进一步强化对农业合作金融机构的监管，美国还特意成立了专门针对农业合作金融机构的监管机构，它就是农业信用管理局，它接受联邦的直接管理，是一个专门监督农村信用组织的机构。

（三）相关法律制度

20 世纪初，为激发农业经济发展，化解农场主及普通农户的融资困境，美国政府陆续出台一系列农业金融法规，为美国农业合作金融体系的构建奠定了坚实的法律基础。1909 年 4 月，随着美国首部信用社法案的推出，美国首家农村合作金融组织在马萨诸塞州圣玛丽教区成立，之后在美国其他州陆续有多家信用社成立。7 年后，《联邦农业贷款法》颁布实施，明示了联邦土地银行的业务领域、贷款期限、服务对象及贷款用途等。《联邦农业贷款法》的颁布实施对建立美国农村合作金融体系具有重要意义。1922—1923 年，美国又连续出台两部法规，即《卡伯—沃尔斯坦德法》和《美国农业信贷法》，二者是美国联邦中期信用银行设立的法律基础。为拓展美国农业合作社融资路径，美国政府依据1929年下发的《美国农业市场法》，推出了合作社基金。

1930年以后，系列地方信用法规的涌现，带动了美国地方信用社的发展。1933年，经济危机席卷了全美。为应对经济危机给联邦土地银行和中期信贷银行带来的重创，缓解农业生产者还贷压力，罗斯福政府紧急出台了《紧急农场抵押法》，允许农业生产者延期偿还联邦政府的抵押贷款。同年，农业信贷管理局在美国成立，其负责监管全美开展农贷业务的机构。1934年美国颁布了《联邦信用社法》，进一步规范了联邦信用社的信贷业务。1968年，美国12家联邦土地银行的政府初始股本已经全部被置换。12家联邦土地银行身份变为民营银行。修订版的《农场信贷法》于1971年颁布实施，之后，美国1980年再次修订《农场信贷法》，着重强调优先满足小型农户及新农场主的融资需求。《农业信贷法》1985年的修订版赋予农业信贷管理局监督农业合作金融机构的管理权限。1987年，美国再次修订了《农业信贷法》，成立农场信贷保险公司，同时将12家联邦土地银行和信贷银行组成12个农场信贷银行。为开拓农场信贷银行的资金渠道，美国政府同年还设立了联邦农业抵押公司，将其作为农房和农地抵押的二级市场，以此激活农贷业务。1992年，美国政府颁布了《农业信贷银行与协会安全稳健法案》，保障了联邦农业信贷系统如期归还之前联邦金融援助的资金，使政府援助资金得以有效清偿。1996年，美国政府出台了《农场信贷系统改革法》，允许美国农业抵押公司发行土地抵押支持证券及农房抵押支持证券，公司以农户偿还的贷款利息作此类证券的还款保证。因该种抵押支持证券是在政府支持下推出的，一定程度上隐含政府信用担保，这类抵押支持证券一经推出，销售火爆。即便其发行利率比市场平均值要低，销售依然不受影响。2009年，为有效化解农贷信用纠纷，美国政府出台《农业信贷提升法》，明确了调解工作在化解农业信贷司法纠纷中的重要作用。综上所述，美国《农业信贷法》经过数次的修改和百年的历史演进，数次调整了农业信贷机构，强化了农业信贷监管，化解了农业信贷风险，同时创建了以调解为主的农业信贷纠纷解决机制。不断完善的美国《农业信贷法》在稳定美国农业信贷市场及保护农村借款人权利，促进农村金融发展上起到了积极作用。

第二节　国内外农村合作金融发展经验对中国的启示

一　坚持合作制的基本原则

各个国家的合作金融组织虽然在命名上不尽相同，但其性质上都是一种互助性的金融组织，都是为各国农业生产者提供便利的资金融通及其他金融服务。坚持合作制原则，是合作金融组织区分于其他金融机构的显著特点及其优势所在。合作金融形式能够始终在部分发达国家续存并得以较好发展，归因于它们坚持合作制的基本原则，这是得到社会及业内认可的共识。德国、日本等国家的农村合作金融机构能够在激烈的金融市场竞争中得以发展壮大，归功于始终坚持合作制的基本理念。

二　完善的内部组织管理体系

如表6.4所示，从组织体系看，德国、美国、法国及日本的农村合作金融组织都采用三级组织的结构体系，各层级之间虽有关联却又独立存在。管理上采用分层制度进行管理。从整体上构建了一套结构严谨、管理相对完善的组织管理框架。各层级都有各自的经营体系，具有较强的独立性及自律性。各级坚守自己的业务领域的同时，彼此间会提供合作服务。以德国为例，德国的农村合作金融体系是由三个层次的合作银行机构组成的，呈现出类似金字塔式的结构。金字塔底层由德国众多的地方性合作银行搭建，它们是依据自愿原则，德国农民自发形成的机构。入社的小农场主、农户、自由职业者及银行雇员的股金及社会援助性资金是其主要资金来源。金字塔的中间部分是由德国的GZB银行、WSZ银行及SGZ银行三家地区性的合作银行搭建，三家银行的股东是德国众多地方性的合作银行。三家地区性的合作银行的服务对象也主要是地方性合作银行。德国农村合作金融体系的第三层，也是“金字塔”的顶层，是德意志中央合作银行。德国三级合作银行彼此间不存在垂直的领导与被领导的行政隶属关系，彼此间是自下而上股权关系，每一级合作银行地位平等，共同发展，相互协调。此种非“行政领导关系”的农村合作金融组织框架值得我国农村合作金融组织学习。德美等发达国家在构建完善的农村合作金融组织体系的同时，注重加强民主管理，各级合作金融组织采用现代的管理方式，组建了股东大会、监事及理事会，分别行使不同的职责，彼此间职责清晰，既有民主又有有效监督，有利于维护社员权益。

表 6.4　　主要发达国家农村合作金融组织机构

国家	组织机构
德国	三级组织，自下而上参股
美国	自上而下建立的 3 个独立系统
法国	三级组织，具有半官半民的性质
日本	隶属日本农协，自上而下建立的三级组织，相互独立

数据来源：根据互联网公开资料整理。

三　健全的法律法规

德国、日本、美国及法国等国家在合作金融方面的立法是比较完善的。如表 6.5 所示，德国先后出台的《中央合作银行法》《产业及经济合作社法》用以规范德国各类合作金融组织的发展。美国先后出台的《联邦信用社法》《农业保险法》《联邦农业抵押款法》《农业信贷法》等农村金融法律，特别是经过多次修改而日趋完善的《农业信贷法》，它从搭建美国各级合作金融机构、规范合作金融业务领域、各级机构间关系、监管机构的确立及信贷纠纷解决方式等方面进行了法律规定。同样日本出台《农林中央金库法》《农业协同组合法》《农林渔业金融公库法》等法律，在身份上给予了农协合法的社会地位，在业务上对其经营进行了规范，同时，日本政府随着环境变化和经济发展，对上述法律进行了多轮修改，使日本农协的一切金融活动都有可靠的法律保障。各国通过定制专门的法律，进一步明确合作金融机构在法律上的定位，将合作金融组织与其他金融组织的性质区分开来，通过立法既可以保障各类合作金融组织成员的权力，又可保障各国合作金融规范发展。

表 6.5　　主要发达国家农村合作金融法律保障

国家	法律保障
德国	《中央合作银行法》《产业及经济合作社法》
美国	《联邦信用社法》《农业保险法》《联邦农业抵押款法》《农业信贷法》
法国	《土地银行法》《农业互助保险法》
日本	《农林中央金库法》《农业协同组合法》《农林渔业金融公库法》《临时利率调整法》《农协财务处理基准令》

数据来源：根据互联网公开资料整理。

四　政府的大力支持

发达国家农村合作金融的发展经验告诉我们，农村合作金融的有序发展，离不开政府的大力支持。各国政府对农村合作金融的支持可归纳为如下几个方面：一是资金支持。以美国为例，其 12 家联邦土地银行设立时的初始资本金的 80% 以上来自政府财政资金。为使各区 12 家联邦土地银行最终都变成民办银行，1916 年美国政府颁布的《农业贷款法》规定，区内联邦土地银行为基层农业信用合作社提供贷款融资时，基层农业信用合作社将借款额的 5% 作为股金缴纳给联邦土地银行是融资的必要条件。政府股金随着认缴股金的逐渐增多，逐步退出联邦土地银行。同理，美国在成立 12 家联邦土地银行后，后续成立的 12 家合作银行也是由政府出资完成。合作银行正常运营后，按照相关规定，借款者在向合作银行办理第一笔贷款时，必须至少购买 100 美元的股份，借款人还可根据需要再增购股份。随着借款业务的不断扩大及借款人员的增加，12 家合作银行的股份逐渐被借款者拥有，政府最初的投资被收回。二是税收优惠。如表 6.6 所示，德国对信用社开展资金互助业务征收的所得税税率为其他银行的 50% 。美国对信用社免除税收，对社员的股份分红免征个人所得税。日本对农协的相关税负也有减免照顾。诸如在所得税上，农协适用税率比其他企业低 23% ；农协适用的法人税税率也被减免了 10.5% ；地方税上被减免 10% 。日本对农协发放的贷款给予利息补贴。四是政策支持。如美国，政府允许合作银行以高于市场利率吸收存款，低于市场利率发放贷款；同样，日本也获许其农村合作金融机构的存款利率高于其他商业银行。

表 6.6　　主要发达国家农村合作金融政策支持

国家	政策支持
德国	信用社的所得税税率为其他银行的 50%
美国	信用社免除税收，以高于市场利率吸收存款，低于市场利率发放贷款，社员的股份分红免征个人所得税
法国	国家财政提供资金支持，农业信贷互助银行享受政府贴息
日本	对农协发放的贷款给予利息补贴；减免营业税、所得税和固定资产税；允许农村合作金融机构的存款利率高于其他商业银行

数据来源：根据互联网公开资料整理。

五　多元化的监管模式

如表 6.7 所示，各国政府对农村合作金融的监管采取混合监管的模式。美国、德国等发达国家在本国农村合作金融机构开展业务过程中，受政府多个部门联合监管。例如德国的联邦金融监察局、联邦中央银行、合作社审计协会、全国信用社合作联盟共同负有对德国农村合作金融开展监管的职责；美国农村合作金融组织业务活动由国家信用社管理局和各州政府设立的信用社管理机构共同监管，全美农村合作金融协会的监管职能由信用社协会和联邦信用社协会履行；日本的金融监管厅、农林水产省、都道府县的农政部门联合行使对农村合作金融机构的监管职责。

表 6.7　　主要发达国家农村合作金融监督管理

国家	监督管理
德国	联邦金融监察局、联邦中央银行、合作社审计协会、全国信用社合作联盟共同监管
美国	由国家信用社管理局和各州政府设立的信用社管理机构共同监管，全美信用社协会和联邦信用社协会行使行业协会的监管职能
法国	受农业部和财政部双重领导与监督
日本	金融监管厅、农林水产省、都道府县的农政部门共同管理

数据来源：根据互联网公开资料整理。

六　完善的风险控制机制

建立完善且多样化的风险预防机制，能有效预防和化解各国农村合作金融机构出现的流动性风险。以日本和德国为例，日本政府通过一系列制度组合搭建了农村合作金融体系的风险防范机制。其中涉及的相关制度包括农业灾害补偿制度、存款保险制度、农业信用保证保险制度及相互援助制度。

为防范农业风险，日本中央银行、日本政府、农林中央金库及信农联四个机构等比例出资组成了农林水产业协同组合储金保险公司，其主要职责是当基层农协发生经营风险，出现流动性问题，如存款人存款受损，存款者的损失由该保险公司负责向存款者赔偿。依据相关规定，日本农林中央金库建立了专项资金储备，储备金来源于基层农协转入的10%的存款。农林中央金库运用储备金向出现流动性风险的基层农协提供低息贷款。日本农协的农民如遇自然灾害而导致损失时，承担损失补偿责任的是日本政府和农协。农业信用保证保险制度主要保障农协债务及经营损失。为防范流动性风险，德国各级合作银行都设立了信贷保证基金。同时德国各级合作银行还建立了存款保险制度，有效地防范了各级合作银行的支付风险，保护了各级合作银行股东的利益及银行体系的安全。

第三节　规范吉林省新型农村合作金融发展的对策

一　明确法律地位

从法律地位来看，我国的新型农村合作金融机构只有农村资金互助社获得了明确的法律地位，拿到了金融牌照，而其他几种形式的农村合作金融组织法律地位缺失。在我国多地农村出现经营相同的业务的农民资金互助组织，其主体资格不一致，监管部门不统一的问题。因为这些乱象问题的存在，农村合作金融组织在社会公众心中的认知和接纳程度受到很大影响，阻碍了农村合作金融组织的持续发展。2015 年，农业部发布《国家深化农村改革、发展现代农业、促进农民增收政策措施》，农村合作金融的地位在国家层面得到相当大的重视。农民合作社和供销合作社内部的农村合作金融发展在此次文件中扮演着重要的角色。2019 年，中国人民银行、财政部等 5 部委联合推出《关于金融服务乡村振兴的指导意见》（以下简称《意见》），《意见》中列示了我国农村合作金融下一步的主要发展目标，即服务乡村振兴。同时，《意见》对农村金融服务乡村振兴的原则、重点支持领域、目标等做出了具体要求。《意见》强调，在未来几年中，在农村合作金融的发展中，国家将重点转移到农村合作金融的发展上，重点把握合作这一要点。各合作单位利用彼此的影响力共同进步，找准自我定位，依托自我优势发挥自我特色，进而将农村“三维”金融体系推进下去。由此笔者建议国家在《农民专业合作社法》的框架中有必要吸纳农村合作金融，其次，国家还应当参照农民专业合作社的市场准入条件对农村合作金融组织民事主体资格的获得给予支持。另外，农村新型合作金融从事金融业务有其特有的性质，地方金融办可以承担对其相关业务的监督管理工作。

二　拓宽资金来源渠道

融资渠道窄一直是限制吉林省农村资金互助合作组织发展的重要障碍。只有拓宽其吸纳资金的渠道，建立有效的资金供给机制，才能使吉林省农村资金互助合作组织得到更快、更好的发展。拓展融资渠道可从以下几个方面入手。

（一）实行灵活的入股制度

以农村资金互助社为例，梨树县农村资金互助合作社可以在社员入股方面实行灵活的入股制度。制度中只需设定最少的入股数量以及入股金额即可入社，但不设置上限，这样可以帮助农村资金互助合作社筹集到更多的资金。

（二）与其他正规金融机构建立联结机制

鼓励吉林省各类新型农村合作金融组织，从正规金融机构处获得融资。农村合作金融组织扎根农村，准确掌握农户的经济状况及信用情况，在信息获取方面将有显著的优势地位；而正规金融机构凭借其标准化的规则和体制，在运营和资金等方面具有领先优势。二者搭建联结机制，可扬长避短。以内部开展信用合作的农业专业合作社为例，在其内部资金短缺的情况下，正规金融机构可以把专业合作社的生产订单或应收账款作为其贷款的担保或抵押物，对合作社进行融资。这样农村合作金融组织面对资金不足时的融资压力将被大大缓解。同时还可以允许社员实缴资金在合作托管银行作为一种抵押，进而获得相关合作托管银行对应的一定倍数的贷款额度。另外中国人民银行对支农效果较好的农村合作金融组织可以给予适当的政策倾斜和再贷款资金支持，允许运作规范的农村合作金融组织在限定范围内提高其存款利率以吸引可靠的外部资金投入，为社员提供更多的资金服务。

（三）协调省市级农村合作金融组织间资金的相互调动

依据地缘联系，吉林省各级村镇可组建多个吉林省农村合作互助金融联盟，利用这些金融联盟把散落于吉林省各地的农村基层合作互助组织团结在一起。采用层级管理的形式，省市级农村互助金融组织负责协调其下属的基层组织，使联合起来的基层农村互助金融组织作为一个整体，从而把金融联盟内的资金流动与调度变为可能，大大提升了资金的流动性并实现了农村区域经济的规模化、整体化发展。在协调基层金融机构统一的同时也要加强对其的监督，建立完善的制度和流程以确保资金安全合法流动，使农民切身利益得到合法保障。吉林省各级政府及各级金融监管当局应对农村合作互助金融联盟行驶监管审核职责，监管重点应放在资金调动使用限额及金融行为方面。同时农村金融市场波动的观测以及整个农村合作金融体系运行上的政策性指导也应当在管理当局的职责之内。除此之外，根据金融活动的监督管理情况制定相关规定要求，以确保农村合作金融体系的正常运行也是值得管理当局重视的。

除上述资金拓展渠道外，吉林省农村合作金融组织还可借鉴其他国家农村合作金融运作的经验，在条件成熟时，逐步允许发展较好的农村合作金融组织开展定向债试点工作，尝试开办票据贴现业务并以此进行再融资，同时为盘活农村合作金融组织的资产，可鼓励它们探索开展资产证券化业务。

三 坚持以农民会员为服务对象

为了应对农村经济发展的资金短缺问题，我国构建了农村合作金融体系，从而解决发展中的资金需求难题。部分农村合作金融机构“脱农”倾向的出现，说明我国在相关的制度约束方面还应当有所提高，有效约束农村合作金融组织的资金流向是我国农村金融改革未来发展的方向。我国农村金融机构涉及农村的存款和贷款比例失衡，绝大多数仅仅维持在40%上下。存贷比偏低的情况向我们证实了广大农村金融机构对涉农贷款发放的意愿极低，农业信贷资金得不到有效利用，大量资金在农村金融机构驱使下开始远离农村。据国家统计局数据来看，未来农村建设资金需求将越来越大。目前已经进入到这一领域的资金规模过小，无法应对未来庞大的资金需求量。部分农村合作金融机构脱离服务“三农”的市场定位，对“三农”服务的漠视值得我们注意。政府应当出台相关法律法规来根治这一现象，强制措施的效果要远好于机构的自律效果。服务农业是日本农协一直坚持的宗旨，自日本农协成立以来，非会员从农协得到的服务是很少的，因为农协对此有着严格的限制。同时，在日本所有的农资采购和农产品销售都是统一在一起的，农协拥有着几乎绝对的权力。正因为农协的权利地位，农民手中的资金得以留存在农业系统内形成一个内循环。例如日本农协规定，对其非会员提供的服务占比不得超过会员占比的20%。同时，会员想要享受农协提供的利好只能将存款存入农协金融机构，不得存入其他商业银行，这样会员和金融机构的行为都受到了相应的限制。

四 推动农村合作金融组织与专业合作社互动发展

在推动农村合作金融组织与专业合作社互动发展的过程中，吉林省要重点发展以专业合作社组织为基础的农村合作金融，积极推进农业生产合作社内部资金互助业务的展开，专业型资金互助社采用横向联合的发展策略，为资金互助联合社的构建奠基。为使村社型合作金融组织能够被纳入到综合服务中，特别是符合条件资质的农民自发成立的或由贫困村扶贫资金互助社发展而来的村社型合作金融组织，我们可以采用“从上到下”的思路。

吉林省在推动农村专业合作社内部开展资金互助业务时，可借鉴国内其他省份的先进经验。比如，江苏省兴化市农合联社，其在我国农村合作金融服务的发展道路上采用的内部开展资金互助业务模式，是我们应当学习的模范典型。在农村合作金融发展模式上，江苏省兴化市一直坚持农业生产、流通、信用三位一体综合服务的模式。信用服务往往是建立在其他两项服务之后的，只有生产服务和流通服务根基打牢，逐步开展起来，信用服务的资金支持作用才能得到体现。因此只有生产、流通服务条件成熟，农合联社才有能力去开展探索信用服务。兴化市农合联社开展合作金融业务时，一直秉承着不忘初心为农服务的宗旨，将防控风险放在第一位，严守“自愿参与、服务农业、封闭运行、民主管理、吸股不吸存、分红不分息”六大原则。兴化市农合联社在兴化市有关部门帮助下资金得到积累，信用服务更加完善。此外，为监督管理农合联社的信用服务，信用合作自律领导小组成立并在其下设立合作金融办公室，合作金融办公室定期对农合联社开展合法合规检查，一旦发现不合规的做法，立即进行处罚并定期通报批评。

五　推进法律体系建设

健全的法律对农村合作金融的规范发展起到非常重要的保障作用。2015 年及 2017 年中央“一号文件”就推动农村金融立法做出明确要求。中国已经有十余年的合作金融工作试验经验，也具备了一些包括中央级文件、规章和各级地方政府发展资金互助组织的法规和细则在内的零散的合作金融法制基础。在上述基础上，我国农村合作金融立法还应借鉴国外成熟的合作金融立法技术和实践经验，系统地梳理和考证发达国家合作金融法律演变规律与经验教训，理清我国农村合作金融组织发展中碰到的各种问题，结合我国的实际国情，对农村合作金融组织的体系层级、市场进入与退出、治理结构与内控机制、使命与宗旨、业务范围、外部监管安排等做出科学合理的法律规定。在合作金融法律的制定中，尤其要注重农村合作金融监管体系的科学构建，注意赋予地方政府监管基层农村合作金融机构的职责权限，形成中央监管与地方监管分工明确、协调互补的有效监管体系，为我国新型合作金融机构的产生和健康发展奠定法治基础。

六 完善监管机制及行业自律机制

（一）明确地方监管主体

农村金融监管问题曾多次被“中央一号”文件提及，近几年针对地方监管有了更多新的要求。例如，2014年提出，地方政府的金融监管职责被明确，新型农村合作金融的监管也是其金融监管的重要组成部分；2016年和2017年连续两年提到了有关农民信用合作试点的监督管理问题，地方政府有责任去监管农合社信用合作试点开展。鉴于监管资源有限，要使其充分利用；与农合社的沟通和对接效率也在考虑范围之内。基于上述两方面原因，金融属地监管原则更为适用。可以采用主辅配合监管的模式，地方金融主管部门作为主要引导机构，供销社承担辅助作用去分担部分监管事项。日常监管主要由供销社负责，除了必要的支持外，相关监管的配套服务也要做好。建立有效的监管机制，采用“事前登记备案制”确立准入机制。在监管过程中，事前监管虽然重要，但事中事后监管也要对其有足够的重视和认识。供销社系统中原有的网络资源要积极调动起来，控制监管期间的成本，做到监管成本的有效降低。这些资源的有效利用也能增强监管过程中的动力，对监管压力的减轻和缓解有着必不可少的作用。“一主一辅”的特色监管使得正规金融监管部门和供销社形成错位，互相补充对方的监管空隙，使得监管范围更广，监管效率更高，监管能力得到有效加强。监管的模式不能是单一的、固定的，要多探索多研究，让我们的监管模式“活”起来，灵活性更高。可以采用分级分类的模式，监管当局和地方政府根据自身不同的定位，按照职责范围监管。乡村一级的资金互助组织散而多，主要还是依靠自律管理、登记监督；镇区域性资金互助组织规模较乡村大且集中，地方政府监管起来相对容易，要加强对它们的审批和监督管理，银监会除了定时对它们进行统一辅导外，还要按照需求对其统一指导；达到县区域市场规模的机构理应由银行业监管部门接手对其的监管。

（二）创立资金存管模式

为防止资金违规使用、挪用、“跑路”等现象的出现，新型农村合作金融组织的资金应当交由第三方进行保管，第三方资金存管机构可以是信誉度高的商业银行。采用第三方存款就可以有效制约组织实际控制人的不法行为，也能防止资金被违规悄悄隐匿挪用，从根源上杜绝“跑路”。另外，创立三方存管的资金监管模式也有着更多对组织发展有利的方面，每个社员都可以明确资金流向，监管机构可以定期从第三方获取运营数据信息，对未来可能出现的资金异常、风险指标超标等做出及时的预警，使得系统性风险得到有效防范。

（三）完善信息披露制度

新型农村合作金融组织应当制定信息披露制度，并按照制度规定定时披露组织内部情况。社员可以依此得知自身的股金和资金积累情况，财务审计报告、贷款及经营情况、盈利及其分配情况等事项也应当被反映在披露当中。同时，为提升监管的效率，防止信息时滞带来的不利影响，新型农村合作金融组织还应引入信息化系统作为信息披露的辅助。主管监管部门能够实时查询其经营过程中的关键性数据。农村合作金融合规划经营离不开信息系统的辅助作用，也离不开日常监管。日常监管机构可以定期对农村合作金融机构进行现场检查，以弥补信息化监管中财务数据人为修改等问题。通过“线上＋线下”的监督管理模式，新农合金融组织内部管理和运营更加透明，相关动态变化能够及时被捕捉，信息获取及时全面，提高外部监管效率，新农合金融组织的自我监管能力也同步得到加强。

（四）完善行业自律机制

纵观全球各国农村合作金融发展变迁历程，我们能够得到如下启示，农村合作金融发展要经历自发发展与引导发展两个历程，两者之间相融合，渐进发展，最终形成一个完备的体系。完备体系的构建离不开政府监管、行业自律和农村合作金融机构自我监督。行业协会可以从统计监测、风险提示、信息共享和登记披露等方面加强行业的自律性，面对行业违规者和失信者要对其严格处理，并及时做出公示以警示其他人员。行业协会在建设行业自律机制时，要加强市场环境建设，营造公平竞争氛围，推动新型农村合作金融机构规范发展。

综上所述，合作金融监管框架的构建一定要贴合其自身特点，监管要从多方位入手，运用不同的模式，灵活配置监管资源。监管主体按照权限明确并履行其对应的职责，除了线上数据信息监管，线下现场检查也是不可或缺的重要环节，两者相融合，助力监管机构实现全方位监管，守住不发生系统性金融风险的底线。为新型农村合作金融组织可持续化发展道路奠定坚实基础。

七　健全风险防范机制

（一）坚持合作金融的基本原则，建立规范的法人治理结构

从吉林省农村合作金融组织发展的历程来看，部分地区农村合作金融组织出现经营风险，往往缘于其发展过程中偏离合作制基本轨道、“三会”虚置。规范吉林省农村新型合作金融组织发展，必须坚持合作金融的基本原则，建立规范的法人治理结构。首先要坚持“合作金融”的基本原则。吉林省的农村合作金融尚处发展初期，从规避风险的角度分析，发展农村合作金融必须坚持自愿、互助等原则，不以盈利最大化为根本目的，不对外放贷，不跨区域经营，不承诺支付固定回报，实行民主管理。其次要建立规范的法人治理结构。合作金融组织机构设计应当合理明确，各司其职。按照不同的职能可以组建社员代表大会、理事会、监事会、总经理等组织。确立制约和协调关系，加强社员监督和信息披露，防止内部人控制。对于依托专业合作社等合作组织发展起来的农村合作金融组织，应分别独立运营、核算，确保各自独立的法人地位和自主权利。在管理体制方面，为提高运营水平，有条件的新型农村合作金融组织可以采用市场化的方式，委托专业管理团队或机构对合作金融组织进行管理。

（二）探索将农村合作金融组织纳入存款保险制度框架

金融稳定性和风险性控制不佳会损害存款人的合法权益，为了依法保护存款人，及时防范相关风险，我国于 2015 年 5 月 1 日颁布实施了《存款保险条例》，对相关金融机构做出了具体约束。例如，投保机构被限定在中国境内设定的商业银行、农村合作银行和农村信用银行等。这些银行主要以吸收存款为主。现阶段的存款保险制度框架还没把新农合金融组织纳入进来。这样导致农村合作金融机构一旦出现经营风险，

面临倒闭，合作社社员存款将得不到补偿，面临较大赔付风险。因此社员不敢将大额资金投放合作社。下一步，从降低农村合作金融机构经营风险出发，存款保险制度框架可以在国家引领下，逐步探索纳入更多组织，农村合作金融组织也应是被考虑的范围之一。存款保险制度优化是一条创新之路，在这个过程中要充分考虑到农村合作金融机构的风险承受能力，实行有差别的保险费率政策，确定适合的保障限额，使社员的合法权益得到保障，又不至于形成较大的赔付风险。

（三）加强内部风险防范

农村合作金融组织内部风险主要产生于资金来源和资金运用两个方面。其中，在资金来源上，要注意防范非法吸收公众存款或者变相吸储；在资金运用上，关键是要防范互助资金投向非社员、非农民，跨区域投放、大规模放贷、投向高风险行业以及进行高杠杆率的担保融资等。另外，吉林省农村合作金融机构要建立健全金融风险识别和评价制度，及时分析和评估金融风险预警信息。针对在内部开展信用合作的农业生产合作社，可以专业合作社为基础，将专业合作社的信用评级制度建设提上日程，同时探索建立风险分担机制，依据农户、专业合作组织、农业产业化企业、保险公司、担保机构等差异性参与主体，将风险进行分摊。在资金互助组织发展较为成熟地区，可建立专业合作社协会，进行行业自律和内部融资救助。

（四）健全农业保险制度

健全农业保险制度，加快农业保险高质量发展，在一定程度上可有效分散和转移吉林省农村合作金融机构面临的信用风险。未来我国健全农业保险制度，推进政策性农业保险改革的措施如下。

1. 开拓农业保险服务新领域，细化服务范围

农业保险已经涵盖了养殖业、种植业和林业，在此基础上，将农业生产设施及设备等纳入农业保险的服务范围之内，不仅能进一步拓展我国的农业保险服务新领域，而且使农民的风险诉求得到解决。同时积极鼓励农业保险创新活动，开展并逐步完善“农业保险＋”，使农业保险与信贷、担保、期货、期权等金融工具的联动得到稳步推动。农业保险赔付资金和政府救灾资金的使用要跳出固有的模式，加强它们之间的协

同运用。

2. 提高农业保险覆盖率，拓展险种

吉林省农业保险覆盖率很低，很多作物以及地方特色农产品都没有被覆盖，种植业保险广度大于养殖业保险广度，还有很大的提升空间。吉林省农业保险的保障深度远低于保险广度，同时养殖业的险种也比种植业的险种少。下一步，吉林省应鼓励农业保险经办机构开发满足涉农主体特别是新型农业经营主体风险需求的保险产品，将保险创新与互联网、担保、扶贫等方面结合起来。开发“互联网 + 保险”“担保 + 保险”“扶贫 + 保险”的创新保险产品。重要农产品目标价格保险、产量保险以及收入保险等的保险试点应当维持其原有规模。特色农产品保险要打破以往思维的限制，做好以奖代补试点工作。每年按照险种对奖补比例进行重新制定，特别是区域优势明显、特色突出，并具有一定规模的特色农业保险要给予其重点奖补。

3. 探索建立大灾风险防范机制

吉林省是农业大省，也是自然灾害频发的省份。农户及新型农业生产主体因巨灾面临巨大损失。吉林省应探索建立大灾风险防范机制，及时、足额计提农业保险大灾风险准备金，逐年滚存，逐步建立应对农业大灾风险的长效机制。农业保险经办机构应根据政策调整险种，认真评估农业保险市场风险，对吉林省大灾风险提供相应的防范措施。

4. 提升赔付效率

我国农业保险长期存在理赔难、赔付慢的问题。该问题也一直制约着吉林省农业保险的发展。农业保险领域应加强理赔方式的管理和监督，勘察确定损失额度一定要实事求是，保证勘查结果客观公正，流程规范。赔款环节应该快速高效，保证风险补偿资金足额发放，以确保农户的基本生活和再生产的顺利进行。同时保险公司应借助农业气象勘察科技手段和理赔技术将农户的损失降到最低。政府应继续支持鼓励成立更多的农业保险公司，鼓励有能力的大型保险公司开展农业保险方面的业务，与扩大的农业保险覆盖面积相对应，使赔付更加便捷高效，农户自身的权益才能得到全面的保障。

八 加大政府政策支持力度

日本农村合作金融机构成立之初，日本政府给予了资金支持。在其后续发展中，在政策层面上，合作金融机构同样也获得了日本政府的关照。政府给予的政策支持主要涉及利率、税收及保险等方面。后续发展进程中，日本政府还以国家信用为日本农村合作金融组织发行债券提供担保，扩大其资金来源。另外，日本农村合作金融组织经营过程中遇到自然灾害或经济危机，导致经营出现风险，其可从政府获得风险损失补偿救助。业务方面，日本政府也会给予农村合作金融力所能及的帮助，政府会将一些国家政策性金融业务交由农村合作金融机构办理，批准其收取一定的手续费。日本农村合作金融发展的经验表明，提供有效和有力的政策支持是其稳健发展的重要基础。

鉴于日本等国家的农村合作金融的发展经验，吉林省政府需在金融与财政政策上给予新型农村合作组织必要的支持，来促进本地区农村合作金融的发展。首先可以凭借财政贴息资金，有效利用其杠杆作用，激发财政政策效应。同时对农村合作金融的贷款贴息政策和管理办法的完善、贷款贴息额度的合理范围确定及贴息贷款流程的优化也是吉林省政府要着重关注的工作重点。其次制定鼓励性税收政策。以推进吉林省农村合作金融规范发展为目标，有针对性地制定税收扶持政策。政府尽可能减免农村合作金融机构及开展内部信用合作业务的农业生产合作社的相关税负，包括增值税及其附加、所得税、印花税等，使得其所缴纳的税费要低于一般的金融机构，降低其税收成本，提高农户们的积极性。同时吉林省政府还需要大力响应中央的决策，把国家给予的政策扶持和优惠措施落实到位。除此之外，还需要结合吉林省农村合作金融自身发展特点，对不同区域的新型农村合作金融机构采取差异性的扶持措施，扩大优惠政策的覆盖面。

九 加强人才队伍建设

在吉林省农村合作金融发展的现阶段，人才队伍的建设是最为重要的环节。吉林省各类新型农村合作金融机构，可以根据社员的实际情况，鼓励员工自主学习，加大对员工的培训力度，加强对金融基本知识的学习，洞悉金融机构运作基本原理，从而进一步提升专业素养。同时社内从事会计、审计等财务工作的人员应当取得相应的从业资格证书。基层互助社可以鼓励村里文化水平高、接受新鲜事物快、理解能力强的年轻人参加培训，不断为各类新型农村合作金融机构培养新的骨干力量。合作社应当聘请专业顾问对其业务进行指导，而不仅仅是依靠培训内部农民社员，其中专业顾问可以来自正规金融机构或是由合作社自己聘请有经验的专家。另外农村合作金融机构在领导人员选聘上，要特别审慎。特别是理事长、信用部的总经理等人员，除专业素质外，其人品素质一定要过硬。

参考文献

中文文献

《建国以来重要文献选编》第10册，中央文献出版社2011年版，第560页。

艾永梅：《积极发挥供销合作社在开展农村合作金融方面的作用》，《全球化》2017年第3期。

白钦先、王京：《合作性金融的合作动机及引致原则研究》，《金融理论与实践》2014年第10期。

薄人玮：《梨树县农村资金互助合作社发展研究》，硕士学位论文，吉林大学，2019年。

卜国琴：《排污权交易市场机制设计的实验研究》，《中国工业经济》2010年第3期。

蔡昉：《农业劳动力转移潜力耗尽了吗?》，《中国农村经济》2018年第10期。

蔡昉：《中国的二元经济与劳动力转移——理论分析与政策建议》，中国人民大学出版社1990年版。

曹明贵、高琪：《推进河南农村金融产品和服务方式创新的政策建议》，《现代农业科技》2014年第24期。

陈国华：《吉林省现代农业发展的区域比较研究》，硕士学位论文，吉林农业大学，2012年。

陈吉元：《论中国的农业剩余劳动力转移——农业现代化的必由之路》，经济管理出版社1991年版。

陈捷、王若冰、孟楚涵、谢静：《国际合作金融研究》，《北方金融》2016年第9期。

陈锡文：《构建新型农业经营体系加快发展现代农业步伐》，《经济研究》2013 年第 2 期。

陈宜萍、史贺然、金俊海：《四大因素导致农民专业合作社贷款难》，《金融时报》2015 年第 3 期。

程霖、韩丽娟：《论国民政府时期关于农业金融制度建设的四种模式》，《中国经济史研究》2006 年第 12 期。

褚保金、陈涤非：《试论我国农村合作金融组织的改革与发展》，《中国农村经济》2002 年第 8 期。

崔慧霞：《马克思主义的合作理论对农村金融发展的启示》，《社会科学家》2008 年第 5 期。

丁红：《我国农村金融产品和服务创新存在问题及对策》，《北京农业》2013 年第 33 期。

丁莹：《新型农业经营主体金融服务探析——基于专业大户、家庭农场、农民合作社的视角》，《农村金融研究》2014 年第 6 期。

董晓林、徐虹、易俊：《中国农村资金互助社的社员利益倾向——判断、影响与解释》，《中国农村经济》2010 年第 10 期。

杜欣月：《马克思产权理论与西方产权理论的主要分歧及其现实意义》，《经济研究导刊》2011 年第 9 期。

杜妍：《新型农村金融机构的发展路径探析》，《全融经济》2018 年第 1 期。

高晓光、罗俊成、姜丽丽：《金融包容视角下的农村资金互助社发展问题研究》，《当代经济研究》2016 年第 5 期。

耿元、林玳玳：《中国的刘易斯转折点来到了吗——质疑 2007 年人口与劳动问题报告》，《经济问题探索》2008 年第 9 期。

巩云华等：《农村金融服务体系协调发展研究》，中国时代经济出版社 2009 年版。

郭绪全、秦娟：《广西农村合作经济组织建设的必要性与对策建议》，《广西农学报》2006 年第 1 期。

何帆、朱鹤：《防风险的两个不等式》，《中国金融》2018 年第 12 期。

何广文：《多管齐下创新农村金融制度助推现代农业发展》，《金融时报》2015 年第 12 期。

何广文：《构建金融服务体系缓解农村贷款困局》，《农家顾问》2012

年第8期。

何广文、李莉莉：《大型商业银行的小额信贷之路——兼论与新型农村金融机构间的合作机制》，《农村金融研究》2011年第5期。

洪正：《新型农村金融机构改革可行吗？——基于监督效率视角的分析》，《经济研究》2011年第2期。

胡代光等：《评析科斯产权理论中的两大支柱》，载何秉孟《产权理论与国企改革——兼评科斯产权理论》，社会科学文献出版社2005年版。

黄金华、余琼平、罗国富：《新型农业经营主体“融资难”待破解》，《金融时报》2015年9月1日第12版。

黄可权、张启文：《农村金融创新的新制度经济学分析》，《金融时报》2015年1月26日第10版。

黄可权、张启文：《新型农业经营主体贷款利率定价机制研究》，《价格理论与实践》2015年第11期。

霍学喜、刘军彦：《金融机构产品创新形式的博弈分析》，《西北农林科技大学学报》（自然科学版）2006年第2期。

霍学喜：《以转型创新开拓农村金融新市场》，《中国城乡金融报》2014年第10期。

霍学喜、屈小博：《西部传统农业区域农产资金借供需求与供给分析——对陕西渭北地区农产资金借供的调查与思考》，《中国农村经济》2005年第8期。

江维国：《我国农业供给侧结构性改革研究》，《现代经济探讨》2016年第4期。

姜常青：《德国农村合作金融对我国的启示》，《中国乡村发现》2012年第11期。

姜亦华：《金融排斥下的农村金融创新——农民资金互助合作社的产生、困惑与对策》，《时代金融》2014年第14期。

焦瑾璞：《普惠金融的国际经验》，《中国金融》2014年第10期。

金学群：《金融发展理论：一个文献综述》，《当代经济科学》2003年第11期。

柯贤法、刘蕾：《马克思主义产权理论与西方产权理论比较研究综述》，《中国集体经济》2011年第4期。

蓝虹、穆争社：《论地方政府对新型农村合作金融的监管》，《金融理论与实践》2017 年第 3 期。

蓝虹、穆争社：《论中国农村合作金融发展的阶段性特征》，《上海金融》2016 年第 2 期。

李闯：《中国二元经济转型的金融支持研究》，博士学位论文，辽宁大学，2016 年。

李佳珂、黄远春：《四川农村金融发展对农村经济增长的作用——理论与实证研究》，《四川行政学院学报》2016 年第 5 期。

李建芳：《马克思农业合作理论对我国新型农业合作社发展的启示》，硕士学位论文，广西师范大学，2019 年。

李芒环：《我国新型农村合作金融组织的发展障碍与实现路径》，《农业经济》2016 年第 1 期。

李伟：《推动农村金融机构改革创新》，《中国经济时报》2016 年 10 月 31 日第 2 版。

李亚娟、徐翔俊：《基于二元经济理论的流动农村剩余劳动力研究》，《产业与科技论坛》2012 年第 11 期。

李杨、杨思群：《银行与中小企业融资问题研究》，《上海金融》2001 年第 10 期。

李志辉、孟颖：《涉农融资租赁产品创新研究》，《金融理论与实践》2016 年第 1 期。

李中华：《金融扶贫的民间探索——吉林省四平市农民资金互助社公益信托调查》，《银行家》2014 年第 7 期。

林建伟、刘伟平：《土地承包经营权抵押贷款的实践异化与制度回归——来自福建省试点情况的分析》，《东南学术》2015 年第 1 期。

林毅夫：《中国经济改革成就、经验与挑战》，《企业观察家》2018 年第 8 期。

刘刚、肖璐熠：《农业经营企业土地经营权抵押贷款演化路径与稳定策略分析》，《广东农业科学》2014 年第 24 期。

刘洪银：《从中国农业发展看“刘易斯转折点”》，《西北人口》2009 年第 30 期。

刘磊：《新型农村金融服务体系构建研究》，中国物资出版社 2011

年版。
刘奇：《构建新型农业经营体系必须以家庭经营为主体》，《中国发展观察》2013 年第 5 期。
刘伟建：《关于安徽省农民专业合作组织融资问题的调查与分析》，《金融发展评论》2010 年第 10 期。
刘亚丽、闫述乾：《关于国内农民专业合作社的文献综述》，《农村金融研究》2019 年第 7 期。
刘宇翔：《农民专业合作社发展中信任的影响因素分析》，《农业经济问题》2012 年第 9 期。
卢敏、李云方：《农民资金互助社的成因、运行与发展困境分析》，《农业经济问题》2012 年第 3 期。
卢现祥、朱巧玲主编：《新制度经济学》，北京大学出版社 2012 年版。
鲁锡杰：《我国农村金融服务体系创新建设研究》，《农业经济》2015 年第 5 期。
鲁钊阳：《新型农业经营主体发展的福利效应研究》，《数量经济技术经济研究》2016 年第 6 期。
陆磊：《以行政资源和市场资源重塑三层次农村金融服务体系》，《金融研究》2003 年第 6 期。
吕春梅：《民工荒问题研究综述》，《合作经济与科技》2012 年第 3 期。
罗斌：《农村合作金融组织形式创新研究》，《农村经济》2016 年第 5 期。
罗荷花、李明贤、曹艺馨：《我国农户融资需求及其融资可获得性的影响因素分析》，《农村经济》2015 年第 8 期。
罗继红：《深化农村金融创新，助力乡村振兴战略》，《桂海论丛》2018 年第 1 期。
罗剑朝：《积极稳妥推进农地金融制度创新的必要性、方案设计与配套条件》，《开发研究》2010 年第 1 期。
罗剑朝：《农村“两权”抵押贷款融资试点推进中的问题》，《中国经济时报》2016 年 8 月 12 日第 9 版。
罗剑朝、曹燕子、曹瓅：《加大农村金融市场开放力度推进农村金融创新与发展——“农村金融创新与发展”国际学术会议综述》，《西北农林科技大学学报》（社会科学版）2015 年第 1 期。
罗剑朝、聂强、张颖慧：《博弈与均衡：农地金融制度绩效分析——贵州省湄潭县农地金融制度个案研究与一般政策结论》，《中国农村观察》2003 年第 3 期。
罗剑朝、庸晖、庞玺成：《农地抵押融资运行模式国际比较及其启示》，《中国农村经济》2015 年第 3 期。
罗黎平：《农村金融服务体系改革的理论逻辑与实践反思》，《求索》2016 年第 10 期。
马斌、韩守富：《河南新型合作金融发展研究》，《宏观经济管理》2017 年第 2 期。
马顺龙、姜泽明、李晓霞：《“草根银行”破解农村金融困境——凤阳县试点农民资金互助合作社侧记》，《江淮》2008 年第 10 期。
马秀颖、张馨文、张凤仪：《吉林省农产贷款需求现状及特征分析》，《税务与经济》2016 年第 5 期。
马义玲：《新型农村合作金融组织发展问题探讨》，《华北金融》2015 年第 1 期。
毛业艺：《农村合作金融理论与实践演进研究》，硕士学位论文，云南财经大学，2016 年。
聂勇：《中国新型农村金融的可持续发展探析》，《中国农学通报》2011 年第 27 期。
潘林基、江三良：《安徽省金融支持农业产业化实证研究》，《河北北方学院学报》（社会科学版）2015 年第 6 期。
潘宗英：《我国农村金融体系“三元架构”模式的创新研究》，《农业经济》2015 年第 5 期。
钱水土、姚耀军：《中国农村金融服务体系创新研究》，中国经济出版社 2010 年版。
乔纳森·特南鲍姆、汪利娜：《世界金融与经济秩序的全面大危机：金融艾滋病》，《经济学动态》1995 年第 11 期。
曲小刚、罗剑朝：《新型农村金融机构可持续发展的现状、制约因素和对策》，《中国农业大学学报》（社会科学版）2013 年第 2 期。
商帆：《交易效率、分工演进与二元经济结构转换》，上海三联书店

2007年版。

宋勃、黄松桥：《金融深化与经济增长——基于我国的实证检验：1979—2005》，《贵州社会科学》2007年第3期。

孙飞霞：《新型农村合作金融组织的发展瓶颈与路径选择》，《学术交流》2015年第7期。

孙明燕：《加快构建新型农业经营体系需要正确把握的问题》，《中国农业信息月刊》2014年第11期。

谈儒勇、沈钦华、金晨琦：《信用与经济增长关系实证研究——基于多层次视角的VAR分析》，《财经研究》2011年第12期。

唐亚晖、刘吉舫：《普惠金融的理论与实践：国内外研究综述》，《社会科学战线》2019年第7期。

汪小亚：《发展新型农村合作金融》，《中国金融》2014年第5期。

王传雄：《供销合作社参与农村金融发展研究》，《决策咨询》2016年第6期。

王佳楣、罗剑朝、张珩：《新型农村金融机构绩效评价及其影响因素分析——基于陕西与宁夏20家机构的调查》，《西北农林科技大学学报》（社会科学版）2014年第4期。

王建民、佘海岩：《完善土地经营权抵押贷款保障机制》，《金融时报》2015年第8期。

王建英、陈东平：《内生于农民专业合作社的资金互助社运行机制分析》，《金融理论与实践》2011年第2期。

王劲屹、张全红：《农村资金互助社可持续发展——基于交易费用视角》，《农村经济》2014年第3期。

王筠权：《创新农村金融服务》，《中国金融》2012年第5期。

王莉：《新型农业经营主体正规信贷需求及其可获性影响因素研究》，硕士学位论文，南京农业大学，2014年。

王璐：《农村金融服务体系创新试点将在部分省份展开》，《经济日报》2013年11月29日第6版。

王念、戴冠、王海军：《互联网金融对现代中介理论的挑战——兼论对金融民主化的影响》，《产业经济评论》2016年第1期。

王威：《中国农村金融服务体系协调发展研究》，硕士学位论文，东北农业大学，2007 年。
王小丽：《新型农村合作金融组织发展的法律障碍与破解路径》，《哈尔滨师范大学社会科学学报》2017 年第 3 期。
王勇：《民间金融机构，终于有了“名分”》，《金融博览》2010 年第 7 期。
温铁军、姜柏林：《重构“服务三农”的农村金融体系》，《中国农村信用合作》2007 年第 10 期。
吴军海：《美国农村金融服务体系构建经验及其启示》，《信阳农林学院学报》2016 年第 1 期。
夏耕：《中国城乡二元经济结构转换——要素流动、制度变迁、市场机制与政府作用》，北京大学出版社 2005 年版。
肖斌卿、张龙耀、孙天一：《农户心理与储蓄决策行为——基于江苏省户农户调查数据的实证分析》，《农业技术经济》2016 年第 1 期。
肖启义、徐志明、李娅：《新型农村资金互助合作社发展问题研究——以四川省新试点 8 家农村资金互助合作社为例》，《西南金融》2016 年第 1 期。
谢晶晶：《互联网风口上的农村金融》，《金融时报》2016 年第 2 期。
谢平、刘海：《中国农村金融改革的回顾、反思与展望》，《南方金融》2019 年第 3 期。
星焱：《普惠金融：一个基本理论框架》，《社会科学文摘》2017 年第 1 期。
熊凤山：《山区农村经济发展范式与战略研究》，博士学位论文，河北农业大学，2011 年。
徐丹丹等：《我国区域农村金融生态环境评价研究——基于突变级数法的分析》，《农业经济问题》2016 年第 4 期。
徐如奎、申泽涛：《借鉴网贷行业监管思路发展新型农村合作金融》，《中华合作时报》2019 年 2 月 26 日第 A06 版。
杨大蓉：《浙江新型农业经营主体融资现状及金融创新策略研究》，《浙江金融》2014 年第 3 期。
杨飞虎：《中国经济增长因素分析：1952—2008》，《经济问题探索》2010 年第 9 期。

杨团:《新型农村合作金融:特征及体系——浅议山东省新型农村合作金融试点》,《银行家》2015 年第 8 期。

于鸿君:《产权与产权的起源——马克思主义产权理论与西方产权理论比较研究》,《马克思主义研究》1996 年第 11 期。

于楠:《农村资金互助合作社发展现状及监管法律制度探析》,《上海农村经济》2014 年第 2 期。

岳福斌:《马克思的产权理论及其对实践的指导意义》,《中国社会科学院研究生院学报》2006 年第 3 期。

岳志:《论合作金融制度的效率》,《西南金融》2002 年第 1 期。

张超、朱鹏霖:《新型农村合作金融试点案例研究——以山东省枣庄市为例》,《山西农业大学学报》2019 年第 3 期。

张桂文:《中国二元经济结构转换的政治经济学分析》,北京大学出版社 2011 年版。

张宏斌:《农村金融创新的浓度与成分》,《金融时报》2015 年第 6 期。

张洪涛:《用保单质押撬动“三农”信贷》,《金融时报》2015 年第 3 期。

张杰:《制度金融理论的新发展:文献书评》,《经济研究》2011 年第 3 期。

张明、张志宇:《金融支持家庭农场发展的实践与研究》,《金融时报》2015 年第 2 期。

张启文、黄可权:《加快推进“两大平原”现代农业金融改革创新》,《农业经济与管理》2014 年第 6 期。

张启文、黄可权:《新型农业经营主体金融服务体系创新研究》,《学术交流》2015 年第 7 期。

张瑞德:《农民收入问题研究进展评析及展望》,《西部经济管理论坛》2012 年第 23 期。

张晓波、阮建青:《中国产业集群的演化与发展》,浙江大学出版社 2011 年版。

张晓山:《斩除农村金融乱象》,《西部大开发》2014 年第 5 期。

张雪莹、王玉琳:《货币政策泰勒规则研究新进展》,《武汉金融》2017 年第 5 期。

张耀春:《培育新型农业经营主体构建新型农业经营体系》,《农业装备技术》2014 年第 5 期。

张永升、王先柱、蒋满霖:《我国农村金融制度创新研究》,《前沿》2008 年第 2 期。

张照新、赵海:《新型农业经营主体的困境摆脱及其体制机制创新》,《改革》2013 年第 2 期。

赵东龙:《新农村建设中农村金融服务体系创新问题研究》,《广东农业科学》2010 年第 6 期。

赵国忱、杨宏堂:《1990—2015 年吉林省土地覆被遥感动态监测》,《测绘与空间地理信息》2018 年第 12 期。

赵科源、魏丽莉:《以合作金融为着力点推进供销社改革》,《理论视野》2016 年第 12 期。

赵晓静:《中国金融自由化进程及对经济增长的影响研究》,硕士学位论文,山东经济学院,2011 年。

中国人民银行农村金融服务研究小组:《中国农村金融服务报告》,中国金融出版社 2015 年版。

周春梅:《国有上市公司投资行为异化:投资过度抑或投资不足——基于政府干预角度的实证研究》,《宏观经济研究》2011 年第 11 期。

周萃:《银行业助力农业供给侧改革》,《金融时报》2017 年第 2 期。

周刚华:《关于现代西方产权理论的认识与思考》,《商业研究》2020 年第 10 期。

周孟亮:《普惠金融视角下新型农村合作金融创新发展——兼谈“百信模式”与“山东模式”》,《财经科学》2016 年第 9 期。

周学东、戴国海:《关于供给侧改革、补短板与有效投资的思考》,《金融纵横》2016 年第 1 期。

周祝平:《人口红利、刘易斯转折点与经济增长》,《中国图书评论》2007 年第 9 期。

朱澄:《新型农村金融机构可持续发展探析》,《时代经贸》2011 年第 2 期。

朱文胜、王德群:《新型农业经营主体融资难》,《中国金融》2014 年第 21 期。

［美］爱德华·S. 肖：《经济发展中的金融深化》，邵伏军等译，格致出版社 2014 年版。

［美］赫尔曼、默多克、斯蒂格利茨：《金融约束：一个新的分析框架》，载青木冒彦《政府在东亚经济发展中的作用》，张春霖译，中国经济出版社 1998 年版。

［美］科斯等：《财产权利与制度变迁——产权学派与新制度学派译文集》，刘守英等译，上海人民出版社 1994 年版。

［美］雷蒙德·W. 戈德史密斯：《金融结构与金融发展》，周朔等译，上海人民出版社 1996 年版。

［美］托玛斯·赫尔曼、凯文·穆尔多克、约瑟夫·斯蒂格利茨：《金融约束：一个新的分析框架》，载青木冒彦《政府在东亚经济发展中的作用》，张春霖译，中国经济出版社 1998 年版。

［美］约翰·G. 格利、爱德华·S. 肖：《金融理论中的货币》，贝多广译，上海 人民出版社 1994 年版。

英文文献

Anand Bansal, "Financial Literacy and Financial Behavior: Experimental Evidence from Rural Rwanda", *The Economic Journal*, Vol. 126, No. 594, 2015.

Arthur B. , "Accruals Anomaly in Agriculture Financial Economics", Southern Agricultural Economics Association, 2012.

Berger A. N. , G. F. Udell, "The Economics of Small Business Finance: The Role of Private Equity and Debt Market in the Financial Growth Cycle", *Journal of Banking and Finance*, No. 22, 2014.

Conor M. O'Toole, "Carol Newman, Thia Hennessy, Financing Constraints and Agricultural Investment: Effects of the Irish Financial Crisis", *J Agric Econ*, Vol. 65, No. 1, 2014.

Deininger K. , Byerlee D. , "The Rise if Large Farms in Land Abundant Countries: Do They Have a Future?", *World Development*, Vol. 40, No. 4, 2012.

Dimitrova L. , Eswar S. K. , "Does Financial Innovation Enhance or Inhibit

Real Innovation?", Social Science Electronic Publishing, 2016.

Domeher D. , Frimpong, T. Appiah, "Adoption of financial Innovations in the Ghanaian Banking Industry", *African Review of Economics & Finance*", Vol. 6, No. 2, 2016.

Durham J. , Rickart K. , "Using Rasch Measurement to Evaluate a Perceived Improvement in Access to Financial Asset Scale in Rural Lao PDR", *European Journal of Development Research*, 2017.

Fan J. , Management S. O. , "Agricultural Support Case Analysis and Inspiration of Rural Small Financial Institutions in Modern Rural Areas", *Innovation Science & Technology*, 2016.

Fry M. J. , "In Favor of Financial Liberalization", *The Economic Journal*, Vol. 10, 1997.

Gurley J. G. , Shaw. E. S. , "Financial Aspects of Economic Development", *American Economic Review*, Vol. 45, No. 515, 1995.

Gurley J. G. , Shaw. E. S. , "Financial Intermediaries and the Saving-investment Process", *The Journal of Finance*, Vol. 11, No. 2, 1956.

Gashaw Shahidur, Getnet Kindie, "Financial Technological Innovation and Access is the Key to Unlocking African Agricultural Potential", *A Case Study of Dairy in Kenya*, 2015.

Guo Yuejun, Sun Jialu, "The 'Two Leaps' and Chinese Agricultural Modernization", *Asian Agricultural Research*, No. 3, 2011.

Hendrickson S. M. , "Assessing Competence in the Use of Motivational interviewing", *Journal of Substance Abuse Treatment*, Vol. 15, No. 1, 2005.

Hugh T. Patrick, "Financial Development and Economic Growth in Vnderdeveloped Countries", *Economic Developmentand Cultural Chamge*, Vol. 14, 1966.

Jiang M. , Paudel K. , Mi Y. , "Rural Land Transfer and Financial Impact", Evidence from China Meeting, Alabama, Southern Agricultural Economics Association, 2017.

Joselito Gallardo, Bikki Randhawa, "Does Financial Innovation Enhance or Inhibit Real Innovation?" , Social Science Electronic Publishing, 2016.

Klitgard R. , "Technical Efficiency of Maize Farmers in Gombi Local Government of Adamawa State, Nigeria", *Agricultural Journal*, No. 1, 2012.

Kloeppingertodd R. , Sharma M. , "Review on Research of Financial Support for the Development of Modern Agriculture", *Value Engineering*, 2016.

Kumar A. , Yadav C. , Jee S. , et al. , "Financial Innovation in Indian Agricultural Credit Market: Progress and Performance of Kisan Credit Card", *Indian Journal of Agricultural Economics*, Vol. 66, No. 3, 2011.

K. K. Tripathy, Sudhir K. Jain, "A Study of Microfinance as an Innovative Credit Delivery Mechanism in Rural India", *Journal of Agricultural Economics*, Vol. 8, No. 3, 2011.

Lawrie C. H. , Gal S. , Dunlop H. M. , et al. , "Detection of Elevated lovels of Tumour-associated MicroRNAs in Serum of Patients with Diffuse Large B-cell Lymphoma", *British Journal of Haematology*, Vol. 141, No. 5, 2008.

Levine. R. , "Financial Development and Economic Growth: Views and Agenda", *Journal of Econonic Literartune*, Vol. 25, 1997.

Llanto G. M. , Lavi A. G. R. , "Innovations as Response to Failures in Rural Financial Markets", Development Economics Working Papers, 2014.

Merton R. C. , "Financial Innovation and The Management and Regulation of Financial Institutions", NBER Working Paper, 1995.

Michael Friis Pedersen, Jakob Vesterlund Olsen, "Measuring Credit Capacity on Danish Farms Using DEA", *Agricultural Finance Review*, Vol. 73, No. 3, 2013.

Mirko Bendig, Lena Giesbert, "Innovations in Rural and Agriculture Finance", *Chemosphere*, Vol. 156, No. 491, 2016.

Munyegera G. K. , Matsumoto T. , "ICT for Financial Inclusion: Mobile Moneyandthe Financial Behavior of Rural Households in Uganda", Grips Discussion Papers, 2015.

Vallesi M. , Manelli A. , "To Visualize the Combination Between Agriculture Financial Risk and Actions to Take", Quality-Access to Success, 2016.

Vinod B. , "Financial Innovations: A Deeper Literature Review with Focus on India", Social Science Electronic Publishing, 2017.

Zhang H., "Promotion of Rural Financial Innovation and Resolution of Agricultural Financing Difficulties", *Asian Social Science*, Vol. 6, No. 1, 2009.

Zhang K., "On Financial Innovation to Support Agricultural Development", *Problem of Agricultural Economy*, 2005.